学前特殊儿童
综合主题教学活动设计

XUEQIAN TESHU ERTONG
ZONGHE ZHUTI JIAOXUE HUODONG SHEJI

蒙静敏 | 蒙爱珍 | 秦荣飞　主 编

广西教育出版社 · 南宁

图书在版编目（CIP）数据

学前特殊儿童综合主题教学活动设计 / 蒙静敏，蒙爱珍，秦荣飞编著. —南宁：广西教育出版社，2020.3（2022.9 重印）
ISBN 978-7-5435-8774-8

Ⅰ.①学… Ⅱ.①蒙… ②蒙… ③秦… Ⅲ.①儿童教育—特殊教育—教学活动—教学设计 Ⅳ.①G76

中国版本图书馆 CIP 数据核字(2020)第 036848 号

策　　划：苏　敏　曾令宪　　封面设计：杨　阳
责任编辑：钱艺琴　程秦豫　　责任校对：何　云
技术支持：廖　凯　吕远梅　　责任技编：蒋　媛
数字策划：曾令宪　钱艺琴　程秦豫

出 版 人：石立民
出版发行：广西教育出版社
地　　址：广西南宁市鲤湾路 8 号　　邮政编码：530022
电　　话：0771-5865797
本社网址：http://www.gxeph.com
电子信箱：gxeph@vip.163.com
印　　刷：广西民族印刷包装集团有限公司
开　　本：889mm×1194mm　1/16
印　　张：16.75
字　　数：382 千字
版　　次：2020 年 3 月第 1 版
印　　次：2022 年 9 月第 3 次印刷
书　　号：ISBN 978-7-5435-8774-8
定　　价：69.00 元

前　言

近年来，随着医疗水平的不断提高，因各类因素而被诊断出患有发育障碍的儿童数量逐年增多，这类儿童应遵循“早发现，早干预”的原则进行早期疗育。在学龄前阶段，特殊儿童不仅有康复需求，同时也有接受适龄教育的需求。有效的教育干预手段是促进特殊儿童语言、认知、社交、生活自理等各项能力进步的重要保障。选取什么教学内容、采用何种教学模式与教学策略用来保障学前特殊儿童早期教育的有效性，是值得深入研究的问题。实践证明，对年龄小、能力弱的特殊儿童采用传统的、单一的教育教学方法开展教学与训练并不能取得良好效果。学前特殊儿童教育与康复的双重性需求也对课程实施提出了要求：何种活动形式能将特殊儿童的常规学习目标与必要的康复训练目标灵活地整合在一起?

综合主题教学，也称为儿童经验本位综合活动课程，是以儿童当下的直接经验、需要和动机、兴趣和心理发展为活动整合的核心而展开活动的教学方法。综合主题教学以其学科综合性、主题涵盖性、方式灵活性、内容丰富性等特点，成为可以满足特殊儿童各领域能力均衡发展、共同发展需求的教学模式之一。本书结合综合主题教学法及学龄前特殊儿童身心发育特点两方面的核心要素，以大量康复教育教学活动实例为基础，以学前儿童能力发展阶梯为参考依据，把握学前特殊儿童语言、认知、粗大动作、精细动作、生活自理、社交技能等各能力发展领域关键经验，编写出操作性与实用性极强的240个康复教学活动实例供专业人士进行参考。

本书以学前特殊儿童社会适应能力发展为重点，精心选择四个与儿童生活经验紧密相关的月主题，在每个月主题下设四个周主题，分别就健康、语言、社会、科学、艺术等五个领域进行康教活动实例编写。每个活动实例均充分考量学前特殊儿童不同层次的智龄能力特点，设计高、中、低组三个组别的活动实例供专业人士参考。需要注意的是，不同组别的活动设计，是以学前特殊儿童的心理发育年龄（智龄）作为参考，而非他们的生理年龄。

本书从教学活动的编写架构上来说，主要呈现出以下几个特点。

一、目标参考儿童能力发展阶梯进行制定

尽管学前特殊儿童的身心发展过程可能存在起点低、速度

慢的问题，但也基本遵循一般学前儿童的身心发展规律，他们与同龄或同智龄儿童一样具有游戏、玩耍、探索、求知等需求。

本书教学活动实例的目标设计包含认知、技能、情意等三个维度，均参照普通儿童各年龄阶段的发展阶梯进行设置，客观、翔实而具体；可量化、可观测，便于康教人员对不同能力阶段幼儿的小组课（集体课）目标进行较为准确的参照。

在使用本书的活动案例作为教学参考时，建议康教人员依据本组（班）儿童的实际情况，将儿童个体的个别化差异目标融入其中。可从材料准备的多样性、活动参与方式的不同、提问方式的不同等方面入手，灵活展开分层教学，以期能有效达成儿童的个别化教育目标。

二、材料围绕特殊儿童适应能力进行准备

本书在活动材料准备的编写部分，具体翔实、罗列清晰，呈现多样性和丰富性。在绝大多数的活动设计案例中，要准备的教学材料数量较多，部分材料可能还需要花费较多的时间、精力进行手工制作。这主要是基于学前特殊儿童需要积累大量感官经验、促进智能发展的需求而进行考虑的。

材料的选取以贴近特殊儿童生活经验的物料为主体，并在各个教学环节中有序地进行呈现，充分体现了着力提高特殊儿童生活适应能力的理念。同时，材料的选取非常注重儿童感官知觉的参与，围绕活动主题，以视频、歌曲、实物、图片、手工作品等丰富的形式呈现给儿童。

三、活动步骤以特殊儿童为中心进行设计

对于学前阶段的儿童来说，主动探究是儿童活动的核心，亲身经历是儿童认知世界、学习技能的主要途径。本书活动案例中的各个活动步骤，均从儿童的角度进行设计，最大限度地调动儿童活动的主动参与性，提高儿童的活动参与度。例如手工活动设计，并不以手工作品的完成度及美观性为目的，而是以儿童在活动过程中的最大参与性为主要目标，为他们提供符合其能力的操作机会（涂、画、剪、贴等），同时还注意在引入及结束环节提供锻炼儿童沟通与表达能力的机会。

此外，本书的活动案例有部分相似或相同的活动环节以及活动目标。经验告诉我们，大部分特殊儿童在观察、专注、记忆、思维、模仿等方面的能力弱于同年龄的普通儿童，他们对某项技能的学习往往需要多次的重复练习，才能达到掌握和巩固该项技能的目标。依据特殊儿童这一特点，编者在不同活动案例中设置了一些相似或相同的活动环节及活动目标，比如在不同活动中设计排队等候和轮流玩游戏的常规环节，在不同场景中设计问好和打招呼的社交环节等。读者可根据本班（组）幼儿及幼儿个体的实际情况酌情调整。

总体上来说，活动案例的过程设计，力求做到程序清晰，以简洁而不失逻辑的编写方式、操作性极强的编写步骤，辅以承上启下的教师引导语，构成一个个充满童趣的教学活动实例。

基于以上特点，本书对从事一线康复教育教学活动的专业人员来说有极高的参考性。即便是经验较少的新手教师，也可在参考本书教学活动实例的基础上，尝试开展一堂精彩的、符合学前特殊儿童能力发展需求的康复教学活动课。

编者

2019 年 11 月 20 日

目　录

月主题一

我上幼儿园

主题网络推导

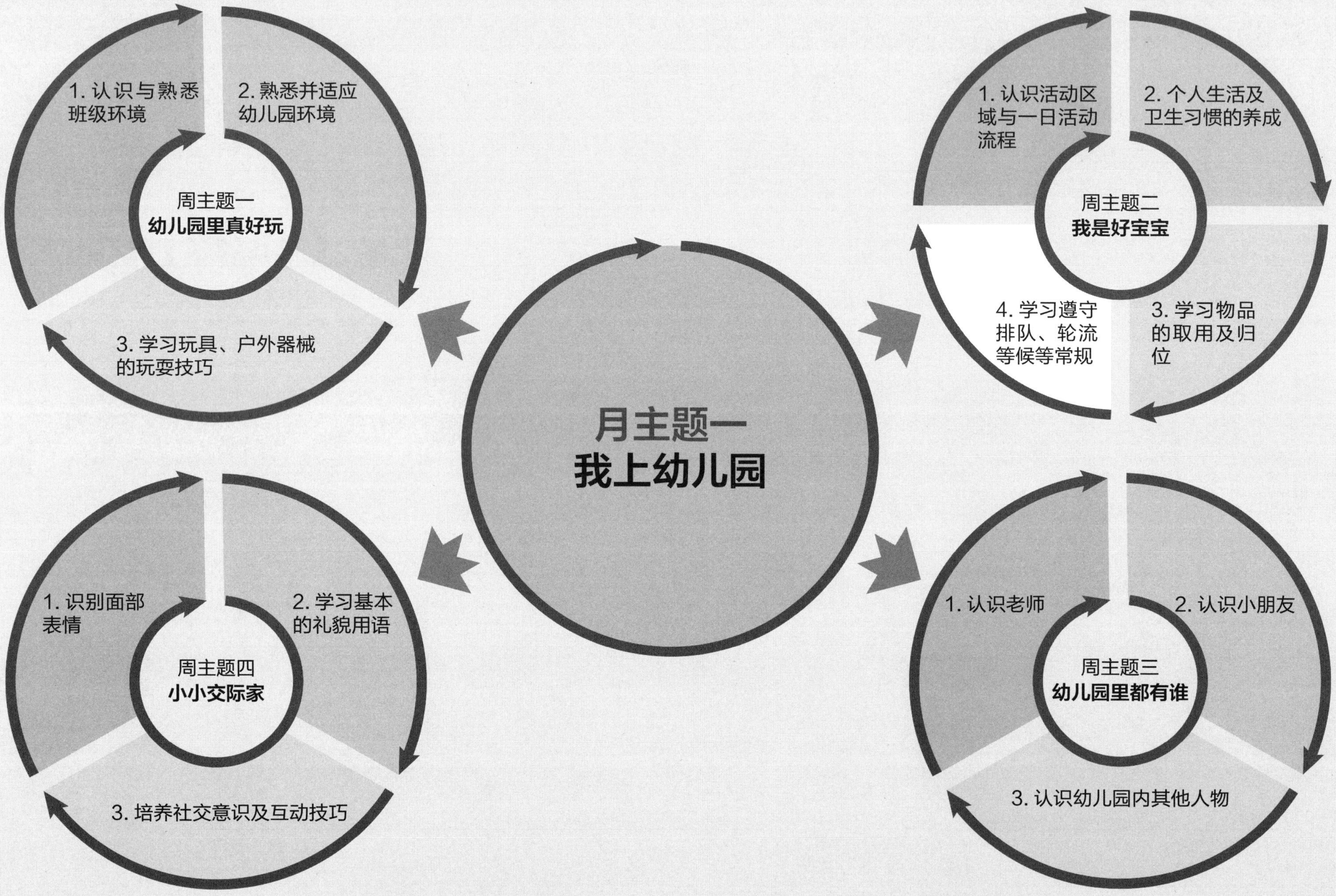
月主题一
我上幼儿园
周主题一
幼儿园里真好玩
1. 认识与熟悉班级环境
2. 熟悉并适应幼儿园环境
3. 学习玩具、户外器械的玩耍技巧
周主题二
我是好宝宝
1. 认识活动区域与一日活动流程
2. 个人生活及卫生习惯的养成
3. 学习物品的取用及归位
4. 学习遵守排队、轮流等候等常规
周主题三
幼儿园里都有谁
1. 认识老师
2. 认识小朋友
3. 认识幼儿园内其他人物
周主题四
小小交际家
1. 识别面部表情
2. 学习基本的礼貌用语
3. 培养社交意识及互动技巧

活动领域 | 健康	周主题一 | 幼儿园里真好玩	月主题一 | 我上幼儿园

高组	开心幼儿园	侧重领域	※ 粗大动作 ※ 语言表达

有益经验

1. 能看图片理解“开心”的表情和情绪。
2. 认识幼儿园常见游乐设施及其使用方法。
3. 能运用“动词 + 名词”的双词短语描述一个游乐活动（如玩滑滑梯）。
4. 在游乐活动中体验开心的情绪，并学习遵守游戏规则。

活动准备

◎音频：儿童的笑声。
◎图片：开心的笑容的图片。
◎课件一：幼儿在幼儿园游乐设施玩耍的图片。
◎课件二：常见交通工具的图片。
◎歌曲：《公共汽车》。

活动过程

1. 猜猜声音
师：小朋友们听一听，这是什么声音?
（1）播放音频，请幼儿仔细听一听。
（2）出示图片，让幼儿猜猜图片中的小朋友为什么笑得这么开心。

中组	拼搭幼儿园	侧重领域	※ 精细动作 ※ 社交技能

有益经验

1. 能说出常见活动的名称，如吃饭、睡觉、玩游戏等，或指认出与活动相对应的图片。
2. 能使用大号的泡沫积木做叠起、拼搭等工作。
3. 能与同伴合作拼搭积木，逐步形成合作游戏的意识。

活动准备

◎歌曲：《爱上幼儿园》。
◎照片：幼儿园楼房的照片。
◎课件：幼儿在幼儿园吃饭、睡觉、玩游戏等学习、生活场景的照片。
◎大号泡沫积木1批。

活动过程

1. 音乐律动
师：幼儿园里真好玩，我们来唱一首歌，叫做《爱上幼儿园》。
（1）请幼儿起立站好，播放歌曲。
（2）老师边唱边做示范动作，请幼儿跟随进行

低组	彩色家园	侧重领域	※ 粗大动作 ※ 社交技能

有益经验

1. 认识幼儿园常规设施，感知红、黄、蓝、绿等颜色。
2. 能上下晃动手臂甩动彩虹伞，并能完成侧向行走的动作，进行蹲位和站位的姿势转换。
3. 在与同伴共玩彩虹伞的游戏中感受集体生活的快乐。

活动准备

◎课件：幼儿园内颜色鲜艳事物的照片，如楼房、游乐设施、教室内饰等。
◎彩虹伞1张。
◎童谣：《彩色家园转转》《彩色家园变变》。
◎歌曲：《小星星》。
◎手电筒若干个。

活动过程

1. 观看照片
师：小朋友们，一起来看看漂亮的幼儿园吧!
（1）播放课件，展示幼儿园楼房、游乐设施、教室、桌椅等具有丰富色彩事物的照片。
（2）引导幼儿认识幼儿园是彩色的。

2. 看图说话

师：请小朋友们看一看，他们在干什么?

（1）播放课件一，展示小朋友在幼儿园游乐设施玩耍的图片。

（2）让幼儿说一说他们都在玩什么游戏、怎么玩的。

（3）引导幼儿认识幼儿园不同的游乐设施：滑滑梯、阳光隧道、攀爬架等。

3. “坐车”出发

师：幼儿园有这么多好玩的游戏，我们赶快出发去玩一玩吧。我们坐什么“车”出发呢?

（1）播放课件二，请幼儿说出交通工具的名称。

（2）请幼儿用肢体动作模拟坐公共汽车的场景。

（3）播放歌曲《公共汽车》，同时请幼儿边唱边排队走到游戏场地。

4. 游乐活动

师：我们到了！现在请小朋友“下车”，看看有没有你们喜欢玩的游戏呢?

（1）老师示范不同游乐设施的正确玩法。

（2）引导幼儿学习不同游乐设施的正确玩法。

（3）组织幼儿分组选择游乐设施。

（4）在游玩过程中引导幼儿学习遵守排队、轮流等候等常规。

5. “坐车”返回

师：小朋友们玩得很开心，现在我们要“坐车”回去休息啦，大家赶快“上车”吧！

（1）组织幼儿边唱《公共汽车》边排队回教室。

（2）引导幼儿洗手、喝水，结束活动。

律动模仿。

2. 观看照片

师：小朋友们做得真棒，请坐下休息，一起来看看照片吧。

（1）出示照片，引导幼儿指认幼儿园的房子等建筑。

（2）播放课件，让幼儿说一说小朋友在幼儿园里做什么。（吃饭、睡觉、玩游戏）

3. 认识材料

师：幼儿园就像是我们的家，让我们来搭一个漂亮的“家”吧！用什么来搭呢?

（1）认识“建筑材料”：泡沫积木。

（2）了解泡沫积木的使用方法：叠起和拼搭。

4. 搭“幼儿园”

师：现在请小朋友们先看一看老师是怎么做的。

（1）老师示范使用积木拼搭“房子”。

（2）请幼儿上前单独操作，模仿做拼搭的动作。

（3）请幼儿分组席地而坐，并分发积木到各个小组。

（4）引导幼儿合作进行积木拼搭。

5. 展示作品

师：小朋友们太能干了，搭好了漂亮的“幼儿园”，下面我们来看看哪一组搭得最漂亮。

（1）请幼儿按组别展示搭建好的“幼儿园”，并分享自己的想法。

（2）表扬展示作品的幼儿。

2. 认识彩虹伞

师：今天老师带来了一个彩色的“小房子”，小朋友们可以在里面开心地玩耍。

（1）请幼儿帮忙拉开彩虹伞。

（2）了解彩虹伞的颜色：红、黄、蓝、绿等。

3. 玩转彩虹伞

师：请小朋友们围成大圈站好，两只小手抓好彩虹伞。

（1）彩色家园转转：请幼儿将彩虹伞拉起，边念《彩色家园转转》边按顺时针方向行走；念到“小波浪”则齐蹲下小幅度甩起波浪，念到“大波浪”则以站位大幅度甩起波浪。

（2）彩色家园变变：请小部分幼儿坐到彩虹伞下面，其余幼儿拉起彩虹伞，并念《彩色家园变变》；念到“屋顶”则齐把彩虹伞举过头顶（伞下的小朋友可以跳起摸“屋顶”），念到“房子”则齐把彩虹伞边缘往下拉变成“房子”（伞下的小朋友抱头躲起来）；可请双方互换角色进行玩耍。

4. “回家”休息

师：小朋友们都玩累了，我们“回家”休息一下吧。

（1）请幼儿以稍集中的位置躺下，播放歌曲。

（2）拉上窗帘让室内变暗，老师在幼儿躺位上方拉起彩虹伞，并随音乐节奏交替打开、关闭手电筒，照射向彩虹伞，营造星星闪烁的氛围。

（3）请幼儿休息片刻后结束活动。

活动延伸

在一日生活流程中引导幼儿学习遵守排队、轮流等候等生活常规。

活动延伸

在区角活动中投放木质积木，鼓励幼儿进行桌面积木的拼搭游戏。

活动延伸

在户外活动中可使用彩虹伞进行相似的集体游戏，使幼儿在集体生活中保持正向、积极的情绪。

附材料

1. 童谣《彩色家园转转》
彩色家园转转，转成一个小波浪；彩色家园转转，转成一个大波浪。
2. 童谣《彩色家园变变》
彩色家园变变，变成一个大屋顶；彩色家园变变，变成一个大房子。

活动领域	语言	周主题一	幼儿园里真好玩	月主题一	我上幼儿园

高组	爱上幼儿园	侧重领域	※ 语言表达 ※ 精细动作

有益经验

1. 认识情景故事中的动物角色及相关场景，并说出名称。
2. 能认识同伴并说出名字。
3. 能看图说出由人或动物、动作、物品、地点等词语组成的三词句或四词句。
4. 增强“去幼儿园上学”的概念和意识，进一步熟悉和适应幼儿园生活。

活动准备

◎歌曲:《爱上幼儿园》。
◎课件一：情景故事《点点爱上幼儿园》。
◎课件二：情景故事中出现的动物角色及场景（小鸟与大树、梅花鹿与树林、小兔子与草地）图片。
◎课件三：小朋友在幼儿园各种活动场景的照片。
◎用大开张纸简易画出大树、树林、草地等场景，准备小鸟、梅花鹿、小兔子的照片或图片各5张。
◎用大开张纸简易画出幼儿园的场景，准备全体幼儿的个人照片各1张。

中组	我爱我的幼儿园	侧重领域	※ 语言表达 ※ 精细动作

有益经验

1. 了解幼儿园常见游戏活动，并能说出常见游戏活动的名称，如“玩滑滑梯”。
2. 尝试用“我喜欢 ××（活动名称或玩具名称）”的句式表达自己的意愿。
3. 了解常见玩具的玩法。
4. 喜欢玩玩具，体验玩玩具的快乐。

活动准备

◎动物手偶1个。
◎歌曲:《我爱我的幼儿园》。
◎课件：幼儿园里各种有趣的活动场景的照片。
◎各种玩具1批。

低组	我的教室	侧重领域	※ 语言理解 ※ 生活自理

有益经验

1. 认识教室的不同区域，并了解不同区域的功用。
2. 能熟悉并遵守教室各个活动区域的常规。
3. 体验教室各个区域的不同活动，初步建立集体生活的意识。

活动准备

◎视频：幼儿在教室不同区域的日常活动场景。
◎照片：教室不同区域的照片。

活动过程

1. 唱儿歌，动一动

师：小朋友们，今天我们来唱一首歌，叫作《爱上幼儿园》。

（1）请幼儿跟随老师朗诵歌词，同时做相应的动作。

（2）播放歌曲，引导幼儿边唱边做相应动作。

2. 听故事，说一说

师：今天，老师要给大家讲一个故事，请仔细听哦！

（1）播放课件一，老师进行故事讲述。

（2）播放课件二，让幼儿说一说小鸟的幼儿园在哪里、大树是谁的幼儿园，梅花鹿的幼儿园在哪里、树林是谁的幼儿园，小兔子的幼儿园在哪里、草地是谁的幼儿园。

（3）播放课件三，让幼儿说一说小朋友们的幼儿园在哪里，小朋友们在幼儿园都做些什么。

3. 找照片，贴一贴

师：小朋友们真聪明，都知道小动物们到哪儿上幼儿园，现在请你们来帮忙把小动物们“送”到幼儿园。

（1）老师示范将小动物“送”到幼儿园（把小动物照片贴到大开张纸画的场景的相应位置）。

（2）请幼儿将小动物“送”到幼儿园。

（3）请幼儿将自己“送”到幼儿园。

4. 看场景，说一说

师：大家把小动物和小朋友们“送”到了幼儿园，并且都“送”对了，做得太棒了！

活动过程

1. 手偶表演

师：今天来了一位动物朋友，它很喜欢上幼儿园，来看看它是怎么说的？

（1）出示动物手偶，让手偶向大家“问好”。

（2）老师边朗诵《我爱我的幼儿园》的歌词边操弄手偶做出简单的应和动作。

2. 看图说话

师：动物朋友为什么这么爱上幼儿园，你们知道吗？

（1）播放课件，展示幼儿园里各种有趣的活动场景。

（2）请幼儿看图，说一说幼儿园里有哪些好玩的游戏。

（3）请幼儿说一说自己喜欢哪些游戏。（用“我喜欢××”句式表达）

3. 挑选玩具

师：幼儿园里好玩的东西真多，现在请小朋友们来选一样你喜欢的玩具。

（1）展示玩具，向幼儿介绍玩具的名称并示范玩法。

（2）请幼儿上前说说自己喜欢的玩具，并选择1个玩具。

（3）让幼儿用自己挑选到的玩具自由玩耍片刻。

（4）请幼儿将玩具送回。

4. 唱唱跳跳

师：幼儿园里真好玩，大家都爱上幼儿园，我们一起来唱首歌吧！

活动过程

1. 观看视频

师：小朋友们，有个有趣的视频要请大家看一看，小眼睛注意啦！

播放视频，老师辅以简洁的说明帮助幼儿理解视频内容。

2. 观看图片

师：在刚才的视频中，出现了教室的哪些地方呢？

（1）逐一展示教室各个活动区域，了解不同区域的功能：上课、饮水、阅读、玩玩具、进餐、盥洗等。

（2）老师通过提问的方式，请幼儿指认不同区域，帮助幼儿进行区域和功能匹配，如：喝水的地方在哪里？

3. 实地体验

师：请小朋友们起来走一走、做一做吧。

（1）请幼儿学习拉衣服、排纵队进行位置转移。

（2）选择2—3个区域请幼儿进行情景体验。

（3）引导幼儿熟悉不同功能区域的常规，如：喝完水要把杯子放回原位，玩完玩具要把玩具放回收纳箱等。

4. 表达意愿

师：小朋友们，你们到教室的不同地方逛过、玩过了，你最喜欢哪个地方呢？

（1）出示不同区域的照片，请幼儿观看。

（2）请幼儿上前挑选照片，在辅助下用简单的言语或肢体语言表达自己喜欢的区域和活动。

(1)老师总结照片粘贴情况，同时示范使用句式“××去××上学”进行表达。
(2)请幼儿使用句式“××去××上学”进行表达。
(3)夸赞勇于表达的幼儿并给予奖励，结束活动。

活动延伸

在日常生活中，引导幼儿运用三词、四词句描述自己熟悉的学习、生活场景。

(1)老师示范唱《我爱我的幼儿园》，边唱边做动作。
(2)播放歌曲，请幼儿跟随老师进行唱跳。
(3)歌曲播放完毕，师生道别，结束活动。

活动延伸

在其他主题活动中积极使用歌曲《我爱我的幼儿园》做热身或主题环节，加深幼儿对幼儿园生活的认同感。

活动延伸

在课间及自由活动时间，帮助幼儿进一步熟悉并遵守教室不同活动区域的常规。

活动领域 | **社会** 周主题一 | **幼儿园里真好玩** 月主题一 | **我上幼儿园**

高组	奇妙“连体人”	侧重领域	※ 社交技能 ※ 粗大动作

有益经验

1. 能认识同伴并说出名字。
2. 能用三词句做简单的自我介绍，如“我叫××”。
3. 在与他人套进同一张报纸的两个洞的情况下，能稳健地在起点和终点之间来回跑。
4. 在与同伴玩游戏的过程中发展协同能力，学习遵守游戏规则。

活动准备

◎课件：本组幼儿的大头照及生活照各1张。
◎同一水平位置开有两个洞（洞口大小能允许头套进去）的报纸若干张。
◎球、筐若干个。
◎欢快的游戏背景音乐若干首。

活动过程

1. 认识伙伴

师：今天老师带来了一些照片，请大家看一看，照片里都有谁?

（1）播放课件：引导幼儿认识自己的同伴，说

中组	无敌“风火轮”	侧重领域	※ 社交技能 ※ 粗大动作

有益经验

1. 熟悉班级、幼儿园的环境，了解不同场地的用途。
2. 能在多名幼儿排成纵队的情况下，双手上举托住履带，同时步伐协调一致地向前走。
3. 体验集体合作的前行方式，感受集体游戏的快乐。

活动准备

◎歌曲：《幼儿园里朋友多》《走走停停》。
◎课件一：教室环境的照片若干张。
◎课件二：幼儿园环境的照片若干张。
◎“风火轮”3个（2个大号的用于游戏比赛，1个小号的用于游戏示范；可用报纸、横幅等废旧物品进行粘贴、改制）。

活动过程

1. 音乐律动

师：小朋友们在幼儿园认识了很多好朋友，我们来唱一首歌，叫《幼儿园里朋友多》。

播放歌曲《幼儿园里朋友多》，让幼儿跟随

低组	快乐“袋鼠跳”	侧重领域	※ 社交技能 ※ 粗大动作

有益经验

1. 能认识自己的班级教室，了解教室的功能。
2. 能完成连续几个双脚离地向前跳的动作。
3. 在跳跃活动中感受愉悦情绪，进一步适应集体生活。

活动准备

◎课件：有关教室环境的照片若干张。
◎视频：《袋鼠跳》。
◎“袋鼠跳”袋子每人1个。
◎歌曲：《袋鼠跳跳跳》。

活动过程

1. 认识教室

师：老师这里有一些照片，小朋友们一起来看一看吧。

（1）播放课件，引导幼儿认识自己的教室，熟

出同伴的名字。

（2）根据播放到的照片，请该名幼儿用“我叫××”“我今年×岁”等简单语句介绍自己。

2. 找好朋友

师：小朋友们互相都认识了，现在请你们找一个好朋友一起玩吧。

（1）请幼儿找好朋友，两两并排坐一起。

（2）请幼儿简单地相互介绍自己，如名字和喜好等。

3. 示范游戏

师：现在要请你和你的好朋友玩一个好玩的游戏，叫做“连体人”。

（1）老师示范“连体人”游戏的玩法：两人同时把头套进同一张报纸的两个洞，两人同时快速走到终点，拿起一个球后回到起点，将球投入筐中。

（2）请个别幼儿上前尝试使用游戏道具。

4. 集体游戏

师：下面请所有的小朋友一起来玩游戏吧。

（1）老师分发游戏道具——已开有洞的报纸。

（2）老师请幼儿与好朋友一起把头套进同一张报纸的两个洞里，自由探索玩法。

（3）播放游戏背景音乐，老师请幼儿两两一组进行比赛，球运得最多的组获胜。

（4）表扬并奖励幼儿。

老师进行律动模仿。

2. 认识场地

师：幼儿园里都有哪些好玩的地方呢？快来看看吧！

（1）播放课件一，引导幼儿认识自己的教室，了解教室的用途。

（2）播放课件二，引导幼儿认识幼儿园的户外场地，知道户外场地的作用。

（3）出示游戏道具，请幼儿想一想“风火轮”的游戏应该在哪里玩。

3. 示范游戏

师：请小朋友们排好队，我们出发到户外去玩游戏啦！

（1）老师请2—3名幼儿示范游戏（使用小风火轮）的玩法：在“风火轮”内排纵队，脚踩在履带面上，步伐协调一致向前走。

（2）播放歌曲《走走停停》，跟随音乐节奏进行“风火轮”游戏。音乐停止时停下来调整队形，音乐响起后继续前进。

4. 集体游戏

师：接下来就轮到小朋友们一起做游戏了。

（1）老师请全体幼儿站到大“风火轮”内，随音乐的节奏随意走动。

（2）老师请幼儿分成两组进行游戏，使用“风火轮”从起点线走向终点线，速度快的组获胜。

（3）表扬并奖励全体幼儿。

悉教室环境。

（2）介绍教室的功能（上课、做游戏等）。

2. 介绍游戏

师：小朋友们认识了教室，我们可以在教室里玩好玩的游戏哦！

播放游戏视频，引导幼儿认识“袋鼠跳”游戏。

3. 观看视频

师：现在请小朋友们再来仔细看看，“袋鼠跳”是怎么玩的？

（1）再次请幼儿观看视频，观察游戏的动作。

（2）老师示范“袋鼠跳”的动作，帮助幼儿了解游戏的玩法与规则。

（3）请幼儿尝试使用袋子模仿“袋鼠跳”的动作。

4. 集体游戏

师：请“小袋鼠”们准备好，一起来玩游戏吧！

（1）分发游戏道具，请幼儿穿戴好道具，随意跳动。

（2）播放歌曲，老师示范根据音乐节奏跳动。

（3）请幼儿跟随音乐节奏进行“袋鼠跳”。

（4）引导幼儿两两一组进行游戏，比比谁更快。

5. 安排休息

师：“小袋鼠”们都跳累了，要回家休息啦，我们来互相说再见吧！

（1）请“小袋鼠”们互相道别。

（2）请幼儿帮忙将游戏道具归整好。

活动延伸

在户外活动设计两人合作的游戏（两人三足、两人板鞋等），进一步锻炼幼儿的粗大动作能力，提高幼儿社交互动技能。

附材料

“连体人”玩法示意图

活动延伸

在竞技类游戏活动中设计合作跨越障碍物的项目，增进同伴之间的互动关系，进一步提高幼儿的粗大动作能力。

附材料

“风火轮”玩法示意图

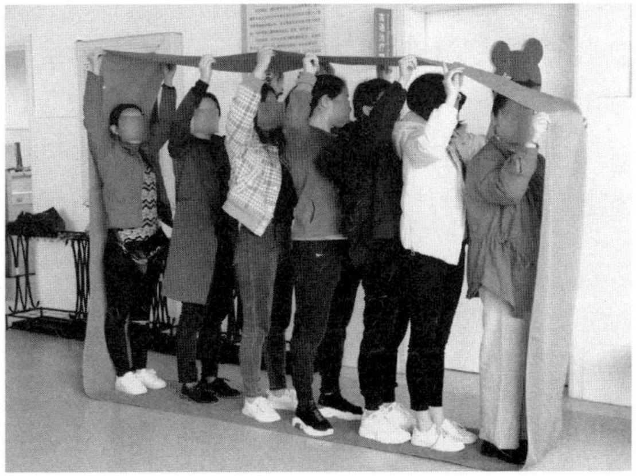

活动延伸

在家居训练中设计一些跳、跨、跑等大动作的游戏活动，家长与幼儿共同参与，增进亲子情感的同时增强幼儿下肢协调运动能力。

附材料

“袋鼠跳”玩法示意图

活动领域	科学	周主题一	幼儿园里真好玩	月主题一	我上幼儿园

高组　乌鸦喝水　侧重领域：※认知 ※语言理解

有益经验

1. 能理解绘本的故事情节，并进行简单复述。
2. 观察投石入水瓶的现象，大致明白投石能使水位上升的因果关系。
3. 通过观察和模仿实践操作，形成探究意识和探索精神。

活动准备

◎乌鸦手偶1个。
◎绘本:《乌鸦喝水》。
◎透明广口玻璃瓶（装进适量清水）每人1个。
◎洗净的小鹅卵石1小盆。

活动过程

1. 认识乌鸦
师：今天来了一位动物朋友，大家猜猜它是谁?
（1）老师出示乌鸦手偶，模拟乌鸦进行自我介绍。
（2）请幼儿说一说对乌鸦的认识：外形特征、

中组　彩虹糖饮料　侧重领域：※认知 ※精细动作

有益经验

1. 感受五颜六色的糖果色彩，认识红、黄、绿三种颜色。
2. 观察彩虹糖在水中的变化，初步了解溶化的现象。
3. 在彩虹糖溶化的奇妙现象中，体验观察的乐趣。

活动准备

◎歌曲:《五颗彩虹糖》。
◎图片：彩虹糖的图片、彩虹糖饮料的图片。
◎视频：彩虹糖饮料制作过程。
◎彩虹糖3盒、温糖水1壶、圆形浅口碟及吸管和勺子若干。

活动过程

1. 音乐律动
师：小朋友们都喜欢吃甜甜的彩虹糖，我们来唱一首歌，叫《五颗彩虹糖》。
播放歌曲，老师边唱边做动作，请幼儿跟随进行动作模仿。

低组　神奇泡泡水　侧重领域：※认知 ※精细动作

有益经验

1. 能认识教室不同区域的活动，说出喜爱的活动名称，如吹泡泡。
2. 能一手拿着搅拌棒、一手扶住杯子，完成搅拌的动作。
3. 体验制作泡泡水的成就感，感受吹泡泡的乐趣。

活动准备

◎课件：有关教室及在户外场地进行吹泡泡活动的图片。
◎胶水、清水、洗涤灵、洗手液等适量。
◎杯子、搅拌棒、泡泡圈若干。

活动过程

1. 认识区域及活动
师：老师这里有一些有趣的图片要给小朋友们看一看。
（1）播放课件，引导幼儿认识教室、户外活动场地等不同区域。
（2）请幼儿观看在户外进行吹泡泡活动的图片，

叫声、生活习性等。

2. 绘本故事

师：现在请大家来听一个关于乌鸦的故事，故事的名字叫作《乌鸦喝水》。

(1) 老师讲述绘本故事，引导幼儿理解故事情节。

(2) 老师引导小朋友回忆故事内容，并说一说乌鸦是怎么喝到水的。

3. 示范实验

师：接下来我们也来试一试，看看利用乌鸦的办法到底能不能喝到水?

(1) 老师向幼儿展示装有水的广口玻璃瓶。

(2) 老师将准备好的小鹅卵石逐一放进玻璃瓶中，让水位慢慢上升。

(3) 引导幼儿观察，并说一说看到的情景。

4. 集体实验

师：现在请小朋友们一起来做这个有趣的实验吧!

(1) 分发实验用的玻璃瓶、小鹅卵石等。

(2) 请幼儿进行投石操作，老师分别对各个小组进行指导。

(3) 表扬成功使水位上升的幼儿，并请他们展示自己的成果。

(4) 老师出示乌鸦手偶“喝水”，并感谢幼儿。

2. 认识颜色

师：请小朋友们看一看，这是什么?

(1) 出示彩虹糖的图片，请幼儿说出名称。

(2) 请幼儿辨别彩虹糖的颜色：红、黄、绿。

3. 介绍饮料

师：你们知道吗，彩虹糖可以做成漂亮的彩虹糖饮料哦!

(1) 出示彩虹糖饮料的图片。

(2) 播放彩虹糖饮料的制作视频，引导幼儿了解制作方法：先将彩虹糖摆盘，再慢慢倒入温糖水。

4. 制作饮料

师：现在请大家一起来制作神奇的彩虹糖饮料吧!

(1) 引导幼儿分组，2—3人一组。

(2) 给各个小组分发碟子、温糖水、彩虹糖等物品。

(3) 引导幼儿合作将彩虹糖进行摆盘：摆成圆形，间距适当。

(4) 请幼儿缓慢注入温糖水(个别幼儿在辅助下进行)。

(5) 将饮料静置片刻，引导幼儿仔细观察糖果和饮料的变化。

(6) 请幼儿说一说看到了什么。

5. 分享饮料

师：彩虹糖饮料做好了，我们一起喝饮料吧。

(1) 请幼儿帮忙分发吸管和勺子。

(2) 请幼儿共同品尝饮料和糖果。

并说出活动名称、吹泡泡的方法等。

2. 了解泡泡水的制作方法

师：吹泡泡真好玩！可是，泡泡水是怎么制作的呢?

(1) 老师示范制作泡泡水：在杯中倒入适量清水，先后加入适量物料，搅拌均匀。

(2) 请个别幼儿上前操作添料、搅拌等步骤。

3. 尝试制作泡泡水

师：现在小朋友们都知道泡泡水是怎么制作的了，大家来试着做一做吧!

(1) 老师给幼儿分发物料，并再次示范制作步骤。

(2) 引导幼儿跟随老师的示范逐步完成添料、搅拌等步骤。

(3) 可请制作好泡泡水的幼儿试吹泡泡。

4. 到户外玩吹泡泡游戏

师：小朋友们真能干，做好了泡泡水，我们一起到户外玩吹泡泡的游戏吧。

(1) 请幼儿排成“小火车”，进行场地转移。

(2) 老师吹泡泡、幼儿追泡泡；可请幼儿轮流担任吹泡泡的工作。

活动延伸

鼓励幼儿运用多种感官认识周边熟悉的事物，学会观察周围事物变化，提高观察能力和对事物的关注力。

活动延伸

在日常生活中对常见物品（衣物、积木等）的颜色进行辨别、分类等，进一步增强对红、黄、绿等颜色的认知。

附材料

彩虹糖饮料示意图

活动延伸

在进餐进饮时，可让幼儿对固体饮料、调味品等进行力所能及的搅拌溶解操作，提高幼儿双手协调能力和工具使用能力。

附材料

泡泡水配方

胶水、清水、洗涤灵、洗手液，比例为1:4:2:2，洗手液可以用洗发水、洗发膏等代替，用带珠光的原料做的泡泡水吹出的泡泡带有颜色，更加漂亮。

活动领域 | **艺术**　　周主题一 | **幼儿园里真好玩**　　月主题一 | **我上幼儿园**

高组　设计我的幼儿园

侧重领域：※ 精细动作　※ 认知

有益经验

1. 认识幼儿园的建筑，感知红、黄、蓝、绿等颜色。
2. 能按主题“我的幼儿园”画出较为复杂的图案，如房屋、树木、人物等。
3. 有范围的概念，在图案上涂色大致不出界。
4. 在绘画的过程中注意观察画面的变化，锻炼良好的专注力。

活动准备

◎视频：幼儿园大门、户外设施、人物活动等内容。
◎图片：彩色的幼儿园图片。
◎铅笔、橡皮擦、彩色笔、A4纸每人1份。

活动过程

1. 认识我的幼儿园
师：小朋友，你们喜欢幼儿园吗？幼儿园里有什么呢？
（1）老师鼓励幼儿说一说幼儿园里有什么。

中组　梦想幼儿园

侧重领域：※ 精细动作　※ 认知

有益经验

1. 认识三角形、正方形等简单图形。
2. 能用剪刀沿着线条剪出图形。
3. 能使用固体胶进行涂抹，将图形组合并贴成“房子”。
4. 发挥想象力，在手工作品上进行添画，增强自主意识。

活动准备

◎图片：幼儿园全景图。
◎彩色笔、儿童剪刀、固体胶每人1份。
◎画有正方形、三角形等图形的彩色图形纸每人1份。
◎幼儿园简笔画（图案与彩色图形纸相对应）每人1张。

活动过程

1. 认识我的幼儿园
师：老师这里有一张图片，请大家看看这是哪里？
（1）出示图片，请幼儿说一说自己的答案。

低组　彩色幼儿园

侧重领域：※ 精细动作　※ 认知

有益经验

1. 感知五颜六色的画面，形成颜色概念。
2. 能使用正确的姿势握住油画棒，并在纸上涂色。
3. 能对绘画活动感兴趣并乐于参与其中，享受涂鸦的乐趣。

活动准备

◎课件：色彩鲜明的不同场地的图片。
◎幼儿园简笔画每人1张。
◎油画棒每人1盒。
◎歌曲：《我爱我的幼儿园》。

活动过程

1. 户外参观
师：幼儿园真漂亮，我们出去走走、看看吧！
（1）组织幼儿排纵队、挨个拉衣服。

（房子、滑滑梯等）

（2）请幼儿想一想是否喜欢幼儿园，并把原因说出来。

（3）播放视频，引导幼儿观察幼儿园的建筑、设施、人物活动等，感知五彩的画面。

2. 画出我的幼儿园

师：我们一起把漂亮的幼儿园画出来吧。

（1）老师出示幼儿园的图片，参照图片画出房屋、树木、人物等，边画边引导幼儿观察。

（2）老师请幼儿自行拿取A4纸、彩色笔等用具。

（3）老师与幼儿同步作画，幼儿可参照老师的示范，也可按照自己对幼儿园的认识进行想象作画。

（4）老师巡回指导，给予幼儿适当的帮助。

3. 给“幼儿园”涂颜色

师：幼儿园到处都有漂亮的颜色，请大家想一想，来给它涂上颜色吧。

（1）老师简单介绍部分物品的颜色，如大树是绿色的，并给树叶涂上绿色，同时告知幼儿涂色时不超出边线。

（2）鼓励幼儿大胆创作，给简笔画涂上颜色。

4. 与我的作品合影

师：每个小朋友画出的幼儿园都是不一样的，我们来看一看，谁画的幼儿园最漂亮呢?

（1）请幼儿逐个上前展示自己的作品，老师在旁引导幼儿向大家介绍自己的作品。

（2）引导幼儿拿着自己的作品拍照留念。

（2）请幼儿仔细观察，幼儿园里有哪些景物。

2. 搭建我的“幼儿园”

师：今天，我们也来设计一个漂亮的幼儿园吧！

（1）出示图形纸，引导幼儿认识并说出图形名称。

（2）老师进行手工示范：先沿着线条把图形剪下来放在桌子左上角；在简笔画上涂上固体胶；把图形贴在对应简笔画上，完成作品。

（3）请幼儿回忆老师的操作步骤。

（4）给幼儿发放制作材料，强调剪刀的安全使用。

（5）请幼儿参照老师的成品，“搭建”自己的幼儿园。

3. 装饰我的“幼儿园”

师：幼儿园“建”好了，我们再来给幼儿园“装修”一下吧。

（1）老师在三角形处（屋顶）画几道波浪线作瓦片，再在长方形（门）处画一个方形作锁等。

（2）引导幼儿大胆想象，给幼儿园进行“装修”。

4. 张贴我的“幼儿园”

师：小朋友们的小手真灵巧，快把作品贴起来，请大家一起欣赏吧。

（1）请幼儿有秩序地把作品贴在作品栏上面。

（2）引导幼儿欣赏自己和他人的作品，比比看有哪些地方不同。

（2）老师带领幼儿边走边看，并对颜色鲜明的建筑或设施着重进行介绍，加深幼儿印象。

（3）组织幼儿回到教室坐好。

2. 观看图片

师：老师这里有一些有趣的图片，请大家来看一看。

（1）播放课件，老师对图片进行介绍，如绿色的草坪、白色的大门等。

（2）引导幼儿根据看到的画面，说出颜色名称，并在老师出示的油画棒中，挑出相同颜色的油画棒。

3. 自由涂色

师：看了这么多漂亮的颜色，我们也来给幼儿园涂上漂亮的颜色吧。

（1）老师边讲解动作边示范涂色：用前三指握住油画棒，在纸上来回涂色，不同的位置可更换不同颜色的油画棒，直至将简笔画涂满颜色，完成作品。

（2）发放简笔画及油画棒，请幼儿涂色。

4. 展示作品

师：哇！五颜六色的幼儿园真漂亮，让我们举起来一起歌唱吧。

（1）请幼儿将作品展示给大家看。

（2）播放歌曲，请幼儿跟随歌曲摆动手中的画。

（3）老师表扬及鼓励幼儿。

活动延伸

老师将合影照片打印或冲晒出来，请幼儿协助，一起张贴到教室“集体大家庭”一栏，做教室环创装饰品。

附材料

“彩色幼儿园”示意图

活动延伸

在个人工作中投放图形配对材料，加深幼儿对基本图形的认知。

附材料

彩色图形纸及幼儿园简笔画示意图

活动延伸

利用各种涂色活动，增强幼儿对颜色概念的理解，帮助幼儿掌握握笔涂鸦的技能。

附材料

幼儿园简笔画示意图

活动领域	健康	周主题二	我是好宝宝	月主题一	我上幼儿园

高组	休闲水吧	侧重领域	※ 生活自理 ※ 精细动作

有益经验

1. 认识班级的饮水区域，知道拿取属于自己的杯子。
2. 使用水杯后，能将水杯正确归位。
3. 能双手配合将水从水壶倒出而不泼洒。
4. 在互相倒茶的活动中，感受角色扮演游戏的乐趣。

活动准备

◎照片：饮水区的照片1张。
◎茶水3壶(壶的大小以方便幼儿使用为准)。
◎杯子每人1个。
◎服务员的领结、围裙等装扮物品。
◎小食品适量。

活动过程

1. 找饮水区
师：小朋友们的水杯放在哪里了呢？我们一起来看一看、找一找吧。
(1)老师展示饮水区的照片，引导幼儿说出区域名称，了解区域的功能——饮水。

中组	我的书包	侧重领域	※ 生活自理 ※ 精细动作

有益经验

1. 了解书包及常见物品的名称、用途等。
2. 能把物品整齐叠放并装进书包。
3. 掌握背书包的动作技能。
4. 能加深对书包和个人物品的认知，并激起对上学的向往之情。

活动准备

◎幼儿自备书包(双肩包)。
◎歌曲:《上学歌》。
◎笔盒、铅笔、练习本、纸巾、汗巾等幼儿个人物品。

活动过程

1. 背上小书包
师：今天小朋友们都带来了自己心爱的书包，真神气！
(1)老师一边向幼儿讲解一边示范背书包的动作。

低组	干净宝宝人人爱	侧重领域	※ 生活自理 ※ 认知

有益经验

1. 尝试分辨干净的手和脏的手。
2. 明白洗手的重要性，懂得在吃东西前要洗手。
3. 粗略掌握洗手的步骤和方法。
4. 养成勤洗手、讲卫生的好习惯。

活动准备

◎视频:《贝嘟嘟的小脏手》。
◎图片：干净的、脏的手的图片，洗手的步骤图。
◎洗手液若干瓶。
◎小方巾每人1条。
◎零食：山楂片、葡萄干、彩虹糖、牛奶糖各1包。

活动过程

1. 观看视频
师：小朋友们，我们来看一个关于小手的故事吧！
(1)播放视频，请幼儿观看。
(2)帮助幼儿了解在手脏的情况下进食会产生

（2）引导幼儿根据照片找到教室的饮水区。

2. 拿取水杯

师：饮水区里有很多小朋友的水杯，现在请你们来找一找自己的水杯吧。

（1）让幼儿用动作或者语言描述自己杯子的标记、特征和所处的位置。

（2）请幼儿按顺序排队拿取自己的杯子，拿到水杯后回到桌子摆放处，有序坐好。

3. 学倒茶水

师：今天，××（班级名）休闲水吧开张了，老师先来当服务员给大家倒水吧！

（1）老师穿戴好围裙、领结等，装扮服务员。

（2）老师示范倒茶，请幼儿喝茶。

（3）每次请2—3名幼儿轮流上前扮演服务员，给大家倒茶、分发小食品。

（4）鼓励幼儿相互帮忙倒茶、分享食品。

4. 放好水杯

师：水吧要关门啦，请小朋友们帮忙把杯子放回原位。

（1）老师示范把水杯放回饮水区原来的位置。

（2）引导幼儿模仿老师的做法，将自己的水杯放回原来的位置。

活动延伸

在日常生活中，帮助幼儿了解自己的玩具、书包、水杯、鞋子等物品所放的位置，使用过后正确归位，增强幼儿的物品归位能力。

（2）请幼儿领取自己的书包并背上书包。

（3）播放歌曲，请幼儿伴随歌曲《上学歌》的节奏做挥手、手拉手的动作，感知音乐的节奏。

2. 认识小书包

师：你们知道书包有什么用吗？书包里都放些什么东西呢？

（1）老师展示笔盒、铅笔、练习本、纸巾、汗巾、衣物等物品，请幼儿说出物品名称及功能。

（2）请幼儿尝试辨别自己的物品，逐一领取并拿回自己的座位。

3. 整理小书包

师：好多东西呀，我们快把它们收拾整齐放进书包里吧。

（1）老师示范整理书包，将不同物品先后放进书包里。

（2）引导幼儿模仿老师的整理方式收拾物品，将书包整理好。

（3）老师指导幼儿尝试双手配合，拉上书包的拉链。

4. 放好小书包

师：小朋友们的手真巧，把书包整理好了，请把书包放到柜子里。

请幼儿将书包放至指定区域，结束活动。

活动延伸

在上学前、放学后，引导幼儿检查自己的书包，确认自己的物品收拾、整理清楚后再离开。

的后果。

2. 检查小手

师：现在我们也来检查一下自己的小手是不是干净的？

（1）出示图片，请幼儿指认或说出干净的、脏的手。

（2）引导幼儿检查自己的手，模仿做洗手的动作。

3. 洗洗小手

师：老师这里有好吃的零食，我们先把小手洗干净吧！

（1）老师在桌面上展示零食，告知幼儿洗手后方可品尝零食。

（2）出示洗手步骤图，说明洗手的方法。

（3）老师带领幼儿排队到洗手间。

（4）老师示范洗手的动作步骤。

（5）请幼儿使用洗手液、小方巾等物品完成洗手。

4. 使用小手

师：小手洗干净就可以回到教室吃零食啦！

（1）老师引导幼儿围着桌子坐下。

（2）老师检查幼儿的小手，表扬幼儿自己洗手的行为。

（3）分发零食请幼儿品尝。

活动延伸

在日常生活中，引导幼儿在进食前后及如厕后要洗手，巩固洗手意识，养成勤洗手的习惯。

活动领域 语言	周主题二 我是好宝宝	月主题一 我上幼儿园

高组	快乐的一天	侧重领域	※ 语言表达 ※ 社交技能

有益经验

1. 了解与熟悉幼儿园的一日活动流程，能大致按活动顺序对图片进行排序。
2. 能说出视频与图片的活动内容(如背书包上学、走进教室、一起玩游戏、放学)。
3. 在对幼儿园生活流程进一步熟悉的基础上，萌发出喜爱幼儿园生活的情感。

活动准备

◎视频:《快乐的一天》。
◎图片：幼儿在幼儿园一天各个时间段进行各项活动的图片。
◎歌曲:《抱抱熊起床歌》(模拟起床),《上学歌》(模拟上学),《圆圈舞》《吹泡泡》(模拟幼儿园游戏场景),《放学歌》(模拟放学),《晚安》(模拟睡觉)。
◎闹钟1个。

活动过程

1. 观看视频
师：我们一起来看看小朋友们的一天是怎么

中组	我是小帮手	侧重领域	※ 语言表达 ※ 生活自理

有益经验

1. 能认识教室物品放置区域：水杯区、书包区、阅读区、玩具操作区等。
2. 能说出或指认教室不同区域的名称，并能回答“用来做什么”的问句，说出或指认不同区域的功用。
3. 了解固定位置物品取用及归位的生活常规。
4. 体验到为他人提供帮助的乐趣。

活动准备

◎歌曲:《我是好宝宝》。
◎视频：幼儿进行喝水、玩玩具、整理书包、看书等活动的录像。
◎图片：教室不同区域的图片提示卡(照片加文字)各1张。
◎水杯、书包、绘本等物品各1批。

活动过程

1. 律动模仿
师：小朋友们在幼儿园表现都非常棒，都是

低组	不急也不抢	侧重领域	※ 语言理解 ※ 社交技能

有益经验

1. 能理解活动场所的名称，如教室、游乐区等，并能指认或说出名称。
2. 能理解并遵守玩滑滑梯要排队等候、轮流玩的规则。
3. 能形成与同伴排队、轮流玩的意识，并能在集体玩耍的过程中感受愉悦情绪。

活动准备

◎绘本:《排好队一个接一个》(“小熊宝宝绘本”系列)。
◎歌曲:《排队歌》。

活动过程

1. 绘本故事
师：老师这里有一个故事请小朋友们听一

度过的呢?
(1)播放视频，请幼儿观看。
(2)请幼儿自由讲述：视频中的小朋友都做了什么。

2. 认识场景

师：请小朋友们想一想，我们一天要做些什么事情呢?
(1)出示各种活动的图片。
(2)请幼儿说一说不同活动场景的图片中，小朋友都在干什么。

3. 图片排序

师：图片里面的小朋友都玩得很开心，我们根据时间的先后来排一排顺序吧!
(1)老师示范根据一日活动的先后进行图片排序，并对图片进行必要的描述。
(2)将图片顺序打乱，请幼儿尝试进行图片排序，并大致说出活动内容。
(3)根据排序好的图片，老师引导全体幼儿一起来说出一日活动流程的顺序与内容。

4. 模拟游戏

师：现在我要请大家来玩一个游戏，叫作“几点钟”。
(1)老师手持闹钟在前面走，幼儿在后面跟随走动。
(2)闹钟铃响，幼儿问：“几点啦?”老师回答：“7点了，该起床啦!”
(3)播放歌曲《抱抱熊起床歌》，请幼儿根据歌曲内容模拟起床的场景和动作。
(4)重复以上步骤，播放不同的歌曲，模拟好宝宝，要夸一夸大家。
播放歌曲，请幼儿跟随老师进行动作模仿。

2. 观看视频

师：电视上有一群小朋友，他们在干什么呢?
(1)播放视频，请幼儿观看。
(2)请幼儿说一说视频中幼儿的活动：喝水、看书、整理书包、玩玩具等。

3. 观察教室

师：请小朋友看看教室里面有什么东西呢?
(1)老师引导幼儿对教室进行观察：不同的区域分别有什么物品(杯子、书包、绘本、玩具等)。
(2)请幼儿指认或说出教室各区域的名称。
(3)了解不同区域的功能：阅读、饮水、玩玩具等。

4. 贴区域卡

师：我们一起来给教室不同的区域贴上图片提示卡吧。
(1)老师出示不同区域的图片提示卡，引导幼儿进行指认或者说出区域名称。
(2)请幼儿根据教室摆放的物品，把图片提示卡贴到相对应的位置上。
(3)请幼儿回答问题，说出不同区域的功用：看书、喝水、玩玩具等。

5. 物品归位

师：这里有许多物品，需要请小朋友来帮忙摆放回教室的各个地方。
(1)出示物品(水杯、书包、绘本等)。

听，看看故事里的小动物在干什么呢?
(1)老师讲解绘本故事。
(2)请幼儿指认或说出绘本里面的场所名称：教室、游乐区。
(3)引导幼儿理解小动物是怎么玩游戏的：排队、轮流。

2. 歌曲唱游

师：小动物会排队，我们小朋友也很能干，一起来学习排队吧!
(1)播放歌曲，老师歌唱并示范动作。
(2)请幼儿与老师一起做动作模仿。
(3)老师边唱歌边请幼儿一起做律动。

3. 排队转移

师：现在请大家一起排队去玩一玩吧!
(1)引导幼儿模拟小动物排队的场景。
(2)播放歌曲，请幼儿边听边排队走到游戏场地。

4. 游乐活动

师：我们到啦！这里是什么地方呢?
(1)老师介绍区域名称：游乐区。
(2)老师引导幼儿排好队，等待玩滑滑梯。
(3)老师强调游戏规则：一名幼儿玩完滑滑梯，需走到队伍的末尾再次排队。

5. 排队回程

师：小朋友们玩得很开心，现在我们要排队回教室休息啦。
(1)播放歌曲，请幼儿边听边排队走回教室。
(2)引导幼儿排队洗手，结束活动。

一日活动的不同环节(上学、游戏、放学等)。

5.“睡觉”休息

师：小朋友们的“一天”真快乐呀！现在我们需要睡觉休息了。

(1)播放歌曲《晚安》，请幼儿跟随老师进行律动模仿。

(2)引导幼儿伴随音乐尾奏躺倒在地上模拟睡觉，结束活动。

活动延伸

幼儿在一日活动流程中进行各项活动转换时，提示幼儿看图文课程表或图片提示卡，了解自己下一步需要做什么。

(2)老师示范将物品摆放至正确的位置。

(3)老师引导幼儿根据图片提示卡进行物品摆放。

(4)感谢并表扬幼儿。

活动延伸

在家中，家长请幼儿进行力所能及的家居物品整理工作，巩固幼儿物品取用及归位的意识和技能。

活动延伸

引导幼儿在一日活动中学习排队、轮流及等候，比如在玩玩具的时候，培养幼儿养成轮流玩的习惯。

活动领域 ｜ 社会	周主题二 ｜ 我是好宝宝	月主题一 ｜ 我上幼儿园

高组	遵守纪律我最棒	侧重领域	※ 社交技能 ※ 粗大动作

有益经验

1. 能判断并说出图片中的行为是否是遵守纪律的行为。
2. 能在图片提示下使用四词句或复合句复述故事情节。
3. 能在“打‘√’走、打‘×’停”的游戏中明白“‘√’可以走，‘×’就停止”的游戏规则。
4. 通过图片理解、实景操作等方式，初步养成遵守纪律的意识。

活动准备

◎绘本:《大卫上学去》。
◎行为图片若干张（包含遵守纪律和不遵守纪律的行为）。
◎打“√”、打“×”的图片各2张。
◎乐曲:《走走停停》。
◎常规活动遵守纪律的图片（如上厕所要排队；洗手、接饮用水时要轮流）。

中组	环保小卫士	侧重领域	※ 社交技能 ※ 精细动作

有益经验

1. 认识常见的生活垃圾，了解与垃圾相关的生活常识。
2. 学会将垃圾丢弃到垃圾箱，能与同伴一起合作捡拾并清理垃圾。
3. 体验捡拾垃圾的活动，养成将垃圾及时丢弃至垃圾箱的卫生习惯。

活动准备

◎课件：各种生活垃圾、垃圾桶、小朋友在捡垃圾的场景等图片。
◎喝完的饮料瓶、食品包装纸、废旧纸张、剥开的果皮、废弃的纸箱等物品。
◎马甲每人1件（扮演环卫工人）。
◎垃圾袋若干个。

低组	排排坐	侧重领域	※ 社交技能 ※ 粗大动作

有益经验

1. 尝试理解并遵守“音乐响起就走动，音乐停止就坐到椅子上”的游戏规则，能明白并执行“坐下”的指令。
2. 知道椅子取放及归位的要求。
3. 能双手协调地搬起椅子走10步左右。
4. 在音乐游戏中了解椅子的功用，增强安坐意识。

活动准备

◎歌曲:《排排坐》。
◎课件：小朋友搬椅子，坐在椅子上看电视、玩玩具，将椅子归位的照片。
◎乐曲:《走走停停》。

活动过程

1. 听故事

师：小朋友们，老师这里有一个精彩的绘本故事，大家想听吗？

（1）出示绘本，介绍绘本的主题、人物等信息。

（2）逐页讲述绘本，帮助幼儿理解绘本的内容。

（3）通过简单问句，引导幼儿使用四词句或复合句复述绘本故事情节。

2. 说对错

师：大家在故事当中了解了要遵守纪律的道理。这里有一些图片，要请大家来看看他们做对了吗？

（1）老师逐一出示行为图片，请幼儿说说图片中人物的行为。

（2）引导幼儿说一说哪些是遵守纪律的行为，哪些不是。

（3）老师示范把打“√”或“×”的图片粘在行为图片下面。

（4）请幼儿尝试根据行为的对错，粘贴打“√”、打“×”的图片。

3. 走走停停

师：小朋友做得都很棒！那现在我们来玩一个“打‘√’走、打‘×’停”的游戏吧。

（1）老师说明“举起打‘√’的图片就可以往前走，举起打‘×’的图片就要停下来”的游戏规则。

（2）请个别幼儿进行示范，根据老师所举起的图片做出相对应的动作。

活动过程

1. 观看图片

师：大家知道应该怎么处理垃圾吗？一起来看看吧。

（1）播放课件，引导幼儿观看街道垃圾桶、马路上乱丢的垃圾等图片。

（2）帮助幼儿认识垃圾是不可以随便丢弃的。

（3）引导幼儿了解垃圾要扔到垃圾桶里。

（4）认识各种活动产生的生活垃圾，简单了解可回收垃圾和不可回收垃圾。

2. 角色扮演

师：大家了解了许多关于垃圾的知识，现在请大家来当环卫工人，把周围的垃圾清理干净吧。

（1）分发马甲，请幼儿穿戴好。

（2）老师示范如何捡拾垃圾，以及使用垃圾袋装垃圾。

3. 捡拾垃圾

师：请小小“环卫工”们准备好，我们出发去工作啦。

（1）引导幼儿排队一起走到户外。

（2）给幼儿分发垃圾袋。

（3）请幼儿分工捡拾垃圾，并装进垃圾袋，提示幼儿注意个人卫生。

4. 垃圾“回家”

师：大家很能干，现在我们要把垃圾送“回家”啦。

（1）老师引导幼儿把垃圾放到附近的大垃圾箱

活动过程

1. 做律动

师：小朋友们今天精神不错哦，我们一起来动一动吧！先来看看老师是怎么做的？

（1）老师边念唱歌曲《排排坐》的歌词边示范动作，请幼儿跟随模仿。

（2）播放歌曲《排排坐》，幼儿集体进行律动模仿。

2. 看图片

师：老师这里有一些图片，小朋友们来看一看吧。

（1）播放课件，引导幼儿了解椅子的搬动方法、使用方法以及使用完毕后归置放好的流程。

（2）老师示范椅子的搬动方法：一只手抓椅面边沿，另一只手抓椅背边沿，轻轻抬起（椅子面向着腹部），小心走动至目的地，将椅子放置到地上，调整椅背至需要的方向。

（3）引导幼儿学习搬椅子，并将椅子搬到教室中间位置放置。

3. 玩游戏

师：今天我们来玩一个“口香糖”游戏，当音乐停下来的时候，大家要像口香糖一样紧紧粘在椅子上哦。

（1）老师引导幼儿将椅子围成一圈（椅背朝向里圈）。

（2）老师示范游戏玩法：播放乐曲《走走停停》，跟随音乐节奏在椅子周围走一走；音乐停止时，找到椅子坐好。

（3）播放乐曲《走走停停》，老师举起图片，请幼儿集体进行游戏。

（4）请幼儿轮换举图片，重复游戏。

4. 排队走

师：大家玩累啦，现在我们要排队去上厕所、洗手、喝水了，遵守纪律我最棒！我们要怎么做呢？

（1）出示常规活动要遵守纪律的图片，老师做简要的讲解。

（2）在强调遵守常规活动纪律的情境下，引导幼儿完成上厕所、洗手、喝水等活动。

活动延伸

在日常生活中，如在超市、公园、商场等场所时，帮助幼儿养成守纪律的意识，学习遵守各项生活常规。

里。

（2）请幼儿洗手，结束活动。

活动延伸

在课间、餐点等环节，提醒幼儿将产生的垃圾收拾干净，归置到指定的垃圾桶。

（3）播放乐曲，幼儿一起参与游戏。

4. 摆椅子

师：小朋友们真能干，现在我们把椅子搬“回家”吧。

（1）老师示范把椅子搬回椅子放置区放好。

（2）请幼儿把自己的椅子归位放好。

（3）肯定幼儿搬椅子的行为，夸赞幼儿。

活动延伸

在一日流程的活动中，向幼儿强调什么时间需要安坐、什么时间可以离开座位的生活常规。

活动领域	科学	周主题二	我是好宝宝	月主题一	我上幼儿园

高组	星期大转盘	侧重领域	※ 认知 ※ 语言表达

有益经验

1. 认识星期一至星期日的顺序，并试着指认出相应的星期字卡。
2. 能跟念童谣《星期歌》，并能在游戏中说出短句“星期 × 去做……”。
3. 形成“星期”的时间单位概念，养成按时间计划进行活动的习惯。

活动准备

◎童谣:《星期歌》。
◎课件：幼儿活动图片（工作日和周末活动的图片，可提前拍摄或向家长征集图片）、时间示意图（时间与活动图片相结合）。
◎故事:《星期宝宝》。
◎星期字卡（颜色、形状不同以帮助幼儿辨别）、星期字卡头饰。

活动过程

1. 唱儿歌

师：小朋友们，你们知道今天是星期几吗?

中组	时钟快跑	侧重领域	※ 认知 ※ 社交技能

有益经验

1. 了解简单时钟的钟面结构，尝试认读数字“1”到“12”。
2. 知道日常时间与活动的对应关系，如8点上学、12点吃饭等，或能指认出与活动相对应的时间图片。
3. 建立起初步的时间概念，在一日活动流程中形成按时作息的意识。

活动准备

◎时钟模具（表盘含时针和分针，不需含秒针）。
◎课件：幼儿上学、放学回家、晚上睡觉等生活场景图片若干张。
◎制作“1”到“12”的圆形数字卡（数字卡需足够大且显眼，用于贴在胸前进行游戏）。
◎圆形坐垫（用于游戏定位）。
◎歌曲:《时钟》《大家都睡了》。

活动过程

1. 猜猜时钟

师：小朋友们，今天老师给大家带来一个好

低组	白天和黑夜	侧重领域	※ 认知 ※ 社交技能

有益经验

1. 了解白天和黑夜的特征，对“白天”和“黑夜”的时间划分有初步概念。
2. 能将不同活动的图片按白天、黑夜的时间概念分类放好。
3. 能树立起基本的时间概念，为养成良好的生活习惯打下基础。

活动准备

◎课件：太阳和月亮的动态图片。
◎视频:《白天与黑夜》。
◎图片：幼儿在白天和黑夜活动的图片若干张。
◎大开张的底板画1张（左半张画上太阳、白云等景物以示为“白天”；右半张涂深色底色，画上月亮、星星以示为“黑夜”）。
◎乐曲:《快与慢》。
◎泡沫砖块。

活动过程

1. 观看图片

师：小朋友们，今天太阳公公和月亮婆婆要

（1）请大家说一说今天是星期几。
（2）请幼儿跟随老师念唱童谣《星期歌》，并做相应的手指游戏：先后伸出7根手指，最后拍拍双手。
2. 看图片
师：小朋友平时都做些什么？我们快来了解一下吧！
（1）播放幼儿活动图片，说一说星期一到星期五小朋友在哪里、做什么；星期六和星期日又在哪里、做什么。
（2）播放时间示意图，引导幼儿大致了解星期一到星期日他们在做什么。
3. 听故事
师：小朋友知道童谣里的“星期”是怎么来的吗？我们一起来听一个关于“星期宝宝”的故事吧！
（1）老师讲述故事《星期宝宝》。
（2）请幼儿说一说：故事里都有谁？“星期妈妈”有几个孩子？她给孩子们取了什么名字？
（3）请幼儿认一认：出示星期字卡，引导幼儿了解星期的名称。
（4）请幼儿做一做：用星期字卡给“星期宝宝”排队（星期一到星期日）。
4. 玩游戏
师：瞧，7个调皮的“星期宝宝”来了，它们要和小朋友们玩游戏。
（1）分发星期字卡头饰，请7名幼儿分别扮演“星期宝宝”并站成圆圈，剩余幼儿背靠

朋友，大家猜猜它是谁？
（1）老师说谜语，请幼儿猜谜底。
（2）出示时钟模具。
2. 认识时钟
师：小朋友们来看一看，时钟上面都有什么呀？
（1）引导幼儿认识钟面结构：数字和指针；认知时针和分针：短且粗的那根叫时针，长且细的那根叫分针。
（2）认读表盘上的数字“1”到“12”，了解数字代表时间点。
（3）了解当分针固定指向数字“12”时，时针指向数字几，就是几点钟。
3. 认识时间
师：时钟转呀转，转到早上8点钟，这个时间小朋友们在做什么呢？
（1）转动时钟表盘至相应的时间点，播放课件中相应的图片作提示，请幼儿说一说现在几点钟、要做什么。
（2）以此类推，选择一日活动流程中有代表性的时间点和活动场景引导幼儿进行表述。
4. 时钟游戏
师：现在我们来玩一个关于时钟的游戏吧！
（1）将“1”到“12”的圆形数字卡分发给幼儿，固定于胸前（人数不够12人则挑选需要的数字卡进行分发）；请一名幼儿扮演分针，另一名幼儿扮演时针。
（2）围圈放置圆形坐垫，便于贴有数字卡的幼儿定点自己的站位组成“钟面”；请扮演时针和分针的幼儿站在圆圈中央，双手交握，

来跟大家一起玩。
（1）播放课件，引导幼儿认识太阳及月亮等自然景物。
（2）请幼儿说说名称，或根据名称指认出相应的图片。
2. 观看视频
师：我们来看一看，太阳和月亮分别在什么时候出现呢？
（1）播放视频《白天与黑夜》，引导幼儿初步感知白天、黑夜的特征。
（2）引导幼儿了解在白天和黑夜的活动：白天上学、玩耍等；晚上休息、睡觉等。
3. 图片分类
师：这里有一群迷糊的小朋友，他们有的在踢足球，有的在睡觉，还有的在玩耍。他们不知道白天还是晚上做这些事情，你们愿意帮助他们吗？
（1）老师示范将在白天进行的活动贴到“白天”的底板上，将在晚上进行的活动贴到“黑夜”的底板上。
（2）请幼儿想一想，贴一贴。
4. 互动游戏
师：小朋友们都知道白天要干活、晚上要睡觉。现在请大家当小小搬运工，白天搬东西，晚上休息。
（1）将幼儿分成若干组，排成纵队在起点处等候。
（2）播放乐曲，在音乐的快板部分老师说“天亮啦，该干活啦”，每组即派出一名幼儿拿

背站到圆圈中心。
(2) 请站在中心的幼儿齐念童谣《星期歌》，请“星期宝宝”手拉手，顺时针转圈慢走。
(3) 念完童谣，老师随机点名“星期 ×”，相应的“星期宝宝”就蹲下，其他“星期宝宝”原地站好不动。
(4) 老师发问“星期 × 去干什么”，请蹲下的“星期宝宝”回答“星期 × 上幼儿园”“星期 × 去公园玩”等。
(5) 请幼儿互换角色重复进行游戏。

5. 说再见

师：小朋友们玩得很开心，现在我们一起来唱《星期歌》，和“星期宝宝”说再见吧！
(1) 请幼儿跟随老师边唱《星期歌》边做律动。
(2) 请幼儿互相道别。

活动延伸

在家庭生活中家长通过引导幼儿看日历、画活动计划图等方式，巩固“星期”的时间概念。

附材料

1. 童谣《星期歌》

星期一、星期二、星期三、星期四、星期五、星期六、星期天，七个娃娃在一起，快快乐乐做游戏。

2. 故事《星期宝宝》

星期妈妈生了七个孩子，她皱着眉头说：“我

伸直手臂指向“数字”。
(3) 播放歌曲《时钟》，内、外圈幼儿均随意转动。音乐停止，老师念“时钟快快跑，上学时间到，8点啦！”；扮演分针的幼儿找到数字“12”且双手指向“12”，扮演时针的幼儿则指向“8”；变换不同时间场景进行游戏。
(4) 请幼儿轮流扮演表盘、时针和分针进行游戏。

5. 音乐律动

师：现在时间到了晚上九点钟，“时钟”跑累了，需要休息了。
(1) 播放歌曲《大家都睡了》，引导幼儿做放松律动。
(2) 音乐结束，请幼儿以舒服的姿势躺倒在地上休息，结束活动。

活动延伸

在日常生活中提供机会，请幼儿在某项活动开始前看时钟（尝试看整点时间），加深对时间概念的认识。

附材料

谜语《时钟》

滴答滴答，
滴答滴答。
会走没有脚，
会说没有嘴。

起泡沫砖块走向终点；在音乐的慢板部分老师说“天黑啦，该睡觉啦”，则请幼儿放下泡沫砖块，双手做睡觉状。
(3) 用以上方式请幼儿轮换搬动泡沫砖块，直至小组内所有小朋友全部轮换完毕。

5. 数一数

师：小朋友们真能干，搬了这么多砖块，快数数搬了几块砖？
(1) 请幼儿展示本组搬的砖块，引导幼儿进行点数、唱数。
(2) 以小组为单位，老师分别进行表扬和奖励。

活动延伸

在晨间活动时组织幼儿进行说话活动，说一说白天干什么、晚上干什么。

附材料

泡沫砖块

还得给他们取七个好听的名字呢!”
星期妈妈看着孩子们，想呀想呀，她高兴地说:“有了，有了，好听的名字有了。”她用手轻轻地点着孩子们的脑袋说:“梅花、桃花、兰花……”可是她突然停了下来，“唉!不行，不行，这不是跟花儿们的名字一样了吗?”星期妈妈又看着孩子们，想呀想呀，她快乐地喊起来:“有了，有了，好听的名字有了。”她用手轻轻地点着孩子们的脑袋说:“聪聪、明明、伶伶、俐俐……”可是她又突然停了下来，“哎呀，不行，不行，这不是跟其他小朋友的名字一样了吗?”
星期妈妈又想呀想。突然，她拍着自己的脑袋说:“啊哈!有了，有了，我的孩子是一天接一天生的，就按他们出生的顺序来取名吧!星期一、星期二、星期三、星期四、星期五、星期六、星期七。”星期妈妈说到最后一个名字时，感到这个名字很别扭，她想了一下说:“一天就是一日，星期七就叫星期日吧。”
星期妈妈取好了七个孩子的名字，高兴地说:“好啦，好啦，七个好听的名字总算取好了。”

3. 星期字卡示意图

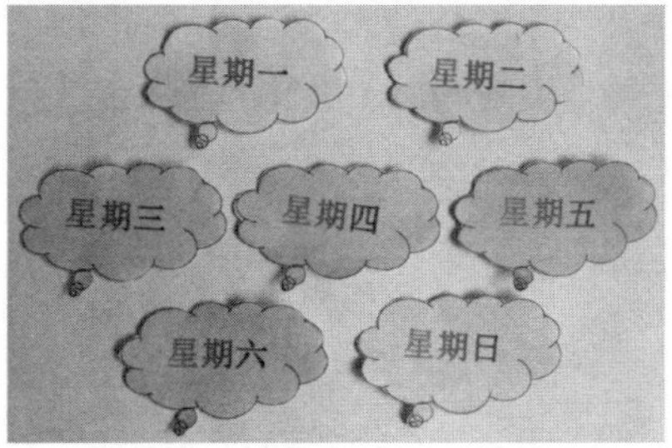

活动领域	艺术	周主题二	我是好宝宝	月主题一	我上幼儿园

高组	守规则、真快乐	侧重领域	※ 粗大动作 ※ 精细动作

有益经验

1. 了解音乐游戏的规则，并能根据音乐节奏的变化“走”和“停”。
2. 能跟随音乐节奏敲打乐器。
3. 在体验音乐游戏乐趣的过程中，知道遵守规则的重要性，学习并乐意遵守规则。

活动准备

◎视频:《123木头人》。
◎歌曲:《123木头人》。
◎水果沙铃、棒棒糖鼓。

活动过程

1. 观看视频

师：小朋友们，老师这里有一个有趣的视频要请大家看看。

(1)播放视频《123木头人》。
(2)请幼儿说一说他们在玩什么游戏，并请幼儿想一想他们怎么玩的。
(3)了解口号(“123木头人”)喊完就不能动、不能说话的游戏规则。

中组	排队歌	侧重领域	※ 粗大动作 ※ 社交技能

有益经验

1. 了解并学习遵守玩游戏时需要排队的常规。
2. 能跟随节奏进行上、下肢动作的协同模仿。
3. 养成排队的意识，学会在集体生活中与同伴友好相处。

活动准备

◎视频：玩游戏时不排队和排队的视频。
◎歌曲:《排队歌》。

活动过程

1. 看一看

师：电视里有一些小朋友在玩游戏，请大家来看一看他们怎么玩的。

(1)观看玩游戏时不排队的视频。
(2)观看玩游戏时有序排队的视频。

2. 说一说

师：小朋友们刚才都观看了视频，你们喜欢哪个视频里的小朋友?

低组	好宝宝	侧重领域	※ 粗大动作 ※ 认知

有益经验

1. 明白歌曲大意，理解图片内容，知道安坐的时候小手要放好、小脚要并拢。
2. 能在座位进行双手、头部的动作模仿。
3. 对音乐活动感兴趣，在音乐唱游中感受到快乐。

活动准备

◎视频:《我是好宝宝》。
◎课件:《谁做得对》。
◎歌曲:《我是好宝宝》。
◎梅花桩若干个。

活动过程

1. 观看视频

师：小朋友们，今天老师要请大家看一个有趣的视频，小眼睛要注意啦!

(1)播放视频，老师进行必要的讲解。
(2)引导幼儿想一想，好宝宝是怎么坐的。
(小手放好、小脚并拢、小眼睛看老师)

2. 图片理解

师：小朋友们做得真好，让我们看看这些小

2. 找找规律

师：现在老师要播放一首歌曲，请大家注意听。

（1）播放歌曲《123木头人》，请幼儿通过拍手、拍腿等方式感知音乐节奏。

（2）引导幼儿找出游戏规律：音乐响起自由走动，听到口号“123木头人”则原地停止一切动作，音乐再次响起时才能走动。

（3）请两名幼儿体验“木头人”游戏，其余幼儿观察学习。

（4）老师带领全体幼儿进行“木头人”游戏。

3. 演奏乐器

师：小朋友们走了很久，请坐下休息一下吧，老师要请出一些“新朋友”跟你们见面啦！

（1）老师先后出示水果沙铃及棒棒糖鼓，并示范用法。

（2）请幼儿体验乐器的用法。

（3）请幼儿取乐器，遵循与“木头人”游戏相同的规则，跟着音乐节奏进行演奏。

4. 收拾乐器

师：“乐器宝宝”要回家了，它们回家的时候也要遵守规则哦！

（1）老师示范不同乐器的摆放位置和摆放方式。

（2）请幼儿排队并按要求摆放乐器。

活动延伸

在日常活动中积极提供让幼儿遵守规则的机会，增强幼儿规则意识，帮助幼儿将遵守规则的意识延伸到生活常规中去，如上学不迟到。

（1）引导幼儿讨论：在活动时不排队，出现拥挤、碰撞等危险；在活动时排好队，一个跟着一个，不推、不挤、不掉队。

（2）请幼儿思考并说一说，怎样才能又快又安全地玩游戏。

3. 跳一跳

师：小朋友们都了解了玩耍时排队的重要性，现在请大家来听一首好听的歌曲，叫《排队歌》。

（1）老师清唱歌曲，引导幼儿通过按节奏拍手、拍腿等动作跟唱。

（2）播放歌曲，老师示范动作。

（3）老师边念唱歌词（放慢速度）边做动作，请幼儿跟随学习相关动作。

（4）请幼儿跟随歌曲做动作。

4. 玩一玩

师：小朋友们真棒，学会唱《排队歌》了。现在请小朋友们一起来玩游戏，大家要注意排队。

（1）请两名幼儿拉起双手并高举搭成山洞状。

（2）请其余幼儿排纵队，依次钻过“山洞”。

（3）播放歌曲，请幼儿轮换角色玩游戏。

活动延伸

在户外活动及餐点时间，引导幼儿进行排队，学习并逐步养成轮流、等候的生活习惯。

朋友谁做得对？

（1）老师播放课件，引导幼儿观察。

（2）请幼儿说一说谁做得对，做得对的小朋友的小手、小脚、小眼睛都是怎么做的。

3. 儿歌唱跳

师：小朋友们都知道怎样做个好宝宝了，那我们现在一起来学唱《我是好宝宝》这首歌吧！

（1）播放歌曲，引导幼儿感受节奏和旋律。

（2）老师边唱边做示范动作。

（3）老师放慢速度对歌词进行念唱，同时请幼儿跟随老师动作进行模仿。

（4）播放歌曲，幼儿跟随老师边唱边跳。

4.“舞台”表演

师：小朋友们都很棒，我们一起去表演吧！

（1）请幼儿帮忙，将梅花桩摆放成圆圈作“舞台”。

（2）邀请1—3名幼儿到“舞台”表演，其余幼儿当观众。

（3）请幼儿轮流当小演员，并互相表扬和鼓励。

活动延伸

在其他活动中，强调幼儿的手、脚、眼睛等身体部位（器官）的位置，引导幼儿学习安坐。

活动领域 | **健康** 周主题三 | **幼儿园里都有谁** 月主题一 | **我上幼儿园**

高组	传帽子	侧重领域	※ 粗大动作 ※ 社交技能

有益经验

1. 能理解并遵守从后向前传递帽子的游戏规则，并能根据音乐节奏的快慢调整传递速度。
2. 能完成双手戴帽子及传递帽子的动作。
3. 能使用简单的礼貌用语进行问候，以及使用二词、三词短句进行自我介绍。
4. 能在互动游戏中与同伴建立起联系，增进熟悉度，帮助彼此融入集体生活。

活动准备

◎儿童帽子每人1顶（可用报纸折成大小合适的纸帽子备用）。
◎歌曲：《跳康康舞的乌龟》。

活动过程

1. 认识同伴

师：小朋友们好！今天都来了哪些小朋友呢？我们一起来打个招呼吧！

（1）老师示范打招呼及自我介绍：问好、名字、年龄。(大家好，我叫×××，我今年×岁)

中组	顶报纸	侧重领域	※ 粗大动作 ※ 社交技能

有益经验

1. 认识报纸及名称，了解报纸的用途。
2. 能向同伴进行自我介绍，说出自己的名字。
3. 能将报纸进行对称式折叠，且边线较为整齐。
4. 能在头顶着报纸的情况下保持身体平衡并向前走动。
5. 能与同伴完成合作折叠报纸、合作行走等环节，体验合作游戏的快乐。

活动准备

◎废旧报纸若干张。
◎乐曲：《欢乐颂》。
◎哨子1个。
◎自制金、银、铜奖牌各1枚。

活动过程

1. 认识报纸

师：今天老师带来一件好玩的物品，小朋友们猜猜是什么？

（1）报纸藏于身后，弄出声响吸引幼儿注意。
（2）向幼儿展示报纸，聊聊报纸的用途。

低组	钻山洞	侧重领域	※ 粗大动作 ※ 社交技能

有益经验

1. 认识小铃铛、喜羊羊钻圈等常见物品和教具。
2. 能够以手膝四点跪位、四肢交替前进的方式爬行3米，并以爬行的方式钻过4个钻圈。
3. 在钻“山洞”的游戏中体验爬行的乐趣。

活动准备

◎歌曲：《好朋友，抱抱》《钻山洞》。
◎喜羊羊钻圈8个。
◎可悬挂的小铃铛8个。
◎山羊的头饰每人1个。
◎仿真草莓若干个。

活动过程

1. 动一动，抱一抱

师：幼儿园里朋友真多呀，请大家与小伙伴们互相抱一抱！

播放歌曲，老师带领幼儿跟随歌曲《好朋友，抱抱》做热身运动，并引导幼儿互相拥抱。

（2）幼儿逐个上前打招呼并进行自我介绍，互相认识。

2. 了解规则

师：有这么多的好朋友，大家一起来玩个游戏吧！

（1）出示帽子，请幼儿说说帽子的戴法，并做一做。

（2）示范帽子的玩法：请3—4名幼儿排好纵队，老师将帽子戴在队伍末尾的幼儿头上，由这名幼儿将头上的帽子取下，戴到前一名小朋友的头上，以此类推，传到排在队伍最前面的幼儿头上，由其扶稳叠加起来的帽子直至帽子叠加完毕，或无法叠加掉下来为止。

（3）轮流请幼儿上前体验传帽子的玩法。

3. 纵队传帽

师：下面请所有的小朋友把凳子排成一列“小火车”坐好，我们要开始传帽子啦！

（1）播放歌曲，请幼儿根据节奏拍手，营造游戏气氛。

（2）请幼儿按座位的先后顺序依次传帽子。

（3）请幼儿向后转，反向传帽子；也可请幼儿随机换位，轮流在队伍排头、队伍末尾的位置体验游戏。

4. 圆圈传帽

师：小朋友们做得都非常棒，现在请小朋友们围成一个圈，我们进行圆圈传帽。

（1）引导幼儿由纵队位排成首尾相接的圆圈。

（2）随机由一名幼儿开始，尝试传一顶帽子。

2. 游戏示范

师：报纸有很多用处，小朋友们知道吗？报纸也可以用来玩好玩的游戏哦！

（1）老师示范将报纸折叠成合适的大小。

（2）老师示范玩法与规则：将报纸放在头顶上，保持平衡从起点走到终点（5米左右）；报纸放在头顶上走动时，不能用手扶；在游戏过程中，报纸不能落地。

（3）请幼儿按游戏规则体验“顶报纸”。

3. 两两游戏

师：下面请每个小朋友找一位好朋友，手拉手一起顶着报纸走。

（1）请幼儿上前进行自我介绍，介绍完毕后寻找一位好朋友进行合作游戏。

（2）请幼儿合作将报纸折叠成合适的大小。

（3）播放乐曲，请幼儿两两拉手，顶着报纸自由走。

4. 小组比赛

师：小朋友们太能干了，顶着报纸都走得稳稳的。现在我们来个小比赛，看看谁能拿第一？

（1）引导幼儿分成若干个小组。

（2）设置起点和终点，请幼儿以小组为单位排纵队等待。

（3）吹哨子示意比赛开始，请幼儿顶报纸逐个通过终点，先全部通过的小组获胜。

5. 颁奖仪式

师：小朋友们都很厉害，现在我们来颁奖，请获奖的小朋友上来领取奖牌！

2. 看一看，想一想

师：小朋友看一看，“山洞”的上边有什么？

（1）出示喜羊羊钻圈，引起幼儿兴趣。

（2）引导幼儿发现钻圈上挂有铃铛。

3. 看一看，学一学

师：下面要请大家来看看“山羊”是怎么钻“山洞”的。

（1）将钻圈以一定距离间隔排开，老师示范钻“山洞”。

（2）请个别幼儿示范，其余幼儿仔细观察，同时老师讲解钻的动作要领：弯腰、屈膝、低头，以四点跪位爬的姿势钻过所有“山洞”后再站起来，钻的过程中尽量不要碰到铃铛。

4. 钻一钻，爬一爬

师：现在请“小山羊”排好队，一起来钻“山洞”吧！

（1）分发山羊头饰，请幼儿扮演山羊。

（2）播放歌曲《钻山洞》，请“小山羊”依先后次序钻“山洞”。

5. 钻一钻，比一比

师：“山洞”的那一头长了许多“草莓”，请“小山羊”们钻过“山洞”去摘“草莓”，再把“草莓”带回来。比比看谁摘的草莓多？

（1）请幼儿参与场地布置，帮忙将钻圈排放成两列（4个钻圈为一列）。

（2）老师示范摘“草莓”：钻过“山洞”1，取到“草莓”后放到自己的口袋里，再从“山洞”2钻回。

（3）请全体幼儿钻“山洞”、摘“草莓”。

（3）在幼儿动作熟练的基础上加入数量更多的帽子，直至帽子的数量比游戏参与人数少一顶。
（4）听音乐节奏传帽子，曲终为一个回合，也可根据幼儿的表现和情绪状况进行连续传帽；每一回合结束，引导幼儿互换方向和位置等，增加彼此之间的熟悉度。

5. 互戴帽子

师：大家玩得很开心，现在请你选择一位好朋友，帮他戴上帽子吧！
（1）请幼儿坐下休息，同时想一想要给谁戴上帽子。
（2）老师逐一点名，请幼儿找到好朋友并给对方戴上帽子。
（3）请幼儿集体展示好朋友给自己戴上的帽子，并对幼儿进行表扬。

活动延伸

在各类活动中进一步引导幼儿进行互动与合作，增加同伴之间的熟悉度与亲密度。

（1）分别颁发奖牌。
（2）表扬获奖的幼儿。

活动延伸

在早间自由活动时，组织以报纸为道具的游戏活动，如踩报纸、投掷纸团等，帮助幼儿熟悉更多协作游戏。

（4）请幼儿展示摘到的“草莓”，老师对幼儿逐个进行表扬。

活动延伸

在户外活动及运动训练中利用阳光隧道等器材设置钻爬项目，增加幼儿练习钻爬能力的机会。

活动领域 语言	周主题三 幼儿园里都有谁	月主题一 我上幼儿园

高组　谁藏起来了

侧重领域：※ 语言表达　※ 社交技能

有益经验

1. 认识常见的动物，并说出动物的名称。
2. 认识同班（组）的小伙伴，并能说出姓名。
3. 能对情境做出判断，并根据实际情境说出“××× 藏起来了”“××× 生气了”等句子。
4. 能在重现绘本情境的趣味游戏中加深对同伴的认识，产生良好的情感互动。

活动准备

◎绘本：《谁藏起来了》。
◎童谣：《谁不见了》。
◎圆扇子数面。
◎图片：哭、笑、生气的表情图。
◎歌曲：《跳舞歌》。

活动过程

1. 观看绘本
师：今天老师带来一本有趣的书，请大家一起来看一看。
（1）请幼儿观看绘本第一页，说出动物的名称。

中组　小溪找朋友

侧重领域：※ 语言表达　※ 社交技能

有益经验

1. 认识溪流、河流等自然景观，并能说出名称。
2. 能模仿说出“呱呱”“叮咚”“哗啦”等拟声词。
3. 能说出熟悉的小伙伴的名字。
4. 在游戏互动中增进同伴之间的熟悉度，增强同伴交际意识。

活动准备

◎音频：小溪的流水声。
◎图片：小溪图。
◎课件：《小溪水找朋友》。
◎童谣：《小溪》。

活动过程

1. 听声音
师：咦？这是什么声音，真好听呀！你们知道这是什么吗？
（1）播放流水声，请幼儿注意倾听。
（2）出示图片，展示小溪水。

低组　认识我的好朋友

侧重领域：※ 语言表达　※ 社交技能

有益经验

1. 认识猫和乌鸦，并能说出名称。
2. 能说出自己的名字，并尝试向伙伴说“你好”。
3. 在动静交替的互动环节中萌发出“朋友”的概念和意识。

活动准备

◎手指谣：《我的朋友在哪里》。
◎视频：《好朋友》。
◎图片：猫、乌鸦的图片。
◎课件：同班（组）幼儿的照片。
◎歌曲：《我的朋友在哪里》。

活动过程

1. 手指游戏
师：小朋友们的小手在哪里呢？我们来玩一个好玩的游戏，叫做“我的朋友在哪里”。
（1）老师示范边念唱手指谣边做手指游戏。
（2）请幼儿一起跟着做手指游戏。

（2）请幼儿模仿动物的叫声。
（3）请幼儿观看绘本第二页，引导幼儿说出哪只动物藏起来了。（××× 藏起来了）
（4）请幼儿观看绘本第二页，引导幼儿说出哪只动物哭了。（××× 哭了）
（5）重复第三、第四步骤将绘本看完。
2. 猜猜名字
师：小朋友们好棒啊，都说对了，接下来我们来玩个游戏吧。
（1）老师有节律地念童谣《谁不见了》，并重复数遍请幼儿跟着念唱。
（2）请数名幼儿上前站成一排。
（3）请幼儿闭上眼睛跟随老师念唱童谣；同时老师将圆扇随机递给一名站位的幼儿，请他遮住自己的脸。
（4）请幼儿睁开眼睛，说说谁藏起来了。
（5）请遮住脸的幼儿拿下扇子，揭晓答案。
（6）可轮换隐藏者和猜名者，重复游戏。
3. 说说表情
师：小朋友们，绘本里有些动物哭了，有些动物笑了，还有些动物生气了，它们的表情是什么样的?
（1）逐个出示表情图片，请幼儿说出不同的表情名称。
（2）请幼儿模拟做出哭、笑、生气的表情。
（3）请两名幼儿上前站，用圆扇子挡住脸，并想好自己要模拟的表情。
（4）老师带领幼儿念唱童谣，念完请挡住脸的幼儿拿下扇子，请其余幼儿说一说这两名幼

（3）向幼儿介绍“小溪”的名称，并请幼儿说出来。
2. 听故事
师：小溪叮咚叮咚地跑呀跑，它很孤单，它要出发去找朋友啦!
（1）播放课件，讲述故事。
（2）随故事情节逐步引导幼儿模仿说出“呱呱”“叮咚”“哗啦”等拟声词。
（3）请幼儿想一想并说一说：小溪找到朋友了吗? 小溪是怎么找到朋友的?（给予图片提示）
3. 玩游戏
师：小溪一边向前跑一边找朋友，我们也来学学它的办法，去找朋友吧。
（1）请幼儿围成大圈站好，引导他们拉开一定距离。
（2）老师示范游戏的玩法：双手边做游泳的动作边向前走，走到一名幼儿面前说“叮咚叮咚，你好!”；两人一起往前走，重复以上环节。
（3）请幼儿集体参加游戏，待熟悉游戏环节后可加入“哗啦哗啦”等拟声词。
4. 齐休息
师：“小溪”跑了很远，找到了很多的朋友，一定累坏了，快坐下来休息一下吧!
（1）请幼儿围成小圈坐好。
（2）播放童谣《小溪》，带领幼儿进行童谣念唱。

2. 观看动画
师：手指有好朋友，小猫也有好朋友，我们来看看它的好朋友是谁?
（1）播放视频，请幼儿观看。
（2）展示猫和乌鸦的图片，引导幼儿说出猫和乌鸦的名称。
（3）通过图片提示，引导幼儿说说猫的好朋友是谁，乌鸦的好朋友又是谁。
3. 认识朋友
师：猫有好朋友，那你们的好朋友在哪里呢?
（1）播放课件，一一介绍本班（组）幼儿。
（2）每播放到一名幼儿的照片，便请该名幼儿上前介绍自己，说出自己的名字。
（3）请该名幼儿逐一与其他幼儿握手，尝试说“你好”。
（4）介绍完毕后，请幼儿与旁边的好朋友互相抱一抱。
4. 音乐律动
师：现在我们认识了很多好朋友，一起跟好朋友来动一动吧!
（1）请幼儿站起来准备好。
（2）播放歌曲，请幼儿跟随老师做律动。
（3）请幼儿与好朋友道别，结束活动。

儿都做了什么表情。(××× 哭了)

4. 一起跳舞

师：小朋友们真厉害，把藏起来的小伙伴的表情都说对了。现在一起来和好朋友跳个舞吧！

(1) 请幼儿手拉手围成大圈站好。

(2) 老师播放歌曲，带领幼儿跳圆圈舞。

(3) 引导幼儿互相道别，结束活动。

活动延伸

在户外活动中设计并组织捉迷藏的游戏，增进幼儿相互之间的熟悉感和亲密感。

附材料

童谣《谁不见了》

天黑黑，请闭眼。

变变变，谁不见？/谁哭(笑、生气)了？

5. 说朋友

师：小朋友们休息好了，请你们来说一说都找到了哪些好朋友吧！

(1) 请一名幼儿上前，介绍自己的好朋友(名字、年龄)。

(2) 请幼儿互相介绍，互相道别，结束活动。

活动延伸

在区角活动中投放动物头饰，引导幼儿戴上头饰后去找动物朋友，提高幼儿之间的互动频率。

附材料

故事《小溪水找朋友》

叮咚、叮咚……小溪水唱着跳着向前流去。小青蛙问：“小溪小溪，你要到哪里去呀？”小溪说：“我要去找朋友。”

走出小树林，小溪水又遇到另一股小溪水，两股小溪水合起来，哗啦哗啦，汇成了一条小河。小河继续向前流，小青蛙惊奇地问：“小河小河，你还要到哪里去？”

小河说：“我还要去找朋友。”一边说，一边继续向前流。路上又遇到了许多条小河，小河又汇成了一条大河。小青蛙告诉大河，他也要去找朋友啦。

活动延伸

在晨间活动时引导幼儿互相问好，并说出自己的名字。

附材料

手指谣《我的朋友在哪里》

小手指，找朋友(伸出左手食指勾一勾)；

在哪里，在这里(伸出右手食指勾一勾)；

我的朋友在这里(两个食指点一点)。

活动领域	社会	周主题三	幼儿园里都有谁	月主题一	我上幼儿园

高组	我的朋友在哪里	侧重领域	※ 语言表达 ※ 社交技能

有益经验

1. 能认识本班(组)同伴，并说出同伴的名字，或根据名字正确指认出同伴。
2. 能运用包含人称代词的主谓宾句子回答“他是谁?”的问句，如：他是李明明。
3. 能简单地介绍自己，并说出兴趣爱好(如姓名、性别、年龄、兴趣爱好等)。
4. 在面具游戏中体验新奇感、熟悉彼此，进一步融入集体学习活动。

活动准备

◎课件：幼儿的照片各1张。
◎各式面具(可自制)每人1个。
◎歌曲:《我的朋友在哪里》《拉个圆圈走走》。

活动过程

1. 说出名字
师：幼儿园里有很多小朋友，大家都认识他们的名字吗？让我来考考你们吧！
(1)播放课件，引导幼儿认识同伴的姓名。

中组	找找我的好朋友	侧重领域	※ 社交技能 ※ 语言表达

有益经验

1. 能在语言及图片提示下，简单地复述大致的故事情节。
2. 认识并能说出来本班(组)幼儿的名字。
3. 能用简单的语言来表达自己的交友请求，如“可以做我的朋友吗”。
4. 在找朋友的游戏中体验角色扮演的乐趣，同时加深与同伴的互动性。

活动准备

◎课件一：故事《萤火虫找朋友》。
◎课件二：本组幼儿的照片各1张。
◎萤火虫头饰、纸灯笼若干个。
◎歌曲:《找朋友》《萤火虫》。

活动过程

1. 看图片，听故事
师：老师带来一个很有意思的故事，我们一起来听一听吧。
(1)播放课件一，老师向幼儿讲述故事内容。

低组	找个朋友碰一碰	侧重领域	※ 社交技能 ※ 粗大动作

有益经验

1. 能大致认识本班(组)幼儿，并记住伙伴的名字。
2. 能认识不同身体部位，并能说出名称，如手、脚、头等，或进行正确指认。
3. 能在身体互相碰触的游戏中增进同伴之间的熟悉感，感受与同伴一起玩耍的快乐。

活动准备

◎视频：本班(组)幼儿生活照的音乐相册(提前向家长收集照片并编辑好)。
◎课件：有关身体部位(头、手、脚、肚子等)的图片。
◎歌曲:《碰一碰》(配伴奏版)、《伊比呀呀》。

活动过程

1. 观看音乐相册
师：小朋友们，我们在幼儿园认识了很多小伙伴，都有谁呢?
(1)播放视频，请幼儿观看。

（2）请幼儿观察照片并回答“他是谁?”的问句。

2. 面具游戏

师：老师带来了一个有趣的东西，请大家看一看。

（1）出示面具，介绍面具的名称、作用及佩戴方法。

（2）老师教唱歌曲《我的朋友在哪里》。

（3）播放歌曲《我的朋友在哪里》，老师与幼儿共唱歌曲，老师跟随音乐节奏逐一轻抚幼儿头部，当歌曲唱到“在这里在这里”的时候，随机给一名幼儿佩戴好面具，并伸出手表示邀请幼儿，两人做拉手转圈、抱抱等动作。

（4）老师让佩戴面具的幼儿上前，请其他幼儿猜猜佩戴面具幼儿的名字，并用“他是×××”的句式表达出来。

（5）说出名字后，让该名幼儿摘下面具并做自我介绍，说出自己姓名、性别、年龄、兴趣爱好等。

3. 找好朋友

师：老师这里还有很多各种各样的面具，大家想不想试试戴起来呢?

（1）老师引导幼儿围坐成大圈，告知幼儿要将拿到手上的面具一个一个往下传递。

（2）播放歌曲《我的朋友在哪里》，由一名幼儿开始传递面具，直至只剩下一名幼儿手上没有面具（即发放的面具数量比幼儿实际人数少1个）。

（3）暂停歌曲，老师请拿到面具的幼儿戴好面

（2）故事结束后，老师引导幼儿简单地复述故事情节。

2. 看照片，认朋友

师：故事中的萤火虫找到了自己的好朋友，现在请你们也来认认自己的好朋友。

（1）播放课件二，引导小朋友认识课件中幼儿的照片，并说出幼儿的姓名。

（2）根据播放到的照片，请该名幼儿上前向大家介绍自己：“我叫×××。”

3. 戴头饰，找朋友

师：接下来我们要学学萤火虫，去找一找我们的好朋友。

（1）出示萤火虫的头饰及灯笼，请幼儿说一说，并模仿萤火虫是怎么飞的。

（2）询问是否有幼儿愿意扮演萤火虫去寻找朋友；邀请一名幼儿上前，协助其向同伴发出交友邀请“可以做我的朋友吗?”，同时也为其他幼儿做出示范。

（3）请多名幼儿上前扮演萤火虫，分别去找好朋友，为好朋友戴上头饰并让其提灯笼，直至所有的幼儿都成功扮演萤火虫。

（4）播放歌曲《找朋友》，请“萤火虫”们跟着老师做动作，感知音乐节奏，在音乐结束的时候找到一位好朋友并抱一抱。

（5）重复播放歌曲，请“萤火虫”继续寻找不同的新朋友。

4. 做律动，放轻松

师：“萤火虫”为了找朋友飞了很久啦，赶快来休息一下吧。

（2）重复播放视频，中途可暂停，逐一介绍各个幼儿的名字。

2. 认识身体部位

师：老师这里还有一些有趣的图片，请大家来看看。

（1）播放课件，引导幼儿认识各个身体部位的名称。

（2）请幼儿说出图片中身体部位的名称。

（3）请幼儿找找相应的身体部位，并指一指。

3. 示范触碰游戏

师：大家真能干，认识了不同的身体部位，接下来老师要请你们玩游戏啦。

（1）老师邀请一名幼儿上前，请幼儿找找他身体的各个部位，或由老师指出身体部位请幼儿说出名称。

（2）播放歌曲《碰一碰》，老师与幼儿手拉手转圈，当歌曲唱到“手碰手”的时候，老师与幼儿相互击掌；以此类推，唱到哪个身体部位两人就互相碰一碰。

（3）请幼儿两人一组进行游戏，交换伙伴多进行几个回合，使幼儿熟悉游戏方式和音乐节奏。

（4）播放伴奏《碰一碰》，老师唱出要触碰的身体部位，请幼儿互相碰触。

（5）引导能力较好的幼儿当小指挥，唱出要碰触的身体部位，请其他幼儿互相碰触。

4. 帮小伙伴按摩

师：哎呀，玩得真累，我们来互相按摩按摩吧！

具；老师说出其中一至两名戴了面具的幼儿的名字，请没有拿到面具的幼儿出列，找到被老师提到名字的幼儿。

（4）播放歌曲，面具继续传递，重复以上环节。

4. 跳圆圈舞

师：今天小朋友们的表现都很棒哦，认识了许多好朋友。接下来请所有的好朋友一起来跳个圆圈舞吧！

（1）请全体幼儿戴上面具。

（2）播放歌曲《拉个圆圈走走》，引导幼儿手拉手围成大圆圈并顺时针走动。

（3）歌曲结束，请幼儿脱下面具，做表演谢幕鞠躬状，结束活动。

活动延伸

在语言活动中，老师可引导幼儿互相进行提出简单问题、回答简单问句的互动游戏，提高幼儿提问题的能力。

附材料

简易自制面具示意图

（1）请幼儿原地坐下，有序地将头饰及灯笼交还给老师。

（2）播放歌曲《萤火虫》，请幼儿跟随舒缓的音乐节奏做摆摆头、挥挥手、抱抱肩等动作。

（3）音乐结束，请幼儿双手交叠放到一侧脸颊，做出休息的动作，结束活动。

活动延伸

在社区生活中鼓励幼儿主动与同龄伙伴交往，并为其提供必要的辅助和条件支持，增强幼儿社交意识及社交技能。

附材料

1. 萤火虫头饰图样

（1）请幼儿面朝同个方向，坐成一纵排；老师请一名幼儿出列，并坐到幼儿后方做示范。

（2）播放歌曲《伊比呀呀》，老师跟随音乐节奏为幼儿拍拍背、捏捏肩等。

（3）请幼儿模仿同样的动作为前面的小朋友按摩；音乐结束后幼儿转换方向再做一次，结束活动。

活动延伸

在手工活动中进行不同身体部位的图片拼贴，增强幼儿对身体部位的认识。

附材料

1.“碰一碰”游戏示意图

2. 自制纸灯笼步骤示意图

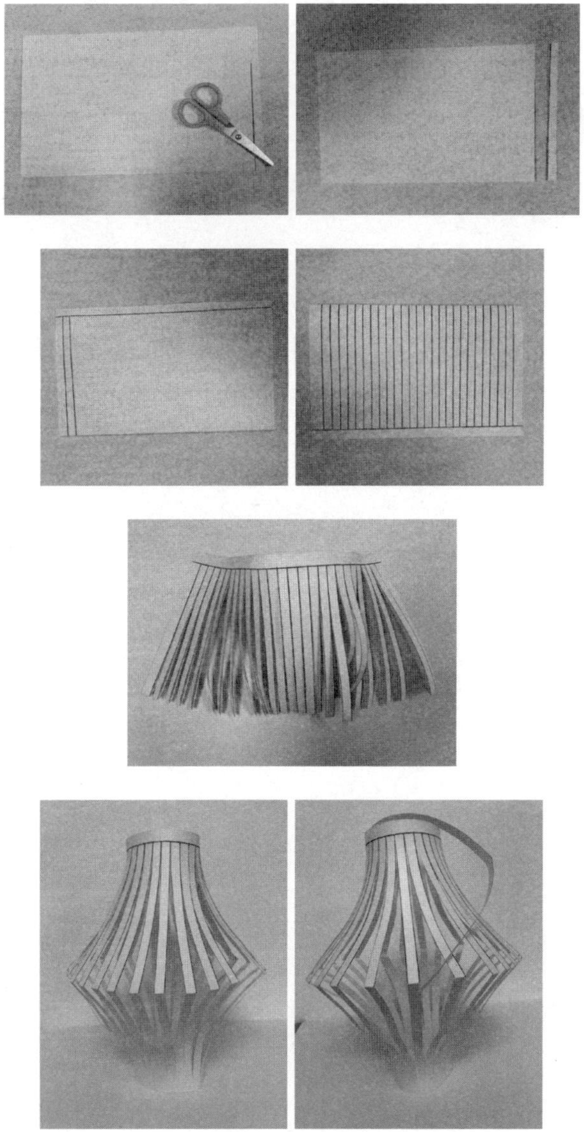

2. “按摩”游戏示意图

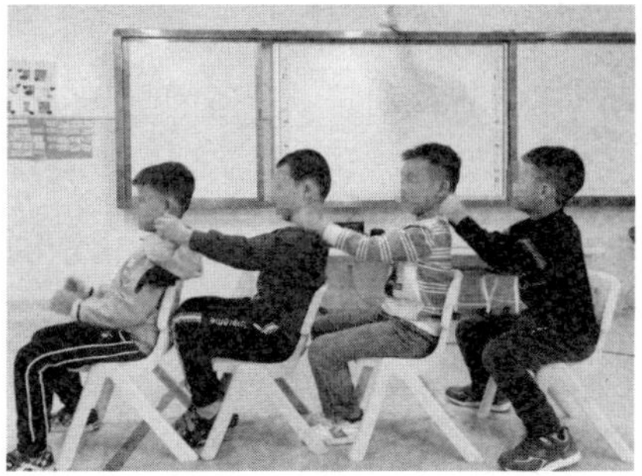

活动领域	科学	周主题三	幼儿园里都有谁	月主题一	我上幼儿园

高组	大风吹	侧重领域	※ 认知 ※ 社交技能

有益经验

1. 能认识5以内的数字及其相应的数量含义。
2. 能在游戏中运用数词回答有关数量的简单问句。
3. 能在“大风吹”游戏中理解一问一答，并按听到的数字进行人数组合的游戏规则。
4. 在数与量组合的趣味游戏中，萌发对数量进行主动认知的兴趣。

活动准备

◎童谣:《数字拍手歌》。
◎课件：数字与数量（5以内）。
◎各类数量不同的玩具及数字卡（5以内）。
◎大扇子1把。
◎音频：大风吹的声音。

活动过程

1. 手指游戏

师：小朋友们，我们一起玩一个好玩的游戏。

（1）老师边念童谣《数字拍手歌》边做示范

中组	圆圈游戏	侧重领域	※ 认知 ※ 社交技能

有益经验

1. 能认识3以内的数字，并正确进行认读。
2. 能尝试说出同伴的名字。
3. 在简单的数字游戏中感受集体游戏的乐趣，增进同伴之间的熟悉感与互动性。

活动准备

◎3以内的数字卡3套。

活动过程

1. 认认数字

师：老师请到了“数字宝宝”来和大家一起玩，你们认识它们吗?

低组	魔术变变变	侧重领域	※ 认知 ※ 社交技能

有益经验

1. 能辨别并说出容器里面有或没有物品，或用简单动作或手势（点头、摆手）表示有和没有。
2. 能模仿老师做出将杯子倒置、盖住糖果的动作。
3. 在体验变魔术的奇妙感的过程中，形成“有”和“没有”的概念。

活动准备

◎课件：容器里有物品和没有物品的系列图片。
◎不透明杯子2个、糖若干粒、1.5米 ×1.5米的布帘1块。
◎童谣:《变变变》。
◎零食1罐。

活动过程

1. “有”和“没有”

师：今天老师带来了一些有趣的图片，请大家来看一看吧。

动作。
（2）幼儿跟随老师进行动作模仿。
2. 数量配对
师：这里有一些“数字宝宝”，你们认识它们吗？
（1）播放课件，引导幼儿说出数字“1”到“5”。
（2）将各类数量不同的玩具展示出来，老师示范点数一种玩具，将相应的数字卡贴在装该种玩具的篮子前。
（3）请幼儿将玩具与数字卡进行数量匹配。
（4）播放课件，展示相应数量的物品，请幼儿数一数，并用相应的数词回答“有几个……”的问句。
3. 游戏示范
师：小朋友们真棒，都数对了。现在我们来玩一个有趣的数字游戏，叫作“大风吹”。
（1）老师说明“大风吹”游戏的规则：所有人围圈走动；老师说“大风吹！”，幼儿问“吹几个？”，老师答“吹3个！”；幼儿自由组合为3人一组抱团；幼儿互相点数、检视数量，少人或多人的组合需到场地中间，模仿某种动物叫（跳、走）。
（2）老师邀请几名幼儿示范、体验游戏的玩法。
4. 集体游戏
师：下面请小朋友们一起来玩“大风吹”的游戏吧。
（1）老师请幼儿围成一个圆圈，顺时针走动。
（2）老师扇动扇子，与幼儿用数量问答的方

（1）逐一展示数字卡，请幼儿思考“这是数字几”。
（2）老师引导幼儿认读数字。
2. 数数伙伴
师：你们都认识“数字宝宝”了，现在请大家来数一数有几个小伙伴吧！
（1）老师先后邀请几组幼儿上前：第一组站1人，第二组站2人，第三组站3人。
（2）老师请幼儿数一数每组人数，并用“× 个人”回答“有几个人”的问句。
（3）请幼儿说出正确的数字后，贴上相应的数字卡。
3. 圆圈变变
师：接下来，我要请小朋友们玩有趣的数字游戏。
（1）老师分别在教室的墙面随机贴上数字卡，在游戏过程中给幼儿作为视觉提示。
（2）邀请几名幼儿一起示范游戏玩法：老师念唱“变变变，变大圈，变成3”，则3人拉手围成大圈后站在“3”的数字卡前；变好后老师提问“圈圈里有谁”的问题，请幼儿回答，说出所有同组伙伴的名字。
（3）请全体幼儿参与变圈圈的游戏，引导幼儿根据数字进行随机组合，并说出同组伙伴的名字。
（4）待熟悉游戏环节后，可请幼儿轮流充当指挥者的角色念唱儿歌，游戏继续进行。
4. 收拾卡片
师：数字宝宝要回家了，请大家一起来帮忙

（1）播放课件，请幼儿观察图片中的容器有没有糖。
（2）引导幼儿对其他物品图片进行“有”和“没有”的辨别，并做出正确回答或指认。
2. 杯子变变
师：真聪明，大家都答对了。你们想不想看变魔术呀？
（1）老师将2个不透明的杯子倒放（其中一个杯子放有一粒糖），变换位置后，打开其中一个杯子，请幼儿观察有没有糖，并能用“有”或“没有”回答“有没有糖”的问句。
（2）请幼儿轮流上来当“魔术师”，老师引导“魔术师”对杯子进行操作，帮助其向大家发问“有没有”，并揭晓答案。
3. “大变活人”
师：我们要来变一个更大的魔术，你们准备好了吗？
（1）老师请幼儿跟念童谣《变变变》。
（2）老师举起布帘抖动，请全体幼儿用手蒙住眼睛念咒语；悄悄提示一名幼儿上前躲到布帘后面，当念到“咕噜咕噜变”的时候抖下布帘，引导幼儿用“有”或“没有”回答。
4. “变”出零食
师：神奇的魔术能变出很多的东西，接下来会有什么东西变出来呢？变变变！
（1）老师“变”出零食。
（2）请幼儿一起分享零食。

式进行游戏（老师问、幼儿回答）。
（3）老师与幼儿互换角色进行游戏，幼儿可轮流充当发问者，游戏继续进行。
5. 结束游戏
师：你们听听，刮来了好大的一阵风，把我们全部吹倒啦！
（1）播放大风吹的音频。
（2）老师东倒西歪做倒地状态，请幼儿跟随或自由发挥。
（3）师生躺地休息片刻，结束活动。

活动延伸

在户外活动中设计与数字相关的游戏，如“跳房子”“老狼老狼几点钟”等，进一步增强幼儿的数概念意识。

附材料

童谣《数字拍手歌》
你拍一，我拍一，常洗澡来勤换衣。
你拍二，我拍二，常用常洗小手绢。
你拍三，我拍三，锻炼身体去爬山。
你拍四，我拍四，消灭苍蝇和蚊子。
你拍五，我拍五，不喝生水要记住。
你拍六，我拍六，打扫卫生不落后。
你拍七，我拍七，指甲剪得短又齐。
你拍八，我拍八，每天早晚都刷牙。
你拍九，我拍九，饭前便后要洗手。
你拍十，我拍十，瓜果洗净才能吃。

收好卡片吧。
（1）老师引导幼儿一起收拾游戏数字卡。
（2）表扬及肯定幼儿的行为，结束活动。

活动延伸

在家庭用餐时间可让幼儿按人数摆上相应数量的碗筷，加强幼儿对数概念的理解。

附材料

数字卡示意图

活动延伸

在实际生活情境中，利用身边常见物品引导幼儿用简单的句子回答“有没有”的问句。

附材料

童谣《变变变》
变变变，魔术变。
我会变，你会变，
咕噜咕噜变！

活动领域 | **艺术**　　周主题三 | **幼儿园里都有谁**　　月主题一 | **我上幼儿园**

高组	友谊小火车	侧重领域	※ 精细动作 ※ 认知

有益经验

1. 能看照片说出同伴及老师的名字(或称谓)。
2. 会使用胶水涂在照片背面，并能把照片贴在方格中(大致不出界)。
3. 能使用铅笔画出长方形。
4. 在以认知同伴为主题的手工活动中增强集体概念和集体生活体验。

活动准备

◎课件：火车的简笔画，在车厢方格里插入动物的照片。
◎ A3纸3张(横向拼接)。
◎本班(组)幼儿及老师的照片各1张。
◎胶水、橡皮擦、铅笔、彩色笔等文具每人1份。
◎歌曲:《开火车》。

活动过程

1. 看照片
师：有一列火车，请小朋友们看看上面坐着谁?

中组	纸盘娃娃	侧重领域	※ 精细动作 ※ 认知

有益经验

1. 认识同伴的照片，根据看到的照片找到相应的人做握手、拥抱等动作。
2. 尝试使用双面胶进行粘贴工作。
3. 形成对同伴的关注意识，学习以恰当的方式表达对同伴的喜爱情感。

活动准备

◎课件：本班(组)幼儿的照片。
◎“纸盘娃娃”成品1个。
◎一次性纸盘、双面胶、彩色笔等每人1份。
◎本班(组)幼儿的大头照各1张(尺寸比纸盘略小)。
◎帽子、耳环、头花等造型的剪纸1批。

活动过程

1. 找找朋友
师：小朋友们，一起来看看我们的好朋友是长什么样的呢?

低组	快乐全家福	侧重领域	※ 精细动作 ※ 认知

有益经验

1. 认识自己的同伴，能根据名字对照片进行指认。
2. 能将皱纹纸撕成长条状，并能使用胶水进行粘贴。
3. 在撕纸、粘贴等工作中，体验手工制作的乐趣。

活动准备

◎歌曲:《你的名字叫什么》。
◎照相机1台。
◎集体照片(事先拍摄好、打印好)每人1张。
◎胶水每人1瓶。
◎彩色长方形卡纸、皱纹纸每人1份。

活动过程

1. 认识同伴
师：我们的大家庭里人可真多，让我们来相互认识一下。

（1）播放课件，请幼儿仔细观察。
（2）引导幼儿说一说火车上都有哪些动物。

2. 画火车

师：小动物们一起坐火车真开心，我们也来画一列火车请大家一起“坐”上去吧！
（1）老师将3张A3纸并列贴在墙面上，用笔画出火车头和一节长方形的车厢。
（2）逐一邀请幼儿在后方画上车厢。

3.“坐”火车

师：火车画好了，接下来请乘客们“坐”上火车吧！
（1）出示照片，请幼儿辨认并说出名字。
（2）老师示范将其中一张照片贴在火车上。
（3）请幼儿拿取自己的照片。
（4）请幼儿使用胶水将照片贴好。
（5）请幼儿使用彩色笔，给火车涂上颜色。

4. 开火车

师：乘客们都已经坐上火车了，我们也来坐上“小火车”去洗洗小手吧！
（1）引导小朋友排好队、拉好衣服。
（2）播放歌曲，幼儿开着“火车”走到洗手间洗手，结束活动。

活动延伸

在晨间及放学时间引导幼儿相互问好或道别，提供充分的同伴互动机会。

（1）播放课件，引导幼儿说出同伴名字。
（2）请幼儿根据看到的照片找到相应的伙伴进行握手、拥抱等动作。

2. 贴贴照片

师：下面请大家为自己的好朋友制作一个好看的手工吧。
（1）老师展示“纸盘娃娃”成品，简单说明制作方法：在纸盘中间位置贴上伙伴的照片，选用帽子、头花等为伙伴的照片进行装饰。
（2）请幼儿挑选自己的好朋友的照片。
（3）发放制作材料，指导幼儿参照成品粘贴照片，并按自己的意愿挑选剪纸并贴好，再给纸盘涂色等，对照片及纸盘进行装饰。

3. 展示作品

师：小朋友们制作的“纸盘娃娃”可真好看，快拿上来给大家都看看！
（1）请幼儿逐个将作品拿上前做展示。
（2）老师带领大家表扬展示作品的幼儿。

4. 互赠作品

师：现在请大家把手工作品送给自己的好朋友吧！
（1）老师引导幼儿把手工作品送给好朋友。
（2）请幼儿与自己的同伴握手表达感谢。

活动延伸

在日常生活中，鼓励幼儿用言语及肢体动作表达好感，并与同伴分享玩具，增进朋辈之间的友情。

（1）老师向幼儿简单地介绍自己：我是×老师。
（2）鼓励幼儿积极举手，请举手的幼儿站到老师身边。
（3）播放歌曲，伴随歌词提示，请幼儿向大家介绍自己的名字。

2. 拍全家福

师：一家人在一起可真开心，一起来拍个全家福吧。
（1）老师给幼儿拍集体照。
（2）将拍好的集体照投放出来，引导幼儿观察集体照，根据名字指认照片中的同伴。

3. 制作相框

师：我们给全家福做个漂亮的相框装饰一下吧。
（1）老师出示材料，介绍不同材料的名称及使用方法。
（2）示范制作相框：先在照片背面涂上胶水，再把相片贴在卡纸中间，然后将皱纹纸撕成长条状，贴在照片周围做装饰。
（3）幼儿领取材料，制作全家福相框，老师给予必要的辅助，协助幼儿完成活动。

4. 晒全家福

师：全家福真漂亮，我们贴起来请大家都来看看吧。
引导幼儿把照片贴在展示区，结束活动。

活动延伸

在课间热身活动中安排自我介绍及介绍同伴的环节，加深幼儿相互之间的熟悉度。

活动领域 | **健康**　　周主题四 | **小小交际家**　　月主题一 | **我上幼儿园**

高组	情绪变变变	侧重领域	※ 认知 ※ 粗大动作

有益经验

1. 了解情绪是每个人都有的正常反应，并能辨认高兴、紧张、难过、生气四种常见情绪。
2. 能用“我很开心”“我很难过”等句子说出不同图卡表达的情绪，并做出相应的表情。
3. 能双手将纸箱骰子抛掷到地上。
4. 在掷骰子的游戏中体验积极情绪带来的快乐。

活动准备

◎乐曲：欢快的乐曲、悲伤的乐曲。
◎图片：表达高兴、紧张、难过、生气等情绪的脸部表情图片各1张。
◎课件：各种行为图片（拍手、拥抱、打人、赖地等）。
◎情绪骰子：方形纸箱5个，在纸箱的六个面贴上不同情绪大图卡。

活动过程

1. 欣赏乐曲
师：今天老师给大家带来两首乐曲，请大家

中组	表情迷宫	侧重领域	※ 认知 ※ 社交技能

有益经验

1. 观看表情图片，认识并理解笑（开心）、哭（难过）的情绪。
2. 能在语言提示下，按要求搬起并摆放好凳子。
3. 在走迷宫的游戏中，遇到困难时能忍受挫折，愿意继续尝试或者寻求帮助。

活动准备

◎视频：《心情》。
◎课件：关于笑、难过、哭、生气的情绪图片。
◎图片：简单迷宫平面图1张，笑、哭的情绪图片若干张。
◎椅子若干把、绳子1捆（用于创设迷宫的场地，把情绪图片贴在过道转弯处）。
◎乐曲：舒缓心情的曲子。
◎收纳盒子1个。

活动过程

1. 看动画视频
师：身体动作能表现不同的情绪，我们来看

低组	情绪脸谱	侧重领域	※ 粗大动作 ※ 社交技能

有益经验

1. 能指认生气、高兴的情绪图片，体验快乐、生气的情感。
2. 能听辨生气、笑的声音，适当地用行动表达相应的情绪。
3. 学习保持良好的心情，并有情绪的自我控制意识。

活动准备

◎课件一：绘本《把坏脾气收起来》。
◎课件二：生气、高兴的面部表情图片若干张。
◎镜子每人1面。
◎音频：怒吼声、笑声。
◎歌曲：《娃哈哈》。

活动过程

1. 绘本故事
师：小动物遇到了不开心的事情，它的心情

听听看它们有什么不同呢?

(1)老师分别播放两首乐曲，请幼儿倾听并感知音乐的旋律。

(2)老师再次逐一播放两首乐曲的片段，每播放一段即出示相应的表情图片提示，询问幼儿听到不同乐曲感受到什么样的心情。

2. 了解情绪

师：我们刚才听到的乐曲带来了不同的情绪，人会有各种各样的情绪，请大家来了解一下吧。

(1)出示表情图片，引导幼儿说出不同的情绪名称。

(2)将表情图片背对幼儿，请个别幼儿上前抽取图片，并模仿出相应的表情，请其余幼儿猜猜他表达了什么情绪。

(3)展示课件的不同行为图片，向幼儿说明不同情绪的正确表达及处理方式，比如高兴可以拍手，或告知他人、与他人分享；生气可以哭，但是不可以打人、踢打物品或赖地等。

3. 抛掷骰子

师：小朋友们真能干，了解了各种不同情绪，这里有一个好玩的东西，叫作骰子。

(1)出示纸箱骰子，请幼儿观察不同面上的情绪图卡。

(2)老师抛掷骰子，请幼儿看看向上的一面并说出是什么情绪。

(3)请幼儿上前尝试抛掷骰子。

4. 齐玩游戏

师：现在我们一起来玩一个好玩的游戏，叫“情绪变变变”。

看身体是怎么做到的呢?

(1)播放视频《心情》，引导幼儿观看视频内容。

(2)老师请幼儿跟随歌曲用身体动作表现不同的心情。

2. 说情绪变化

师：每个表情都很奇妙，我们来认识一下吧!

(1)播放课件，引导幼儿说一说、指一指情绪图片。

(2)老师引导幼儿做一做面部表情。

(3)引导幼儿向大家表达今天的心情。

3. 情绪大挑战

师：我们来挑战一个勇敢者的游戏，在玩的时候小朋友们可以把心情说出来。

(1)向幼儿展示迷宫平面图，老师引导幼儿参照图片用椅子摆放成一个迷宫。

(2)老师向幼儿讲解迷宫的结构，说明游戏规则：走过迷宫转弯处时看到情绪图片，则用口头语言或用肢体动作表达出图片的情绪。

(3)请幼儿按顺序走进迷宫，让幼儿尝试找到路径走出迷宫，幼儿边走老师边引导幼儿观察图片并表达心情。如幼儿走进“死胡同”时，老师引导幼儿保持稳定的情绪并鼓励幼儿寻找其他路径继续挑战。

4. 传递好情绪

师：今天小朋友们都非常的勇敢，让我们一起把好心情传递下去吧。

非常糟糕，我们来看看发生了什么事?

(1)播放课件一，老师讲读绘本，引导幼儿一边听一边感知故事画面。

(2)请幼儿指一指、做一做，用表情展现故事的情绪、情感变化。

2. 观看图片

师：小朋友，你们知道生气和高兴的表情有什么不同吗?

(1)播放课件二，请幼儿指认生气、高兴的图片。

(2)老师引导幼儿对着镜子做出生气和高兴的表情，并观察自己的面部表情。

3. 表达情绪

师：你们也可以用身体动作来表达情绪，我们来试试。

(1)播放音频，请幼儿听辨声音，模仿发出声音。

(2)老师引导幼儿用跺脚、叉腰的动作表达生气的情绪，用挥手、跳跃的动作表达开心的情绪。

(3)请幼儿听声音，根据听到的声音用身体动作表达情绪。

4. 音乐律动

师：我们已经学会用动作表达情绪了，让我们跟着欢快的歌曲来表达一下高兴的情绪吧。

(1)播放歌曲，引导幼儿伴随歌曲做笑脸、挥手等动作，表现出愉快的情绪。

(2)歌曲毕，结束活动。

(1)请幼儿围成圆圈坐好。
(2)每次请出两名幼儿玩“剪刀、石头、布”游戏。
(3)请赢的幼儿抛掷骰子，输的幼儿负责模仿做出相应的表情。

5. 分享心情

师：大家一起玩真热闹啊！请小朋友们说说玩游戏的心情吧。
(1)请幼儿逐一分享自己的心情，用“我很……”的句子表达出来，并尝试用“因为……”说说原因。
(2)表扬及肯定幼儿的言语及行为。

活动延伸

制作情绪图卡，引导幼儿在产生情绪时，尝试用记录的方式管理自己的情绪，塑造幼儿的正向行为。

附材料

情绪大图卡

(1)老师引导幼儿间隔站在迷宫过道里。
(2)播放乐曲，把情绪图片从入口依次传到出口并统一收集放进收纳盒子里。

活动延伸

在美工区投放关于情绪的迷宫图纸小游戏，请幼儿使用画线的方式走出迷宫。

附材料

迷宫图

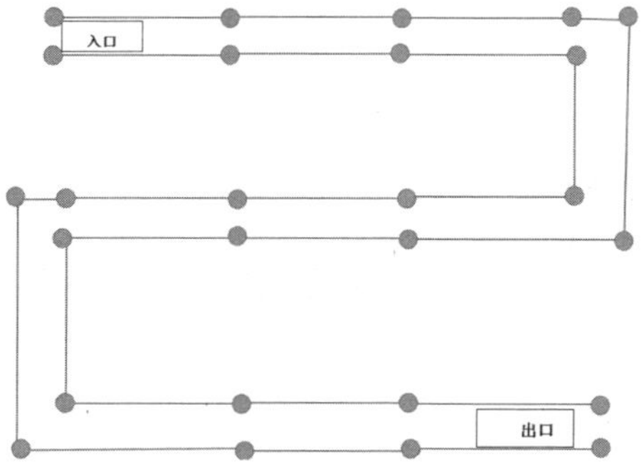

活动延伸

在其他活动中通过设置大运动环节、游戏环节等方式，让幼儿保持愉快的情绪。

活动领域	语言	周主题四	小小交际家	月主题一	我上幼儿园

高组	生气汤	侧重领域	※ 语言表达 ※ 认知

有益经验

1. 能理解绘本故事的情节，了解“生气”的情绪，并能通过图片辨别“生气”的表情。
2. 能用“我生气了”“我不开心”等言语表达自己的不良情绪。
3. 在集体生活中正确表达并处理自己的不良情绪。

活动准备

◎绘本:《生气汤》。
◎课件：有关生气、开心等表情的图片。
◎汤锅(装好适量温开水)、电磁炉、碗勺等厨具及餐具。
◎蜜豆罐头、纯牛奶、白糖等食品适量。

活动过程

1. 绘本故事
师：小朋友们，今天老师要给你们讲一个好听的故事，叫《生气汤》。
(1)出示绘本，以展示封面或绘本出现的人物图片等方式引入故事。
(2)老师逐页讲解绘本内容，着重描述主人

中组	爱的抱抱	侧重领域	※ 语言表达 ※ 社交技能

有益经验

1. 能通过绘本故事理解“抱抱”的情感表达方式。
2. 能运用口头语言或肢体动作来表达情绪或情感的变化。
3. 能在“抱抱”的亲密互动过程中体验集体生活的快乐。

活动准备

◎歌曲:《爱我你就抱抱我》《幸福拍手歌》。
◎绘本:《大熊抱抱》。
◎课件：表现高兴、想念、喜欢、分享等不同情绪(场景)的图片若干张。

活动过程

1. 音乐律动
师：幼儿园里好多小朋友，大家都是好朋友，互相来抱一抱吧！
播放歌曲《爱我你就抱抱我》，请幼儿跟随老师做律动。

低组	有趣的脸	侧重领域	※ 语言理解 ※ 社交技能

有益经验

1. 能安静聆听绘本故事，并了解不同的面部表情。
2. 能通过指认的方式辨别出开心、难过、生气的表情。
3. 能觉察自己的情绪，并尝试通过面部表情了解他人的情绪。

活动准备

◎长柄圆扇子(大小能挡住脸部)1把。
◎绘本:《脸、脸、脸，各种各样的脸》。
◎图片：不同人物开心、生气、伤心等表情的图片若干张。
◎歌曲:《幸福拍手歌》。

活动过程

1. 蒙脸游戏
师：小朋友们好(用扇子挡住脸)！你们知道我现在是什么表情吗?
(1)移开扇子展示开心的表情，以夸张的表情吸引幼儿注意，并加以说明：我好开心啊！
(2)用以上方式逐步展示生气、伤心等表情。

公“生气”的情绪，并请幼儿说一说：谁生气了？他为什么生气？他生气之后做了什么事？

（3）请幼儿想一想，感到生气的时候应该怎么表达。（说出“我生气了”“我不开心”等语句）

2. 图片辨别

师：请小朋友们看一看，他们怎么了？

（1）播放课件，展示不同的表情图片。

（2）请幼儿说一说图片中的人都怎么了。

（3）请幼儿在2—3张图片中辨别并说出不同的表情，尤其是“生气”的表情。

3. 煮“高兴汤”

师：霍斯生气地煮了一锅“生气汤”，他不生气了；大家现在很开心，不如来煮一锅“高兴汤”吧！

（1）拿出汤锅，引导幼儿依次分享让自己感到开心的事情，说完可用勺子轻敲汤锅的边缘一次。

（2）每分享完一件高兴的事情，幼儿可自行选择加入蜜豆、白糖、牛奶等食品。

（3）将“高兴汤”稍加热。

（4）请幼儿分享“高兴汤”，并说说“高兴汤”的味道。

活动延伸

日常生活中，在幼儿遇到开心、生气或难过的各种情绪状况时，鼓励幼儿表达出来，并引导其用恰当的行为处理自己的情绪。

2. 绘本故事

师：小朋友们，今天老师给你们带来一个关于“抱抱”的故事，我们一起来看看吧！

（1）老师向幼儿介绍绘本的人物及主题。

（2）老师有感情地对绘本故事情节进行讲述。

（3）引导幼儿理解大熊前后变化的各种情绪、情感，并请幼儿代入大熊的角色进行表达。

3. 了解“抱抱”

师：《大熊抱抱》的故事讲完啦，那什么情况下我们也需要“抱抱”呢？

（1）播放课件，请幼儿观察不同情绪（场景）的图片：高兴、喜欢、想念、生气、分享等。

（2）帮助幼儿了解多种情绪或场景（高兴、安慰、喜欢、分享）可以通过“抱抱”的方式进行表达。

（3）使幼儿明白生气的时候也可以通过“抱抱”的方式让自己冷静下来。

4. 分享“抱抱”

师：我们知道“抱抱”是一种很棒的表达方式，现在我们来抱抱身边的小伙伴吧！

（1）老师示范与幼儿进行“抱抱”：不可太用力，也不可推倒对方，要使用轻柔的动作进行“抱抱”。

（2）播放歌曲《幸福拍手歌》，鼓励幼儿寻找好朋友“抱抱”。

（3）引导幼儿集体进行“大抱抱”。

活动延伸

在幼儿园及社区生活中，鼓励幼儿多与同伴接触，引导他们体会他人情绪，并能以适当的方式表达自己的情绪。

2. 绘本故事

师：小朋友们真聪明！这本书里还有好多表情，请大家来看看吧！

（1）老师逐页讲解绘本。

（2）引导幼儿观察各种各样的脸的不同之处，同时老师将各种脸的表情表演出来。

（3）可邀请幼儿上前尝试表演不同表情。

3. 表情配对

师：小朋友们，这里有些表情图片，请你们来看看谁的表情是一样的？

（1）出示表情图片（不同人物有相同的表情）。

（2）引导幼儿观察图片中的人物是什么表情。

（3）请幼儿依次上前将表情图片进行配对：开心、伤心、生气等。

4. 音乐律动

师：小朋友们做得都很棒，老师觉得开心极了，请大家跟我来唱一首《幸福拍手歌》吧！

（1）播放歌曲，请幼儿跟随老师进行律动。

（2）逐一与幼儿击掌，对他们进行鼓励，结束活动。

活动延伸

区角活动中可投放丰富的表情卡让幼儿进行表情的辨别和分类。

活动领域 | **社会** 周主题四 | **小小交际家** 月主题一 | **我上幼儿园**

高组	化装舞会	侧重领域	※ 社交技能 ※ 语言表达

有益经验

1. 能理解并在舞会游戏中使用符合情境的邀请、致谢等社交技能。
2. 能熟练地将衣物、饰品穿戴好，完成装扮工作。
3. 养成与同伴互相帮助的意识，并共同分享装扮游戏的快乐。

活动准备

◎图片：化装舞会的人物装扮及角色（超人、蜘蛛侠等）图片若干张。
◎视频：《化装舞会》。
◎款式各异的帽子、头饰、面具、首饰、服装1批。
◎乐曲：《波罗乃兹舞曲》。

活动过程

1. 观察图片

师：小朋友们，图片中的人物戴着各种各样的面具，他们在做什么呢？

（1）请幼儿说出猜想：图片中的人要参加什么活动。

中组	懂礼貌的小客人	侧重领域	※ 社交技能 ※ 语言表达

有益经验

1. 了解到他人家里做客的基本礼仪。
2. 能在做客的模拟情境中正确使用基本的礼貌用语。
3. 能积极地参与做客游戏，并感受集体生活的愉悦情绪。

活动准备

◎歌曲：《礼貌歌》。
◎视频：《做客礼仪》。
◎图片：做客场景的图片（敲门、会客、请喝水等）若干张。
◎场景准备：门、沙发、茶几、茶具、食物及主人的扮演者（由助教或家长担任）。

活动过程

1. 音乐律动

师：小朋友们都是讲礼貌的好宝宝，让我们来唱一首《礼貌歌》吧！

播放歌曲，请幼儿跟随老师做律动。

低组	排队、轮流玩	侧重领域	※ 社交技能 ※ 粗大动作

有益经验

1. 能通过视频及图片理解排队、轮流的生活常规。
2. 能在游戏活动中熟悉并遵守排队的常规。
3. 能体验集体游戏的快乐，并树立起遵守常规的意识。

活动准备

◎视频：《排队、轮流才好玩》。
◎课件：《谁做对了》（展示排队及不排队的图片）。
◎歌曲：《排队轮流玩》。

活动过程

1. 观看视频

师：小朋友们看一看，他们在干什么？

（1）播放视频，展示幼儿玩游乐设施的场景。

（2）向幼儿说明如何排队及轮流玩。

（3）可请幼儿上前模仿排队的场景。

（2）引导幼儿描述图片人物的装扮特点：面具、头饰、衣服等服饰的颜色、形状等。

2. 观看视频

师：我们来看看小动物们是如何参加化装舞会的。

（1）播放视频，请幼儿观看。

（2）向幼儿介绍参与化装舞会的方法：邀请方式、表达感谢等社交技巧。

（3）请幼儿在简单的模拟情境中，练习使用在视频中学习到的社交技巧。

3. 学习装扮

师：小动物们去参加化装舞会之前，它们是怎么进行装扮的？

（1）老师示范如何装扮：穿裙子、戴饰品、戴面具等。

（2）请1名幼儿体验装扮工作，幼儿可自行装扮，也可请大家帮忙对该幼儿进行装扮。

（3）请装扮好的幼儿走台步进行展示。

4. 集体装扮

师：小朋友们很能干，把×××小朋友打扮得很漂亮！大家想试试给自己进行装扮吗？

（1）出示角色图片，请幼儿选择自己喜欢的角色。

（2）幼儿根据自己选择的角色挑选衣物、饰品进行装扮，可以自己装扮，也可以互相装扮。

5. 参加舞会

师：小朋友们都装扮好了，现在邀请大家一起来参加化装舞会吧！

2. 观看视频

师：大家做得非常棒！下面我们来看看，去做客的时候需要注意哪些礼貌呢？

（1）播放视频，请幼儿观看视频。

（2）老师对视频中出现的礼貌用语进行讲解、示范。

3. 学习做客

师：小朋友们去别人家做客时，怎样才能做个有礼貌的宝宝呢？

（1）出示做客的场景图片，老师对敲门、进屋等不同场景进行描述。

（2）老师讲解做客常用社交礼仪：见面要与主人说“您好”；主人请坐、请喝茶、请吃东西时，要回答“谢谢”；在主人家不乱翻东西；不小心碰倒主人家的物品要说“对不起”；说话声音轻一些，不大声喧哗；告别时说“再见”等。

（3）请幼儿根据出示的图片场景，使用相应的社交礼仪进行练习。

4. 去“做客”

师：小朋友们学会了很多礼貌用语，正好×老师今天请客，我们一起去做客吧！

（1）到访情境：表现客人敲门、问好，主人欢迎等礼仪场景。

（2）会客情境：表现主人请喝水，客人表示感谢等礼仪场景。

（3）玩玩具情境：表现抱歉、分享等礼仪场景。

（4）告别情境：表现主、客双方道别礼仪场景。

2. 看图说话

师：这里有一些图片，请小朋友们看看谁做对了、谁做错了？

（1）播放课件，老师向幼儿描述图片情境。

（2）请幼儿判断图片中行为的正误，用口头语言或手势动作（双手做圆圈状表示对，做交叉状表示错）表达图片行为的正误。

3. 排队出发

师：幼儿园有好多好玩的游乐设施，我们现在赶紧出发去玩吧。

（1）播放歌曲《排队轮流玩》。

（2）老师引导幼儿边跟唱边排队走到游戏场地。

4. 游乐活动

师：我们到啦！现在请小朋友们想想应该怎么玩呢？

（1）老师示范各种游乐设施的正确玩法。

（2）请幼儿学习排队、轮流玩滑滑梯：玩完一轮后，要回到队伍末尾重新排队。

（3）将幼儿分组，排队轮流玩不同的游乐设施。

5. 返回休憩

师：小朋友玩得很开心，也很累啦，我们现在要回教室休息了哦！

（1）请幼儿边唱歌边排队回教室。

（2）请幼儿通过排队、轮流等方式，有序地进行洗手、喝水、上厕所等活动。

（1）播放乐曲，老师带领幼儿集体跳圆圈舞。
（2）引导幼儿两两组合跳舞，并在此过程中使用邀请、致谢等社交技能。
（3）引导幼儿交换舞伴进行游戏。

活动延伸

在社区情境活动中设计简单的角色扮演游戏（扮演服务员、老师等），提高幼儿对人物角色的认知，增进幼儿之间的社交互动意识。

活动延伸

家里有客人来时，家长协助幼儿与客人做简单互动，学习礼貌用语，提高社交意识与技能。

活动延伸

幼儿参与户外活动，以及进行洗手、喝水、上厕所等常规活动时，引导幼儿学习排队和轮流规则，培养遵守常规的意识。

活动领域	科学	周主题四	小小交际家	月主题一	我上幼儿园

高组	母鸡和小鸡	侧重领域	※ 认知 ※ 社交技能

有益经验

1. 能手口一致地进行点数，并说出“1”到“5”以内的总数。
2. 了解母鸡生蛋和孵小鸡的常识。
3. 能在双脚夹球行走的同时绕过障碍物前进。
4. 在活动中体验不同角色的转换，增强游戏中的合作与竞争意识。

活动准备

◎音频：母鸡叫声。
◎歌曲：《母鸡孵蛋》。
◎课件：关于母鸡孵蛋的常识的图片。
◎矮筐2个、小皮球若干个。
◎小鸡图卡1批。

活动过程

1. 做律动

师：小朋友们，有动物在叫，你们听听是什么动物？

（1）播放音频，请幼儿猜一猜。
（2）播放歌曲《母鸡孵蛋》，请幼儿模仿做一做动作。

中组	分果果	侧重领域	※ 认知 ※ 社交技能

有益经验

1. 能指认或说出常见水果的名称。
2. 能点数水果，并按数取水果。
3. 能用简单的语言描述水果的特征。
4. 与同伴分享水果，体验分享的快乐。

活动准备

◎歌曲：《水果歌》《排排坐吃果果》。
◎水果模型若干个、数字卡若干张、小筐若干个。
◎洗净切好的水果适量（3种以上不同种类的水果）。

活动过程

1. 唱唱跳跳

师：小朋友们真精神，一起来动一动吧。先听听这是什么歌？

（1）播放《水果歌》，请幼儿听听歌曲里提到了哪些水果，并说出水果的名称。
（2）老师组织幼儿手拉手围成一个大圆圈，带

低组	蚂蚁搬豆	侧重领域	※ 认知 ※ 粗大动作

有益经验

1. 了解蚂蚁的外形特征和生活习性。
2. 能手口一致地点数4个以内的物品。
3. 能掌握双手、双膝着地向前爬行的方法和动作技能。
4. 在合作游戏中体验集体生活的快乐。

活动准备

◎视频：《蚂蚁搬豆》。
◎蚂蚁头饰、小布豆袋若干个。
◎海绵垫3块、跨栏3个。
◎歌曲：《蚂蚁搬豆》。

活动过程

1. 看一看，想一想

师：今天老师带来了小客人和小朋友们一起玩，请大家来看一看它是谁？

（1）播放视频，引导幼儿观察蚂蚁的外形特征和生活习性。
（2）请幼儿说一说、学一学：小蚂蚁长什么

2. 看课件

师：你们知道小鸡是怎么孵出来的吗?

（1）播放课件，引导幼儿了解母鸡孵蛋的过程。

（2）请幼儿说一说：看到了什么？母鸡是怎么孵蛋的？孵出了几只小鸡?

3. “母鸡”生“蛋”

师：今天老师请小朋友们扮演母鸡，我们来玩“母鸡生蛋”的游戏。

（1）老师向幼儿展示游戏用的“鸡蛋”——小皮球。

（2）老师示范游戏玩法：用脚夹着“鸡蛋”走，绕过地上的障碍物后把“鸡蛋”放到矮筐里，然后跑回来，站在队伍的末尾，然后下一只“母鸡”走出去重复上述玩法。

（3）将幼儿分成两组，请两组“母鸡”们来比一比。

（4）比赛结束，幼儿一起数“蛋”，看看哪一组下的“蛋”多。

4. “母鸡”孵“蛋”

师：我是一只会唱歌又会孵蛋的“母鸡”，每次我都会孵出不同数量的“小鸡”，小朋友们帮我数数吧!

（1）老师扮演母鸡，边唱歌边在地上摆出小鸡图卡，引导幼儿数数“小鸡”的数量。

（2）请一名幼儿扮演母鸡，其余幼儿与老师一同伴唱，并数出小鸡的数量。

（3）请幼儿轮换角色进行扮演游戏。

领幼儿边唱边跳。

2. 认认说说

师：《水果歌》里提到了很多水果，老师全都带来啦，请大家看一看吧!

（1）出示水果模型，引导幼儿指认或说出水果名称。

（2）引导幼儿用简单的语言描述水果的特征：苹果又大又圆，香蕉弯弯的……

3. 捡拾水果

师：小朋友们都很厉害，认识很多水果，这里的“水果”太多了，要请小朋友们帮忙，把相同的“水果”捡到同一个筐里。

（1）将幼儿分成若干组（组别数与水果模型的种类数对应）。

（2）请幼儿以小组为单位，合作捡同一类水果模型放到同一个筐里。

（3）请幼儿数一数本小组捡到的水果模型数量，挑选合适的数字卡夹到筐边。

（4）请幼儿逐一分享自己捡到了什么“水果”、捡到了几个“水果”，并请大家一同来数一数。

4. 分享水果

师：小朋友帮忙把水果分类好啦，现在我们来分享水果大餐吧!

（1）组织幼儿围桌坐好。

（2）请2—3名幼儿当小厨师分水果。

（3）出示一种水果，幼儿说出自己想吃的水果数量（几片），请“小厨师”按数量分发水果至每个人的盘子里。

样？它们在干什么呢？小蚂蚁是单独出来活动还是一起出来的?

2. 数一数，学一学

师：现在我们一起来数一数有几只蚂蚁一起搬豆，它们又是怎么爬行的呢?

（1）请幼儿点数视频中搬豆的蚂蚁数量（4只）。

（2）请一名幼儿示范蚂蚁爬行动作，大家一起讨论怎样才能爬得又快又稳。

（3）请幼儿戴上蚂蚁头饰，模仿小蚂蚁爬一爬。

3. 搬一搬，数一数

师：“小蚂蚁”们，现在要请你们来搬豆啦。

（1）老师示范游戏玩法：老师和一名幼儿戴上蚂蚁头饰，双手、双膝着地爬过海绵垫，跨过跨栏，两人双手交叠，将豆袋放在手背上，合力跑回起点。

（2）将幼儿分为三组进行竞赛游戏。

（3）游戏结束，老师引导幼儿一起点数豆袋，数量多的组为优胜组。

4. 搬豆袋“回家”

师：“小蚂蚁”们真能干，搬了很多豆子，现在我们把豆袋放回“仓库”吧!

（1）播放歌曲，请幼儿将豆袋放在头上。

（2）请幼儿按顺序排队，将豆袋放至指定处。

5.“回家”休息

师：“母鸡”孵完“小鸡”太累了，需要休息一下，请“母鸡”们排好队“回家”吧。

请幼儿边唱歌曲《母鸡孵蛋》边排队离开教室。

活动延伸

在户外活动中组织分组竞赛活动，培养幼儿的合作与竞争意识，提高其社交互动能力。

（4）出示另一种水果，换2—3名幼儿当小厨师，重复按数量分发水果的过程。

（5）播放歌曲《排排坐吃果果》，幼儿齐享用水果。

活动延伸

请家长带幼儿一起到超市采购水果，巩固幼儿对水果及其相关特征的认识。

活动延伸

在户外活动中组织幼儿到户外观察蚂蚁，了解蚂蚁的生活习性及活动特征。

活动领域	艺术	周主题四	小小交际家	月主题一	我上幼儿园

高组 猜猜我是谁

侧重领域：※ 认知 ※ 社交技能

有益经验

1. 认识常见动物8种以上，并能用特征鲜明的动作来表示不同的动物。
2. 能看照片认识同组参加活动的小朋友。
3. 能在图片提示下，按简单规则做出相应动作。
4. 在音乐互动中增进同伴友谊，体验音乐游戏的乐趣。

活动准备

◎乐曲:《库企企》。
◎课件：常见动物的图片若干张。
◎照片：本组幼儿脸部或上半身照片（尺寸尽可能大些）各1张。

活动过程

1. 听音乐

师：小朋友们，老师带来了一首好听的音乐请你们听一听。

（1）播放乐曲，引导幼儿感受乐曲的规律性重复：前奏—A 段—B 段—A、B 段交替重复—尾奏。

中组 听声音，找朋友

侧重领域：※ 精细动作 ※ 社交技能

有益经验

1. 听音辨别常见乐器，并能指认或说出乐器的名称。
2. 能有目标地对准位置敲打乐器，使乐器发出声音。
3. 感受与同伴互相支持、合作游戏的快乐。

活动准备

◎乐器：棒棒糖鼓、三角铁、双响筒等。
◎乐曲:《鞋匠之舞》。

活动过程

1. 辨听声音

师：今天有乐器朋友来和大家一起玩，请大家闭上眼睛听听，猜猜它们是谁?

（1）请幼儿闭上眼睛，老师摆出三件不同乐器。

（2）敲击其中一件乐器2—3次，请幼儿睁开

低组 十个印第安小朋友

侧重领域：※ 粗大动作 ※ 社交技能

有益经验

1. 了解印第安小朋友的外貌特征、服饰特点等。
2. 能尝试用肢体动作表现音乐和节奏。
3. 在音乐游戏中进行同伴互动，熟悉和适应集体生活。

活动准备

◎课件：印第安小朋友的图片。
◎歌曲:《十个印第安人》。
◎印第安羽毛头饰每人1份。

活动过程

1. 观看图片

师：小朋友们，你们见过印第安小朋友吗?他们长什么样子呢?

（1）播放课件，引导幼儿观看印第安小朋友的图片。

（2）向幼儿介绍印第安小朋友的外貌、服饰

（2）请幼儿跟随音乐节奏模仿动作：前、尾奏左右摆头；A 段拍手；B 段拍腿。

2. 猜动物

师：小朋友们，今天来了一些动物朋友，大家认得出它们是谁吗?

（1）播放课件，当一种动物的图片闪现时，请幼儿做出相应的动物模仿动作，如当小狗图片出现时，幼儿双手放在脑袋两边模仿小狗耳朵做向前扇的动作。

（2）播放乐曲，在音乐的 A 段请幼儿拍手做预备；在音乐的 B 段出示动物图片，请幼儿做相应的动作。

3. 猜朋友

师：小朋友们非常棒，现在要请你们来猜猜好朋友了。

（1）请幼儿围成圆圈站好。

（2）老师出示一名幼儿的照片，快速向所有幼儿展示一圈，该名幼儿则站出来，逐个与其他幼儿击掌问好。

（3）播放乐曲，在音乐的 A 段请幼儿拍手（跺脚、拍肩等）做预备；在音乐的 B 段出示幼儿照片，请该名幼儿与其他幼儿击掌。

（4）重复以上环节，直至所有幼儿都出列互动为止。

4. 说再见

师：时间过得很快，现在大家要跟好朋友、老师说再见了，我们怎么做呢?

（1）播放乐曲，在音乐的 A 段请幼儿按音乐节奏自由散点走动起来；在音乐的 B 段则找眼睛。

（3）请幼儿说一说或指一指刚才是哪个乐器被敲响了。

2. 传递乐器

师：小朋友们真聪明，都猜对了！现在请大家来传递乐器。

（1）请幼儿围坐成圆圈。

（2）播放乐曲《鞋匠之舞》，请幼儿在左侧接过乐器，向右侧的小朋友传递乐器，直至每名幼儿都拿到乐器。

3. 找找朋友

师：小朋友们都拿到乐器了，谁拿到的乐器是一样的?

（1）老师说出一种乐器的名称，请拿到同种乐器的幼儿举手。

（2）请拿到相同乐器的幼儿找到对方，并坐到一起，直到所有幼儿都找到并熟悉朋友。

4. 奏响乐器

师：现在我们让所有的乐器朋友一起来演奏吧！

（1）播放乐曲《鞋匠之舞》。

（2）在乐曲节奏快速部分，老师摆动双手，请幼儿模仿摆动双手（可持乐器敲打或摆动）。

（3）在乐曲节奏慢速部分，老师说出某种乐器的名称，请持同种乐器的幼儿按节奏敲打乐器。

（4）可请幼儿尝试做指挥，在乐曲节奏慢速部分说出乐器名称或指向某个乐器组，则该组幼儿敲响乐器。

特点。

2. 感受音乐

师：接下来要请大家听一首关于印第安小朋友的歌。

（1）播放歌曲《十个印第安人》。

（2）幼儿通过拍手、拍腿等动作感知音乐节奏。

3. 声势动作

师：印第安小朋友通过轻轻拍手、拍腿、拍肚子的方式跳舞，我们一起来试试。

（1）老师示范通过拍打身体不同部位发出声音。

（2）请幼儿尝试模仿拍打身体不同部位发出声音。

（3）发放印第安羽毛头饰，请幼儿佩戴。

4. 同伴互动

师：小朋友们都很棒，我们找个“印第安小伙伴”一起来跳舞吧！

（1）老师示范伴随音乐做拍腿、挥手的动作。

（2）老师请两名幼儿示范做互动。

（3）请幼儿自行寻找好朋友，两两一组做互动。

5. 圆圈舞蹈

师：下面请所有的“印第安小朋友”一起来跳舞吧！

（1）请幼儿围成大圈站好。

（2）播放歌曲，请幼儿拉手围圈走，引导幼儿随音乐节奏变大圈、变小圈。

（3）歌曲结束，引导幼儿互相道别。

到一个好朋友，面对面摆手做道别的动作。
（2）重复以上环节，直至每个人都互相告别。

活动延伸

在晨间活动时可以选取乐曲段落有规律性重复的音乐，让幼儿根据音乐节奏，在不同的乐曲段落做不同的动作。

附材料

自制《库企企》B 段节奏图谱

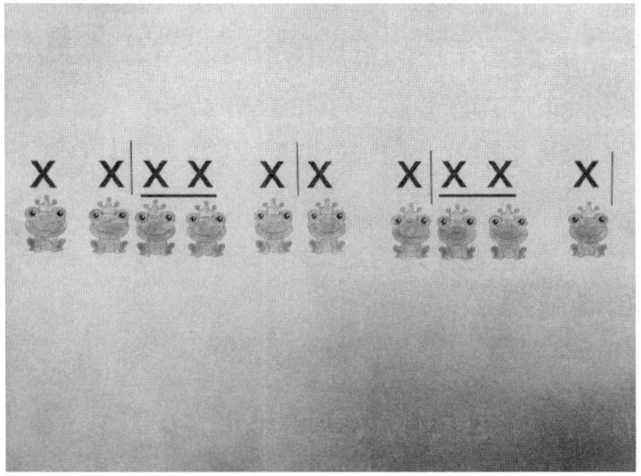

5. 收拾乐器
师：小朋友们演奏得真棒！要送乐器朋友回家啦。
请幼儿排队将乐器放至指定处。

活动延伸

在日常生活中，可创造机会引导幼儿听音辨物，如杯、碗、勺等日常用具，促进幼儿认知能力的发展。

附材料

三角铁、棒棒糖鼓、双响筒

活动延伸

在一日生活流程中（如早操活动）设置音乐游戏互动环节，帮助幼儿提高社交意识及互动技能。

附材料

印第安羽毛头饰（羽毛可手工制作，用纸略加修剪）

月 主 题 二

我的身体

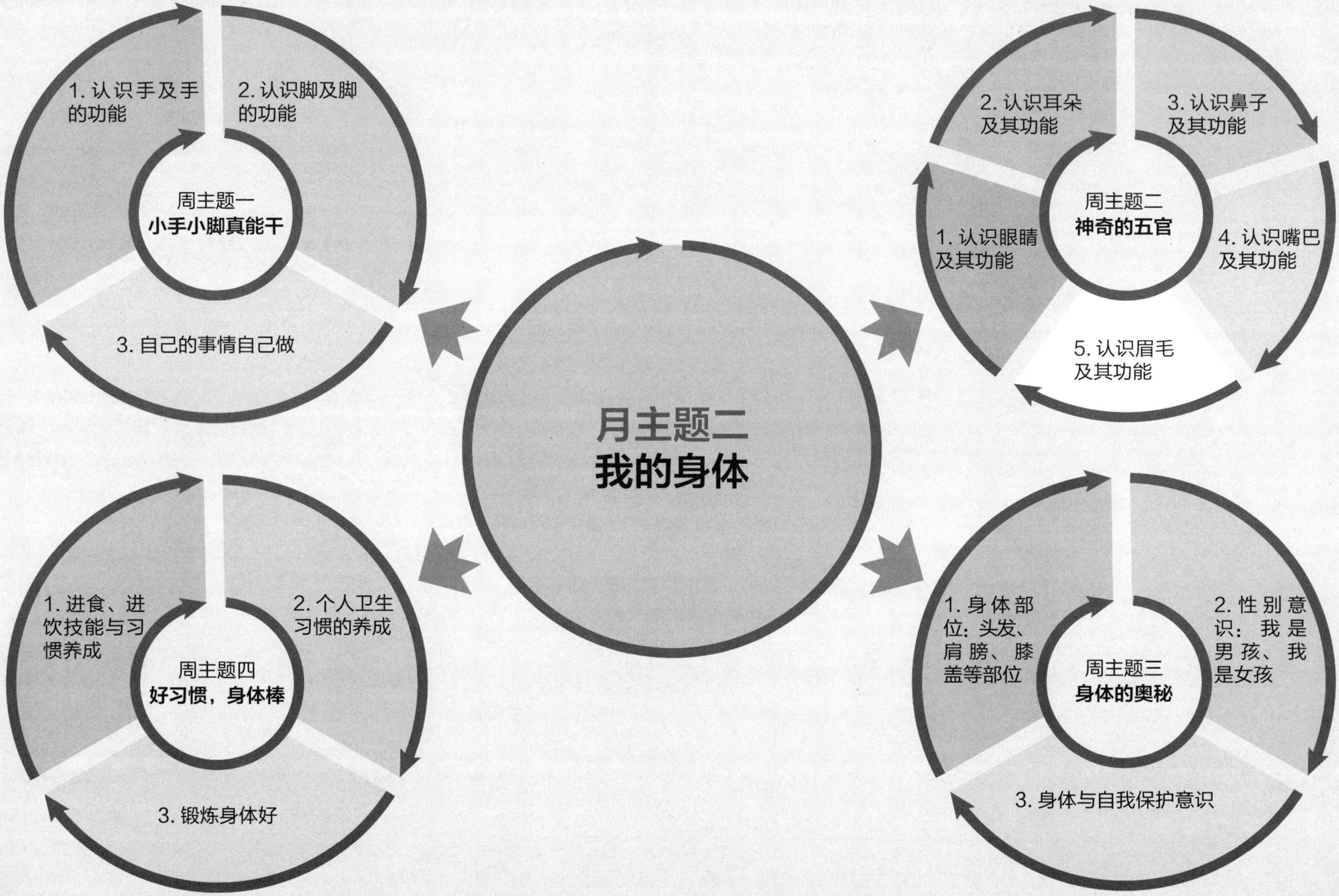
月主题二
我的身体
周主题一
小手小脚真能干
1. 认识手及手的功能
2. 认识脚及脚的功能
3. 自己的事情自己做
周主题二
神奇的五官
1. 认识眼睛及其功能
2. 认识耳朵及其功能
3. 认识鼻子及其功能
4. 认识嘴巴及其功能
5. 认识眉毛及其功能
周主题三
身体的奥秘
1. 身体部位：头发、肩膀、膝盖等部位
2. 性别意识：我是男孩、我是女孩
3. 身体与自我保护意识
周主题四
好习惯，身体棒
1. 进食、进饮技能与习惯养成
2. 个人卫生习惯的养成
3. 锻炼身体好

活动领域	健康	周主题一	小手小脚真能干	月主题二	我的身体

高组	美味蔬菜汤	侧重领域	※ 生活自理 ※ 精细动作

有益经验

1. 了解手在煮食过程中的功用，并说一说手的动作。
2. 能将大片的白菜撕成适于煮食的小片。
3. 能使用长柄汤勺、碗自行取食菜汤，并正确使用筷子、勺子等餐具进餐。
4. 能在煮食活动中体验自己动手并品尝美食的乐趣。

活动准备

◎课件：厨房工作中使用到手部功能的图片（如切菜）。
◎儿童安全刀具（圆刀尖、未开刃）1把。
◎煮食所用材料：洗净的白萝卜、大白菜适量；盐、油等调味料适量。
◎煮食所用器具：电磁炉、锅、菜板；菜篮1个；碗筷每人1套；长柄汤勺1个。

活动过程

1. 看图片，认识手
师：老师这里有一些有趣的图片，小朋友们想知道是什么吗？

中组	好吃的花生	侧重领域	※ 生活自理 ※ 精细动作

有益经验

1. 能认识常见的食品——花生，了解它的外形特征。
2. 能双手配合剥开花生的外壳，取出花生米。
3. 能将剥下的花生壳放在果壳盘，吃完后愿意进行桌面的清理，养成餐后整理的卫生习惯。

活动准备

◎课件：有关花生的图片。
◎煮食所用材料：洗净的花生（带壳提前浸泡盐水）、盐、水适量。
◎煮食所用器具：高压电饭锅1台。
◎歌曲：《握紧拳头》。
◎装果壳的盘子若干个。
◎清洁布若干块。

活动过程

1. 认识花生
师：今天老师带来一种好吃的东西，请小朋友们看看是什么？

低组	香蕉奶昔	侧重领域	※ 生活自理 ※ 精细动作

有益经验

1. 能认识常见的食物——香蕉和牛奶。
2. 能剥掉香蕉皮，并可用一只手固定香蕉，另一只手拿塑料刀切开香蕉。
3. 体验甜点的制作过程，感受参与活动的乐趣。

活动准备

◎香蕉适量、牛奶1盒、可可粉及抹茶粉适量。
◎塑料刀、小菜板、餐具等每人1份。
◎料理机1台、餐具收纳篮1个。

活动过程

1. 认识香蕉和牛奶
师：小朋友们，你们喜欢吃香蕉、喝牛奶吗？

（1）播放课件，引导幼儿观看在厨房工作中使用到手部功能的图片。

（2）请幼儿根据生活经验向大家展示洗菜、切菜等动作。

2. 看示范，学切菜

师：你们的小手会做这么多事情，真能干！现在请小朋友们看看老师的手会做什么？

（1）老师示范切白萝卜：把白萝卜放到菜板上；左手固定白萝卜，右手拿刀；用刀将白萝卜切成薄片；把切好的白萝卜放进锅里。

（2）老师示范切菜的过程，说明刀具使用安全：刀具的正确用法；不可在没有大人的情况下自己使用刀具。

（3）可请几名幼儿上前，在老师的辅助下体验如何将萝卜切片。

3. 撕白菜，学煮汤

师：萝卜切好啦，蔬菜汤还需要加些白菜，请大家来帮帮忙！

（1）请幼儿洗干净手回到座位等待。

（2）老师示范如何将大片的白菜撕成小片并放到菜篮子里，随后请幼儿一起帮忙撕白菜。

（3）老师边煮蔬菜汤，边向幼儿说明煮汤的基本步骤，一些环节（如菜下锅、加调味料等）可请幼儿上前参与。

4. 盛菜汤，喝菜汤

师：蔬菜汤煮好了，我们一起品尝美味的蔬菜汤吧。

（1）老师示范如何使用长柄汤勺和碗来盛汤。

（1）播放课件，引导幼儿认识花生及其名称。

（2）出示花生实物，请幼儿摸一摸并尝试剥开花生，引导幼儿说一说花生的特征。

2. 水煮花生

师：大家想吃美味的花生吗？我们一起来把花生煮熟。

（1）老师说明并示范煮食的方法：将花生放进锅里，加适量水、盐，盖好锅盖，通电后打开煮食的开关。

（2）可请幼儿参与煮花生的不同环节的操作。

3. 手部律动

师：小朋友一会儿要自己剥花生吃，我们先来让小手运动运动吧！

（1）播放歌曲，老师示范手部动作。

（2）请幼儿跟随老师模仿手部动作。

（3）请幼儿说说自己的小手还能做些什么手指游戏，老师可根据幼儿的提议，组织做一做学习过的手指游戏。

4. 品尝花生

师：花生煮好了，我们一起剥花生、吃花生喽！

（1）老师示范剥花生，并讲解动作要领。

（2）请幼儿分组围坐，每组分发一个果壳盘。

（3）请幼儿边剥边品尝花生，并将壳放进果壳盘。

5. 收拾桌子

师：吃完了花生，我们要把桌面收拾干净。

（1）请幼儿分工，将花生壳丢弃到垃圾桶，用

（1）出示香蕉、牛奶实物。

（2）引导幼儿说出（指认）香蕉及牛奶的名称、味道、颜色等。

2. 示范做香蕉奶昔

师：香蕉和牛奶可以做成一道好吃的甜品，请大家看看老师怎么做。

（1）老师示范剥香蕉皮、切香蕉。

（2）将切好的香蕉及牛奶先后倒入料理机打碎并搅拌均匀，做成香蕉奶昔。

3. 学习做香蕉奶昔

师：现在请小朋友们一起来做香蕉奶昔吧。

（1）请幼儿洗手后回到座位，老师分发材料。

（2）请幼儿剥香蕉皮、切香蕉，并将切好的香蕉装进碗里。

（3）请幼儿将碗里的香蕉倒进料理机。

（4）老师加入牛奶，将物料打碎并搅拌均匀。

（5）请幼儿在饮料表面添加适量的可可粉或抹茶粉。

4. 齐品尝香蕉奶昔

师：香蕉奶昔做好了，我们一起来尝尝味道吧！

（1）分发餐具，并请幼儿排队领取香蕉奶昔。

（2）请幼儿共同品尝香蕉奶昔。

5. 收拾餐具

师：美味的香蕉奶昔吃完啦，现在请小朋友们一起把餐具收到篮子里。

（1）请幼儿将餐具放到指定篮子。

（2）表扬及肯定幼儿的行为。

（2）分发碗、筷、勺，引导幼儿排队并自己盛蔬菜汤。
（3）请幼儿回到座位上使用餐具进食。

5. 收餐具，擦桌子

师：爱动手的小朋友最能干，下面请大家把餐具和桌面收拾干净。
（1）请幼儿分别将碗、筷分类放好。
（2）请幼儿使用抹布将桌子擦干净。
（3）表扬及肯定幼儿的行为。

活动延伸

在家居生活中可以鼓励幼儿使用叉子、餐刀等不同的餐具进食，提高幼儿的进食技能。

附材料

儿童安全刀具

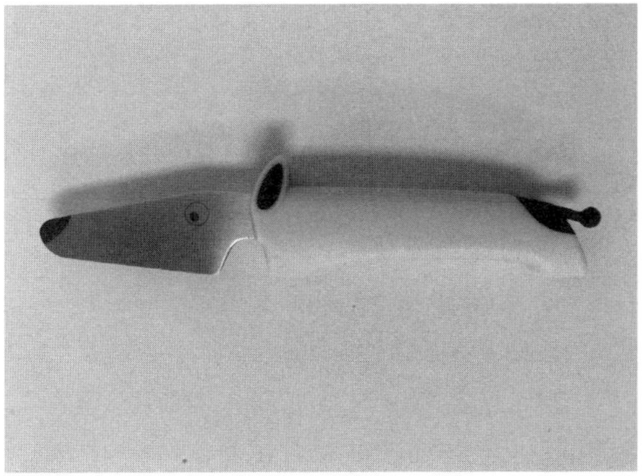

布将桌子擦干净。
（2）表扬及肯定幼儿的行为，并请幼儿洗干净手，结束活动。

活动延伸

在餐点时间提供需剥壳、剥皮的食品，让幼儿练习剥的动作，增强幼儿的双手配合能力。

附材料

水煮花生速煮法

先将花生洗净，然后将每颗花生捏个小口备用。在高压锅中放入足量的水（水量要大些），并放入花生、适量的盐，焖煮10分钟。

活动延伸

在午点时让幼儿帮忙切蛋糕、面包、火龙果等较软的食物，提高幼儿动手操作的能力。

附材料

香蕉奶昔（可可味）示意图

活动领域	语言	周主题一	小手小脚真能干	月主题二	我的身体

高组	小手、小脚动起来	侧重领域	※ 语言表达 ※ 粗大动作

有益经验

1. 认识手和脚，并分别说出它们的功能。
2. 能依照图片提示说出关于手、脚的动作的三词短句，如妹妹拍手、哥哥跺脚等。
3. 能根据指令做出手或脚的相应动作。
4. 在对动作名词理解的基础上，形成自我保护意识。

活动准备

◎课件：有关手和脚的图片。
◎图片：剪好的手掌印、小脚印的图片1批。
◎歌曲：《开始和停止》《小手和小脚》。

活动过程

1. 观看图片
师：小朋友们，你们的小手、小脚很能干，它们能做哪些事呢？一起来看看吧。
(1)播放课件，请幼儿说说小手、小脚能用来做什么。
(2)根据播放到的图片，引导幼儿运用三词短句描述图片内容，如妹妹拍手、哥哥跺

中组	我的小脚丫	侧重领域	※ 语言表达 ※ 认知

有益经验

1. 认识小脚，并说出小脚的名称和功能。
2. 能用脚模仿跳、爬等动作。
3. 能结合动作理解有关脚的儿歌的内容，并尝试跟随老师进行简短的儿歌念唱。
4. 了解脚的保护常识，萌发对自己身体的自我保护意识。

活动准备

◎沙子、鹅卵石各1盆。
◎课件一：有关小脚功能的动作图片。
◎课件二：洗脚、剪脚指甲、穿鞋子的图片。
◎童谣：《小脚变变变》《擦小脚》。

活动过程

1. 小脚体验
师：小朋友们，老师这里有一些有趣的东西请大家看看。
(1)出示装有沙子的盆，请幼儿光着小脚踩一踩；请幼儿想一想、说一说，光脚踩在沙子上有什么感觉。(软软的、沙沙的)
(2)出示装有鹅卵石的盆，请幼儿光着小脚

低组	小手变变变	侧重领域	※ 语言表达 ※ 精细动作

有益经验

1. 能认识小手，说出小手的名称，了解小手的功能。
2. 能模仿说拟声叠音词。
3. 能跟随手指谣的念唱，尝试做出手指分离的手部动作模仿。
4. 体验叠音发声及手指游戏的乐趣。

活动准备

◎课件：手及手部动作的图片，如拍手、敲打等。
◎手指谣：《我的小手变变变》。
◎歌曲：《十个小手指》。

活动过程

1. 击掌问好
师：今天来了哪些小朋友呢？请准备好小手，老师要跟你们问个好！
(1)老师点名“×××，×××在哪里？”，幼儿回应后老师上前与其击掌。
(2)老师重复上述步骤，逐一与幼儿击掌问好。

脚等。

2. 示范游戏

师：接下来，能干的小手、小脚要来玩一个有趣的游戏。

（1）老师将手掌印、小脚印固定在地上，引导幼儿观察手印、脚印的位置。

（2）播放歌曲《开始和停止》，并邀请一名幼儿示范游戏规则：音乐响起请幼儿跑动起来；音乐停止请幼儿停下，老师说“能干的小手（小脚）”，幼儿摸到手印处做拍、捶、摸等动作（踩到脚印上做跺、跳等动作）。

3. 集体游戏

师：哇，游戏真好玩，请小朋友们的小手、小脚准备好，一起玩游戏吧。

（1）播放歌曲《开始和停止》，组织幼儿玩2—3遍。

（2）待幼儿熟悉游戏环节后，要求他们边做动作边把动作说出来，如拍拍手、跺跺脚、踩一踩等。

（3）可请幼儿轮流当“小指挥”发指令，游戏继续进行；老师鼓励其余幼儿大胆创编，做出关于手、脚的不同动作。

4. 歌曲律动

师：小手、小脚都玩得太累了，需要放松和休息一下。

（1）播放歌曲《小手和小脚》，请幼儿原地坐下。

（2）老师带领幼儿做手部和脚部的舒缓动作，结束活动。

踩一踩；请幼儿想一想、说一说，光脚踩在石头上有什么感觉。（硬硬的、凉凉的）

2. 认识小脚

师：小脚踩沙子、石头的感受真奇妙，我们来和小脚打个招呼吧！

（1）老师用手拍拍自己的脚并问好：“小脚，你好！”

（2）引导幼儿用同样的方式与小脚“问好”。

（3）播放课件一，让幼儿看图说一说小脚的功能，如小脚会跑步、小脚会蹦跳、小脚会踢球等。

3. 小脚游戏

师：哇，小脚这么能干！接着我们用小脚来玩一个“变变变”的游戏。

（1）老师示范边念唱《小脚变变变》，边用脚根据童谣的内容做出相应的动作。

（2）老师放慢速度念唱童谣，请幼儿边跟唱边做动作。

（3）结合活动内容，引导幼儿说出“小脚踢球、小脚跳绳”等。

4. 保护小脚

师：小脚对我们来说很重要，我们来学习怎么保护好它。

（1）播放课件二，引导幼儿了解洗脚、剪脚指甲、穿鞋是保护小脚的好办法。

（2）请幼儿坐到地上，老师念唱《擦小脚》，请幼儿跟随做脚部按摩，随后结束活动。

2. 认识小手

师：小手除了可以用来击掌问好，还有什么用处呢？

（1）播放课件，引导幼儿认识小手以及小手的功能。

（2）引导幼儿理解并说出图片内容，如捏、拍、捶等，同时用手模仿相应的动作。

3. 手指游戏

师：原来我们的小手这么灵巧，赶快用我们灵巧的小手来玩有趣的游戏吧！

（1）老师念唱手指谣，边唱边做动作吸引幼儿注意。

（2）老师强调手指谣中的叠音词如“啪啪”“叽叽”“嘎嘎”等，引导幼儿模仿说出叠音词。

（3）老师念唱手指谣，请幼儿模仿做动作。

（4）请幼儿边做动作边将手指谣的叠音词部分说出。

4. 音乐律动

师：小朋友们的小手表现很棒哦，现在我们一起站起来动一动吧！

（1）老师播放歌曲，请幼儿起立。

（2）请幼儿跟随老师做律动模仿，曲毕结束活动。

活动延伸

引导幼儿在户外活动中探索小手、小脚可以做哪些有趣的游戏，鼓励幼儿进行大胆的尝试，增强幼儿肢体的灵活性与协调性。

附材料

手掌印、小脚印示意图

可采用不同颜色，便于幼儿在游戏中快速进行分辨。

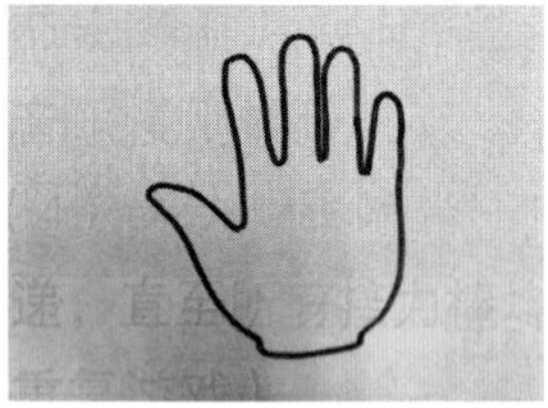

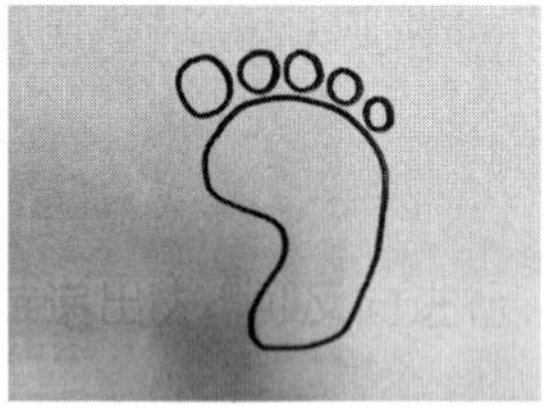

活动延伸

在户外活动中安排接力跑、跳远、踢球等活动，加深幼儿对脚的功能的认识，提高幼儿的粗大动作能力。

附材料

1. 童谣《小脚变变变》

小脚小脚变变变，变只小兔跳跳跳；
小脚小脚变变变，变只螃蟹爬爬爬；
小脚小脚变变变，变只小狗跑跑跑；
小脚小脚变变变，变成小马哒哒哒。

2. 童谣《擦小脚》

小脚丫，真能干，小毛巾上擦一擦；
左擦擦，右擦擦，做个干净小娃娃。

活动延伸

在美工活动中提供绘画、串珠、折纸材料并鼓励幼儿操作，锻炼幼儿手部小肌肉的灵活度。

附材料

手指谣《我的小手变变变》

我的小手变、变、变（边说边拍手），
变把手枪啪、啪、啪（双手做拿枪射击状），
变把剪刀剪、剪、剪（两手做剪刀状），
变只小鸡叽、叽、叽（双手大拇指、食指相碰，其余三指弯曲紧握，做小鸡嘴状，一上一下），
变只小鸭嘎、嘎、嘎（右手手心压在左手手背上，做小鸭扁嘴状），
变只小鸟飞、飞、飞（左右手分别向左右两侧伸展做小鸟飞翔的动作）。

活动领域 | 社会	周主题一 | 小手小脚真能干	月主题二 | 我的身体

高组	两人三足	侧重领域	※ 社交技能 ※ 粗大动作

有益经验

1. 能认识小脚，并能说出脚的名称及功能。
2. 可根据图片内容说出短句，如：小脚能踢球。
3. 能按照游戏规则参与竞赛游戏，并且能够接受游戏胜负。
4. 能在协同游戏中形成相互合作、相互帮助的品质。

活动准备

◎歌曲:《小脚》。
◎课件：有关小脚及小脚功能的图片、常见物品（足球、毽子、跳绳）的图片。
◎视频:《两人三足》。
◎绑绳若干条、接力棒3根。
◎小奖状每人1张。

活动过程

1. 动动小脚
师：小朋友们的小脚在哪里？我们一起来动动小脚吧！
（1）播放歌曲，并示范动作。

中组	有趣的脚丫	侧重领域	※ 社交技能 ※ 粗大动作

有益经验

1. 能认识小脚，并了解脚的功能。
2. 能单脚、双脚轮换着向前跳。
3. 能在游戏中养成轮流等候的习惯，并初步具备游戏竞争意识。

活动准备

◎课件：小脚的图片及小脚功能的图片。
◎图片：小脚印的图片1批（背面做好固定设计）。
◎粉笔1支。

活动过程

1. 观看图片
师：小脚是我们重要的身体部位，我们来认识一下小脚吧。
（1）播放课件，引导幼儿认识并说说脚的名

低组	小手爬爬	侧重领域	※ 社交技能 ※ 精细动作

有益经验

1. 能认识小手，并说出小手的名称。
2. 能根据图片做出相应的动作，如捶背、手指爬等。
3. 能在“小手爬爬”的活动中感受与同伴游戏互动的乐趣。

活动准备

◎手指谣:《两个好朋友》。
◎课件：有关小手的图片及小手功能（拍、捏、捶）的图片。
◎歌曲:《小手爬》。

活动过程

1. 手指游戏
师：小朋友们的小手在哪里？请一起来做手指游戏吧。
（1）老师一边念唱手指谣一边做示范动作。

(2)引导幼儿跟随音乐做脚的律动。

2. 说说小脚

师：老师这里有一些有趣的图片，你们看看是什么?

(1)播放小脚的图片，请幼儿说出小脚的名称。

(2)播放小脚功能的图片，让幼儿说出小脚的功能。

(3)播放常见物品图片，老师引导幼儿根据图片内容说出小脚与物品的关系，如“小脚会踢毽子”等。

3. 游戏示范

师：视频里的小朋友在玩一个好玩的游戏，大家快来看看吧。

(1)老师边播放视频边向幼儿解释游戏规则。

(2)老师和三名幼儿示范游戏：两人持接力棒并排站，用绑绳绑好小脚；两人快速向前走到3米远的标记位置；调头往回走到起点，并将接力棒交给另一组组员，游戏继续进行。

4. 集体游戏

师：请“运动员”们准备好，我们一起来比赛啦!

(1)老师引导幼儿分成两人一组，并协助他们用绑绳绑好小脚，两人尝试向前走，做适应练习。

(2)老师将幼儿分成三个接力组进行比赛，比比哪组快。

(3)老师可请幼儿自由交换同伴组成新组合，重复游戏。

(4)给“运动员”们颁奖。

称。

(2)根据播放到的图片引导幼儿了解脚的功能。

2. 踩踩脚印

师：小朋友们都知道小脚会走路，那现在请你们用灵活的小脚来踩一踩小脚印吧。

(1)老师在地上摆放小脚印的图片并固定，示范在脚印上做踩、跳、走等动作。

(2)老师请幼儿上前排队，轮流尝试踩脚印。

3. 玩“跳房子”

师：小脚除了可以踩脚印，还可以玩有趣的“跳房子”。

(1)老师在地面画好的格子上示范两种跳房子的方法：双脚跳房子和单脚跳房子。

(2)老师请幼儿脱鞋子，排队轮流玩跳房子。

4. 游戏组合

师：你们的小脚真能干，现在我们来做个游戏组合的比赛吧!

(1)老师将脚印贴在格子的前面，并示范先踩脚印，再“跳房子”的游戏玩法。

(2)将幼儿分成两组进行比赛，速度快的小组获胜。

5. 洗洗小脚

师：玩游戏时把小脚弄脏了，现在请大家去洗漱间把小脚洗干净。

(1)老师请幼儿排队到洗手间。

(2)老师辅助幼儿洗干净小脚，结束活动。

(2)老师念唱手指谣，引导幼儿跟随模仿手指动作。

2. 认识小手

师：老师这里有一些有趣的图片，请大家看一看吧!

(1)播放小手的图片，引导幼儿说出手的名称。

(2)播放小手功能(拍、捏、捶)的图片，引导幼儿说出动词名称。

(3)请幼儿模仿图片的动作做出一样的动作。

(4)幼儿面对面坐好，根据播放的动作图片，做出相应的动作与小伙伴互动，如相互捶背等。

3. 互动游戏

师：我们的小手还能做爬的动作，大家一起来试试看吧!

(1)播放歌曲，老师边做动作边引导幼儿跟随音乐进行模仿，用小手在自己身上“爬”。

(2)播放歌曲，老师与一名幼儿示范游戏：两人面对面坐好，老师跟随音乐在幼儿身上做手向上爬的动作，双手从肚子爬到头顶，再从头顶爬到小脚上；音乐间奏时两人拉拉手、甩甩手；歌曲重复时交换角色，轮到幼儿用手在老师身上“爬”。

(3)老师请幼儿找一个好朋友进行游戏。

(4)歌曲结束可交换好朋友，重复游戏。

活动延伸

在课间游戏中，可以引导幼儿和多名伙伴玩一些简单的协作游戏（运小球等），提高幼儿的团体意识及协作意识。

附材料

“两人三足”游戏示意图

活动延伸

在运动课上设计跳绳、跳圈、跳过障碍物等活动，提高幼儿的跳跃能力。

附材料

“踩脚印”游戏示意图

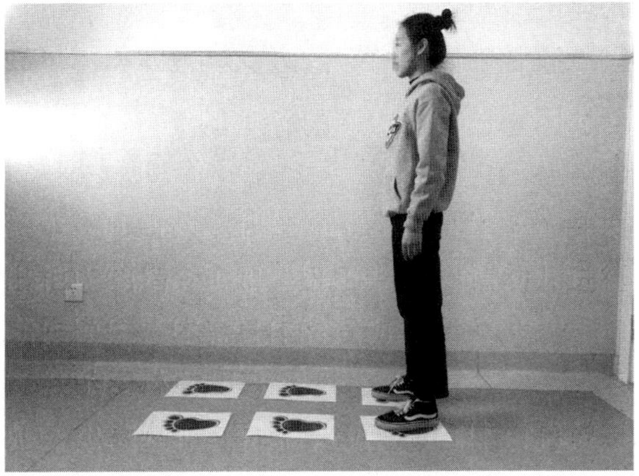

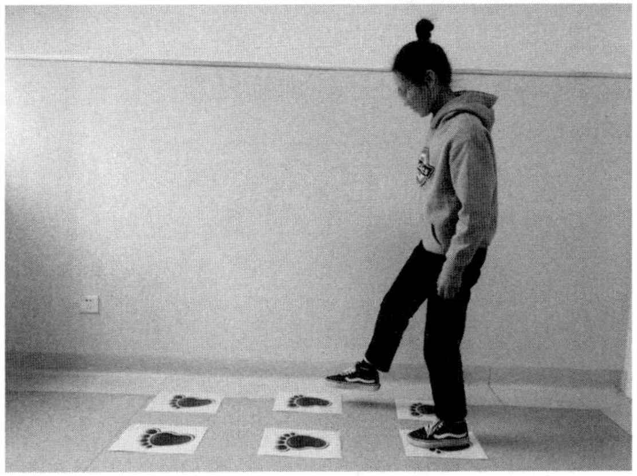

活动延伸

在区角活动中投放敲球台、橡皮泥等玩具或材料，使幼儿加深对“锤”“捏”等动词的认知与理解。

附材料

手指谣《两个好朋友》

两个好朋友（双手握拳，伸出食指），
出来走一走（一个食指在另一个食指上，交替进行），
见面点点头（两个食指相对弯一弯），
再来握握手（两个食指拉拉勾）。

活动领域	科学	周主题一	小手小脚真能干	月主题二	我的身体

高组	轻和重	侧重领域	※ 认知 ※ 精细动作

有益经验

1. 感知物体的轻重，知道物体有轻、重的区别，形成重量概念。
2. 能通过观察、动手操作等方式分辨物体的轻重，并用“××轻”和“××重”的语句描述物体。
3. 体验对物品进行称量的过程，激起主动观察意识及探索意识。

活动准备

◎神秘袋2个（分别装空的塑料瓶和装满水的塑料瓶）。
◎沙包2个（外观、大小、材质相同，分别装入棉花和豆子）。
◎天平3—4个。
◎外观一样的不透明小瓶子若干个，装上分量不同的沙子。

活动过程

1. 感知轻重
师：老师这里有2个神秘袋，你们猜猜它们有什么不一样?

中组	冷和热	侧重领域	※ 认知 ※ 语言表达

有益经验

1. 能感知温度的冷和热，并能说出（指认）物体的冷和热。
2. 能模仿老师的做法，大致掌握使用温度计的方法。
3. 能在探索活动中体验实验操作的乐趣。

活动准备

◎热水1壶、冰水1壶（温度适宜避免伤手）。
◎洗澡用温度计若干个。
◎透明玻璃杯若干个。
◎冷水盆、扇子、小风扇等降温工具若干个。
◎冰豆浆和热豆浆适量。

活动过程

1. 感知冷热
师：今天老师带来一些有趣的物品，看看这是什么呢?

低组	软和硬	侧重领域	※ 认知 ※ 语言理解

有益经验

1. 能通过触摸感知物品的软和硬，有软、硬的概念。
2. 尝试根据软、硬的属性对较熟悉的玩具进行分类。
3. 在物品分类游戏中形成初步的物品分类意识。

活动准备

◎装软的物品（仿真面包、仿真棉花糖、布玩偶、海绵球等）的神秘箱。
◎装硬的物品（木质积木、石头、玻璃珠、小硬皮球等）的神秘箱。
◎软垫4张。
◎玩具箱2个。
◎软水果糖、硬水果糖适量（独立包装袋）。

活动过程

1. 摸取藏宝箱物品
师：小朋友们，老师有两个藏宝箱，里面都有些什么宝贝呢?

(1)出示神秘袋，请幼儿观察神秘袋。
(2)老师掂一掂神秘袋，分别让两个神秘袋落地，让幼儿听听袋子落地的声音有什么不同，看看袋子落地的速度有没有不同。
(3)请幼儿掂一掂两个神秘袋有什么不同，初步感知轻和重。

2. 认识轻重

师：老师带来了一把神奇的秤，它能知道两样东西哪个轻、哪个重，我们快把它请出来。
(1)出示天平，介绍天平的名称和用途。
(2)老师分别将2个沙包放在天平的两端。
(3)引导幼儿观察天平，告知幼儿下沉的一端的沙包是重的，翘起的一端的沙包是轻的。

3. 动手称量

师：小朋友们也来试试使用天平，找出哪个沙包轻、哪个沙包重吧。
(1)请幼儿模仿老师的做法，尝试对沙包进行称重。
(2)老师示范用天平称瓶子，引导幼儿将重量不同的瓶子进行称重，并判断轻重。
(3)引导幼儿分组，并领取天平1把、轻重不同的瓶子3个，尝试自己进行称重。

4. 轻重排序

师：接下来我们来玩“排一排”的游戏，把瓶子从重到轻来排排队吧。
(1)请幼儿用手掂量瓶子的轻重，也可借助天平。
(2)请幼儿将3个瓶子从重到轻进行排列。
(3)请幼儿与大家分享，说说哪个瓶子是最

(1)老师出示一杯热水、一杯冰水，引导幼儿观察有什么不同。
(2)请幼儿上前摸一摸水杯，老师引出“冷”和“热”的概念。

2. 实验观察

师：接下来我们做个小实验吧，看看两杯水有什么不一样。
(1)出示温度计并向幼儿介绍温度计的名称，引导幼儿观察温度计的红色柱子部分。
(2)老师用温度计分别测量两杯水的温度，引导幼儿观察红色柱子的变化。
(3)引导幼儿了解红色柱子上升得越高，即表示水的温度越高。

3. 实验操作

师：小朋友们想不想自己动手试一试，用温度计测一测水的温度呢?
(1)将幼儿分组，并分发温度计、玻璃杯等物品。
(2)老师给每组幼儿的杯中分别倒入冰水和热水，请幼儿尝试用手摸、用温度计测量等方式分辨热水和冰水。
(3)请各组幼儿与大家分享，说说哪杯水是热的，哪杯水是冷的。
(4)提供冷水盆、扇子等工具，请幼儿想想怎么做可以让热水变凉，并进行尝试，随后请幼儿向大家展示自己的方法。

4. 冷热饮料

师：老师今天还带来了好喝的豆浆，有冰的和热的，你们喜欢喝哪一种呢?

(1)老师摇动箱子发出响声，吸引幼儿注意。
(2)请一名幼儿摸出藏宝箱中的一件软质物品，说出物品名称。
(3)请幼儿将摸到的物品传递给其他幼儿触摸，感受物品的材质，引导幼儿了解“软软的”的概念。
(4)请另一名幼儿摸出一件硬质物品，重复以上步骤，引导幼儿了解“硬硬的”的概念。

2. 玩不同材质玩具

师：这里还有很多玩具，小朋友们喜欢玩什么？快来挑一挑。
(1)请幼儿围坐到软垫上。
(2)老师向幼儿介绍各种玩具，并强调软、硬的物品属性。
(3)请幼儿自行挑选自己喜欢的玩具玩耍片刻。

3. 送玩具宝宝“回家”

师：玩具宝宝和大家玩了很久啦，现在我们要送它们“回家”了。
(1)引导幼儿上前跟大家分享自己的玩具是什么，是软的还是硬的。
(2)老师引导幼儿通过摸、捏等方式区分软和硬的玩具并分别放到两个玩具箱。

4. 软糖果和硬糖果

师：小朋友们真能干！老师奖励大家吃糖果。
(1)请幼儿摸摸水果糖，说说哪颗是硬的、哪颗是软的。
(2)请幼儿挑选并品尝自己喜欢的糖果。

重的，哪个是最轻的。
（4）表扬及鼓励幼儿。

活动延伸

家长引导幼儿观察家中任何物品，通过目测、用手掂量等方式比较两个物品的轻重，增强幼儿的观察能力和语言表达能力。

（1）出示豆浆，请幼儿上前摸一摸，分辨冷和热。
（2）请幼儿自由选择豆浆品尝，并说说自己的感受。

活动延伸

在日常生活中可以协助、鼓励幼儿尝试用多种方法将各种食物降温，学习如何冷却液体等，加深对冷、热概念的认知。

活动延伸

在餐点时间，引导幼儿感知哪些食品是软的，哪些是硬的，并将食物分开摆放，巩固幼儿依据物品软、硬的不同属性进行分类的能力。

活动领域 | **艺术**　　周主题一 | **小手小脚真能干**　　月主题二 | **我的身体**

高组	精美的戒指	侧重领域	※ 精细动作 ※ 语言表达

有益经验

1. 能认识手，并能说说小手在手工制作过程中的动作：剪、贴等。
2. 能用剪刀沿轮廓边线剪纸，剪出手掌形状。
3. 能用前三指握笔写、画，画出简单图形。
4. 能在创意手工活动中发挥想象力，增强色彩的运用意识。

活动准备

◎手指谣：《手指转转》。
◎课件：有关手及手的功能（手工操作）的图片。
◎纸戒指的手工成品1个。
◎7厘米长、1厘米宽的纸条每人1张，彩笔每人1份。
◎儿童安全剪刀、画有手掌轮廓的简笔画、胶水每人1份。

活动过程

1. 手指游戏
师：小朋友们，小手会变魔术，小眼睛注意看好啦！

中组	我的鞋子	侧重领域	※ 精细动作 ※ 认知

有益经验

1. 认识日常生活用品——鞋子，知道鞋子的用途。
2. 能在动作协助下使用双面胶进行粘贴。
3. 能把4厘米宽的纸张剪成两半。
4. 能根据衬板画出脚印的轮廓，并剪出图形。
5. 在试做及试用手工作品的过程中体验成就感。

活动准备

◎歌曲：《十个小手指》。
◎课件：有关鞋子的图片。
◎脚印模型每人1张、中间画有直线的纸条（4厘米宽、30厘米长）每人1份、剪刀每人1把、双面胶每人1卷、卡纸每人1张、画笔每人1支。

活动过程

1. 音乐律动
师：今天我们要做一个有趣的手工，先来活动一下小手吧！

低组	手掌树	侧重领域	※ 精细动作 ※ 认知

有益经验

1. 能认识小手的名称及功能。
2. 能使用笔印画出左手的轮廓。
3. 尝试在指定范围内涂色不出界，并能将固体胶涂在图形纸上，并将图形纸贴在纸上。
4. 在手工活动中加深对手的认识，感受动手的乐趣。

活动准备

◎课件：有关小手功能的图片。
◎ A4纸每人1张、画笔每人1支、剪好的小图形卡纸（梯形、花、苹果等）每人1份。

活动过程

1. 认识小手
师：小朋友们看一看，这是什么？
（1）老师伸出自己的手，也请幼儿伸出自己

（1）老师边念唱手指谣边示范动作。

（2）引导幼儿跟随老师的念唱模仿做手指动作。

2. 说说小手

师：小朋友们，你们看照片拍的是哪个身体部位?

（1）老师出示课件，引导幼儿认识小手，说说小手的用途。

（2）根据观察到的图片，请幼儿说出图片中小手的作用：画、剪、贴。

3. 学做“戒指”

师：你们看看老师手上戴有什么呢?

（1）老师出示“戒指”的手工成品。

（2）老师示范用彩笔在纸条的中部位置画出三角形、圆形等简单图案，并涂上丰富多彩的颜色。

（3）老师示范用胶水涂好纸条一头，并将另一头圈起，两头连接粘好，做成“戒指”。

（4）老师分发手工材料，协助幼儿按步骤制作“戒指”。

4. 剪出“小手”

师：“戒指”做好了，我们需要一个合适的小手戴上精美的“戒指”。

（1）老师将简笔画分发给幼儿，说明沿线剪的要求。

（2）老师引导幼儿用剪刀将手掌图案剪下。

5. 戴上“戒指”

师：现在请小朋友们给“小手”戴上漂亮的“戒指”吧。

（1）老师引导幼儿分别将“戒指”戴在自己的小手，引导幼儿观察自己的小手。

（2）播放课件，引导幼儿说出手的名称，认识手的功能。

2. 画“手掌树”

师：我们可以用我们的手画出一棵漂亮的“手掌树”。

（1）老师张贴A4纸，示范画“手掌树”：一只手掌按压在A4纸上，另一只手拿画笔，沿手掌画出手的轮廓；给画好的手掌印涂上颜色；用梯形卡纸贴在手掌下端做成“花盆”；将小图形贴在画好的手掌轮廓上做装饰。

（2）老师分发手工材料，并讲解手工制作要求。

（3）辅助幼儿按步骤制作手工。

3. 展示作品

师：下面我们来看一看，谁做的“手掌树”最漂亮?

（1）请幼儿轮流上前展示自己的作品。

（2）对展示的幼儿逐一进行表扬和鼓励。

4. 张贴作品

师：现在请小朋友们把做好的“手掌树”贴到作品栏吧。

老师引导幼儿将作品贴到作品栏，结束活动。

（1）老师播放歌曲，示范动作。

（2）请幼儿跟着老师模仿动作。

2. 看图说话

师：小朋友们一起来看看，图片上是什么?

（1）播放课件，引导幼儿认识鞋子，说出名称。

（2）请幼儿了解鞋子的用途。

3. 手工示范

师：鞋子可以保护我们的小脚，下面老师来做一双漂亮的“鞋子”。

（1）老师用剪刀将画有直线的纸条剪成两半做“鞋带”；把脚印模型按压在卡纸上，用画笔沿着模型画出图形，并用剪刀将图形剪下做“鞋底”。

（2）老师用双面胶贴在剪出的两张纸条的两端上，撕下双面胶纸片并贴（也可交叉帖）在剪好的“鞋底”上。

4. 学做“鞋子”

师：接下来请小朋友们一起来做一双漂亮的“鞋子”吧。

（1）老师将手工材料分发给幼儿。

（2）请幼儿按照老师示范的步骤制作“鞋子”。

5. 试穿“鞋子”

师：大家的“鞋子”做好了吗?我们一起来看看谁做得最好看?

（1）请幼儿小心地试穿做好的“鞋子”。

（2）请幼儿穿好“鞋子”和同伴比一比，谁的鞋子最漂亮。

的手和剪出来的“小手”上。
（2）请幼儿走动起来，互相欣赏小伙伴的作品。

活动延伸

鼓励幼儿在区角活动中尝试画常见的蔬果、生活用品等图案，并将画好的图案上色，剪出图案，提高幼儿的动手操作能力。

附材料

1. 手指谣《手指转转》
一个手指转啊转，变成毛毛虫（伸出食指转圈，弯弯食指模仿毛毛虫蠕动）；
两个手指转啊转，变成小白兔（伸出食指、中指转圈，将手放到头顶模仿兔子的耳朵）；
三个手指转啊转，变成小花猫（伸出中指、无名指、小拇指转圈，手放到脸部做小猫的胡须）；
四个手指转啊转，变成螃蟹走（弯起大拇指转圈，两手靠近模仿螃蟹走路）；
五个手指转啊转，变成蝴蝶飞（伸出五个手指转圈，张开手臂做飞翔的动作）。
2. 戴上“戒指”的“小手”

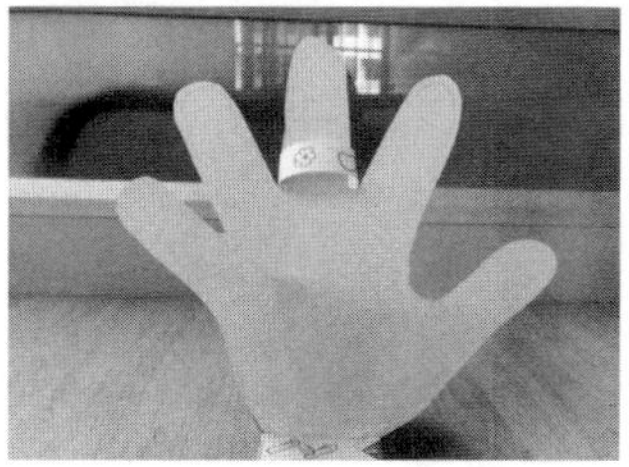

活动延伸

在其他手工活动中让幼儿使用双面胶进行手工制作，提高幼儿的材料使用能力。

附材料

1. 脚印模型

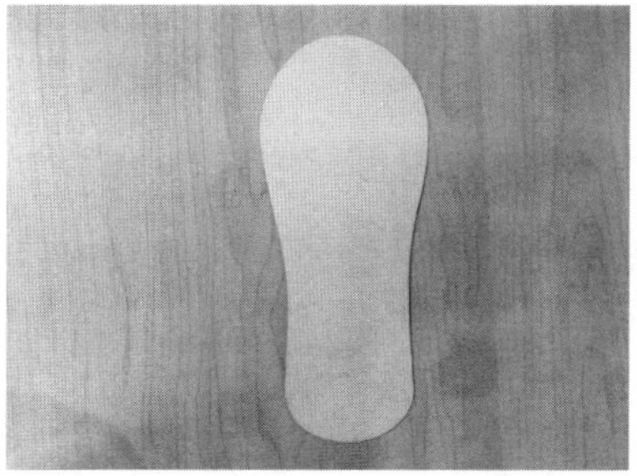

2. “鞋子”手工成品示意图

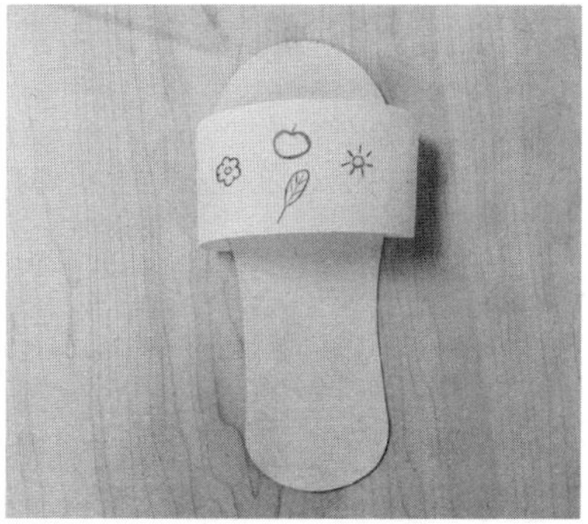

活动延伸

在家庭训练中可让幼儿用画笔描画不同形状的物品轮廓，并涂上喜欢的颜色，提高幼儿的手眼协调能力。

附材料

“手掌树”手工成品示意图

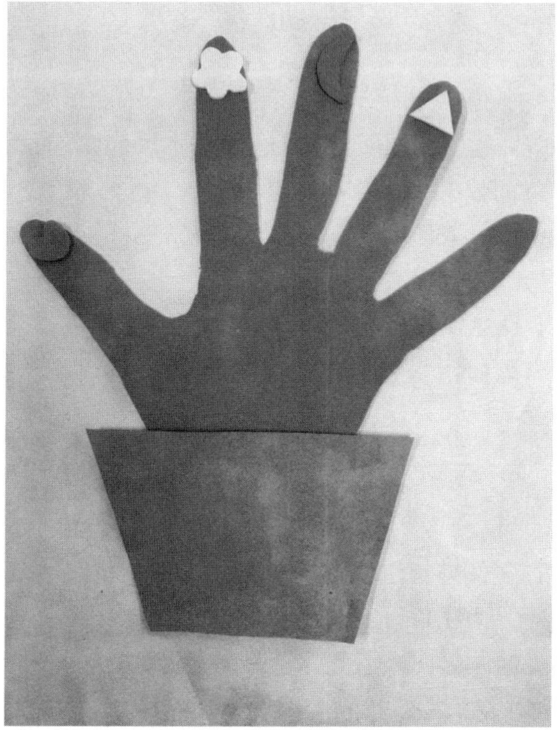

活动领域	健康	周主题二	神奇的五官	月主题二	我的身体

高组	有趣的体检	侧重领域	※ 认知 ※ 社交技能

有益经验

1. 知道与体检相关的各个身体部位的名称，认识常见体检用具，了解其使用方法。
2. 能模拟进行体检情景游戏。
3. 体验情景模拟游戏的乐趣，对体检建立起正向、积极的情绪。

活动准备

◎视频:《体检》。
◎体检工具：听诊器1个、长木尺1把或身高检测仪1台、电子体重秤1个、视力表1张、小镜子1面(检查口腔)、笔若干支、儿童体检卡若干份。
◎医生制服若干套。
◎歌曲:《我的身体最神气》。

活动过程

1. 了解体检过程
师：为了保证身体健康，我们要定期接受医生的体检，来看看体检是怎么做的?
(1)老师播放视频，请幼儿观看。

中组	细菌大作战	侧重领域	※ 生活自理 ※ 认知

有益经验

1. 了解细菌的危害，知道防止细菌致病的方法，如勤洗手、勤漱口等。
2. 明白勤洗手、勤漱口的重要性，知道不吃变质的食物、不卫生的食物以防止生病。
3. 形成初步的卫生安全防范意识。

活动准备

◎图片：细菌形象图。
◎歌曲:《细菌大作战》。
◎视频:《卫生安全要注意》。
◎情景图片：不良卫生习惯(脏手进食、变质食物、拒绝漱口等)的图片；良好卫生习惯(洗手、漱口、清洗水果等)的图片。
◎小黑板1块。
◎杯子每人1个。

活动过程

1. 音乐律动
师：小朋友们，细菌会让我们生病，我们要想办法把它赶走!
(1)出示图片，引导幼儿了解“细菌”的概念。

低组	保护我的小眼睛	侧重领域	※ 生活自理 ※ 认知

有益经验

1. 认识眼睛，知道眼睛的功能。
2. 能尝试模仿做转动眼睛、按摩穴位等动作，了解保护眼睛的做法。
3. 了解眼睛的重要性，有爱护眼睛的意识。

活动准备

◎课件一：眼睛及体现眼睛功能的图片。
◎小镜子每人1面。
◎绘本:《近视鹰》。
◎课件二：不良行为(脏手揉眼睛、头趴在桌子上画画、近距离看电视等)的图片；良好行为(恰当距离看电视、正确的姿势写字等)的图片。
◎歌曲:《保护眼睛》。

活动过程

1. 认识眼睛
师：眼睛是身体的重要器官，我们快来认识一下它吧!
(1)播放课件一，请幼儿说出眼睛的名称。

（2）引导幼儿说说体检有哪些项目，各个检查项目是怎么做的。

2. 认识体检用具

师：体检需要用到哪些工具呢？一起来了解一下吧。

（1）老师出示体检工具，介绍它们的作用。

（2）请幼儿说出体检工具的名称。

3. 学习如何体检

师：现在请小朋友们看老师是怎么帮小朋友做体检的？

（1）老师穿戴好制服扮演医生，示范体检：用长木尺量身高；让幼儿站到体重秤上称体重；检查视力；检查牙齿；用听诊器听心跳。

（2）请几名幼儿上前，在老师的辅助下体验如何按流程进行体检，并尝试在体验卡上记录数字。

4. 模拟体检情境

师：接下来请小朋友们去体检吧！

（1）帮助幼儿分组，其中一组扮演医生进行体检项目的检查，其余幼儿扮演体检者参加体检。

（2）引导幼儿按体检流程体检，并尝试在体检卡上记录体检数字（身高及体重）。

（3）老师引导幼儿之间相互轮换角色，重复游戏。

5. 了解体检结果

师：小朋友们的体检结果出来啦，快来看看你的健康状况吧！

（1）展示体检卡，帮助幼儿了解自己的身高、体重等状况。

（2）播放歌曲，请幼儿齐展示健康的身体。

（2）播放歌曲，幼儿跟随老师进行律动模仿。

2. 观看视频

师：小朋友们很努力地把细菌赶走了，我们来看看视频里面的小朋友有没有赶走细菌呢？

（1）播放视频，请幼儿观看，老师辅以必要的讲解。

（2）帮助幼儿了解细菌的危害性。

（3）引导幼儿了解预防细菌传播的方法。

3. 观看图片

师：现在请大家来说一说，哪些是传播细菌的坏习惯，哪些是赶走细菌的好习惯呢？

（1）展示各种行为图片，以必要的描述帮助幼儿理解图片内容，同时请幼儿注意仔细观察。

（2）引导幼儿进行对比，说一说哪些图片里的做法是正确的，哪些是错误的。

（3）请幼儿将好习惯、不良习惯的图片在小黑板上进行分类粘贴，加深印象。

4. 实地体验

师：小朋友们玩游戏的时候，手上和嘴巴里一定有不少细菌，我们快去把它们赶走吧。

（1）请幼儿排队转移至洗漱间。

（2）引导幼儿洗手、漱口，结束活动。

（2）向幼儿说明眼睛的功能。

（3）给每人发放一面小镜子，让幼儿通过镜子来观察自己的眼睛，了解其特点。

2. 绘本故事

师：认识了眼睛，我们一起来听一个关于眼睛的故事吧！

（1）出示绘本，向幼儿简单介绍绘本的名称、封面等。

（2）老师讲解绘本，引导幼儿了解近视鹰因各种不良用眼习惯引起的后果。

（3）向幼儿说明保护眼睛的重要性。

3. 观看图片

师：小朋友们，哪些是保护眼睛的好习惯，哪些不是呢？

（1）播放课件二，老师讲解每一幅图的大概内容。

（2）老师请幼儿对于不良用眼习惯和良好用眼习惯的图片进行辨别、指认。

4. 放松眼睛

师：小朋友们，眼睛对于我们来说太重要了，现在我们一起来给它放松一下吧！

（1）老师示范放松眼睛的方法：眼珠向左、右、上、下转动，轻轻闭上眼睛；食指和大拇指在鼻梁处轻轻捏按；食指轻轻按压眼睛周围的皮肤。

（2）播放歌曲，引导幼儿跟着老师的节奏学一学、做一做放松眼睛的动作。

（3）曲毕，请幼儿闭上眼睛趴在桌上休息一会，结束活动。

活动延伸	活动延伸	活动延伸
在社区情境活动中安排“看病”的主题活动，在医生、病人的角色基础上增加护士的角色，帮助幼儿提高对看医生、做检查等事情的接纳度和配合度。	在餐点时间或超市采购时，家长及老师注意引导幼儿鉴别腐烂的蔬果、损坏包装的零食等，告知他们不可以食用，增强幼儿的卫生安全意识。	在绘本时间及玩玩具时间均引导幼儿正确用眼，在必要的情况下引导幼儿集体做眼部的放松按摩操。

活动领域 语言	周主题二 神奇的五官	月主题二 我的身体

高组	五官本领大	侧重领域	※ 语言表达 ※ 认知

有益经验

1. 能理解故事内容，知道五官的功能与重要性。
2. 能简单地复述故事的内容，并大胆地说出自己的想法，与小伙伴一起讨论故事情节。
3. 通过故事讲述知道五官缺一不可的道理，能理解团结合作的集体观念。

活动准备

◎课件：宝宝睡觉、五官的图片。
◎故事：《五官争功》
◎图片：五官的图片。
◎歌曲：《五官在哪里》。

活动过程

1. 倾听故事
师：宝宝睡觉了，可是他身上的五官却吵了起来，到底发生了什么事？
（1）播放课件，讲述《五官争功》的故事。

中组	五官朋友	侧重领域	※ 语言表达 ※ 认知

有益经验

1. 认识五官的名称和功能，了解五官所处的位置。
2. 尝试说出五官的方位，如“眼睛在眉毛的下面”。
3. 根据出示的物品说出五官的功能，如“用嘴巴吃”。
4. 在童谣念唱过程中感受语言节奏与韵律之美。

活动准备

◎歌曲：《五官》。
◎课件：有关五官及其功能的图片。
◎饮料1瓶、耳机1副、绘本1本、香水1瓶、薯片1盒。
◎童谣：《五官朋友真能干》。

活动过程

1. 做律动
师：小朋友们的鼻子、眼睛、嘴巴在哪里？一起来找一找它们吧。
（1）播放歌曲，老师示范动作。

低组	五官去游玩	侧重领域	※ 语言理解 ※ 认知

有益经验

1. 认识五官的名称，了解五官的功能。
2. 能理解与五官相关的动词短语，如“眨眨眼睛”“摸摸耳朵”等。
3. 使用五官有意识地感受外界事物，提升自我关注意识。

活动准备

◎课件：五官的图片。
◎场景布置：美丽的公园（搬动盆栽做花、树等；用大塑料积木拼搭出小桥；增加玩偶小鸟、椅子等物品）。
◎音频：小鸟的叫声、小河的流水声。
◎童谣：《五官歌》。

活动过程

1. 看一看，认一认
师：小朋友们，我们的小脸蛋上住着一些好朋友，它们是谁呢？
（1）播放课件，向幼儿介绍五官的名称。

（2）讲述过程采用故事情节的规律性重复法，帮助幼儿理解故事内容。

（3）老师将故事情节讲述至“五官争吵”部分，留出故事结局。

2. 讨论五官

师：老师邀请了故事里的五位新朋友来我们班做客，我们来欢迎它们吧！

（1）老师出示五官图片，请幼儿说一说五官的名称。

（2）老师引导幼儿用简单言语描述五官：眉毛弯弯的，嘴巴小小的，鼻子高高的，眼睛圆溜溜的，耳朵像半圆等。

（3）引导幼儿结合生活经验，说一说五官的功能：眼睛看清周围的事物；鼻子辨别气味；耳朵听声音；嘴巴进食和说话；眉毛装饰小脸蛋。

3. 说说故事

师：小朋友们都了解了五官的本领了，你们来说说，故事中的五官到底为什么要吵架呢?

（1）老师提出简单的问题引导幼儿回答，帮助幼儿简单复述故事内容。

（2）老师将故事结尾部分讲述完毕。

（3）向幼儿提出问题并引导他们进行讨论：五官该不该吵架? 五官应该怎么做? 班级里的小朋友们应该怎么做?

4. 齐做律动

师：宝宝的五官不吵架、睡觉去了，那你们的五官在哪里呢? 我们一起来找找它们吧！

（1）播放歌曲，幼儿跟随老师模仿做律动。

（2）老师表扬幼儿，结束活动。

（2）请幼儿跟随老师模仿做律动。

2. 认五官

师：小朋友们做得真棒，接下来我们来认识一下歌曲中的五官朋友吧！

（1）播放课件，请幼儿观察五官的模样及位置。

（2）请幼儿说说五官名称，并用恰当的短句形容五官所处的位置（“眼睛在眉毛的下面”“鼻子在脸的中间”等）。

3. 说五官

师：刚才小朋友们都认识了五官，那现在我们来说一说它们的本领吧。

（1）播放有关五官功能的图片，向幼儿讲解五官的功能。

（2）出示薯片，引导幼儿看到出示的物品时说出与嘴巴相关的句子，如“用嘴巴吃薯片”。

（3）老师逐一出示其他物品，让幼儿用包含五官名称及动词的短句说出五官的功能。

4. 念童谣

师：我们的五官朋友都很能干，我们来念一首童谣赞美它们吧。

（1）老师边念唱童谣边做动作帮助幼儿理解内容。

（2）请幼儿跟随老师边念唱边做动作。

（3）请幼儿在薯片、饮料、绘本等物品中挑选自己喜欢的物品作为奖励。

（2）请幼儿说出五官的名称，或根据名称进行指认。

2. 做一做，说一说

师：五官朋友要带我们去公园玩，我们“坐车”出发吧！

（1）老师当火车头，请幼儿“坐火车”走一圈，来到“公园”，同时播放音频。

（2）请幼儿按老师的指令做出相应的动作：眨眨小眼睛、指指小鼻子、张张小嘴巴、摸摸小耳朵。

（3）请幼儿仔细观察，想一想，并说一说看到了什么、听到了什么。

3. 说一说，玩一玩

师：“公园”里好玩的东西真多，我们是怎么感受到的呢?

（1）请幼儿原地坐下，老师讲述五官的功能：看、听、闻、说等。

（2）老师简单向幼儿介绍保护五官的方法。

（3）请幼儿自由活动片刻，看一看景物、听一听声音、闻一闻花香。

4. 学一学，念一念

师：好玩的事情可少不了五官朋友的参与，我们一起来说一说它们吧！

（1）老师边做动作边念唱童谣，请幼儿跟随做动作。

（2）与幼儿击掌以示鼓励，结束活动。

活动延伸

在日常生活中注意引导幼儿观察他人的面部表情，并说一说是什么表情，提高幼儿对情绪的感知能力、对事物的观察能力及表达能力。

附材料

故事《五官争功》

一天夜晚，一轮明月高挂天空，小主人明明也进入了甜蜜的梦乡。他身上的五官争吵了起来。

眉毛开始炫耀："我可是能让小主人变得更漂亮，你们谁能代替我？我的功劳最大！"

眼睛挺着胸脯说："如果小主人要看清楚什么东西，哪一回不用我呀？我的功劳最大！"

耳朵得意扬扬地说："小主人如果要听美妙的音乐，哪一次不找我呀？我的功劳最大！"

鼻子自以为是地说："我可以让小主人闻到香味，少了我可不行！我的功劳最大！"

嘴巴傲气十足地说："要是没有了我，小主人可怎么说话、怎么吃东西呀？我的功劳最大！"

这时，身体大人来了，它说："你们别争了，让我来评评理吧。依我看呀，你们谁也代替不了谁。小主人能有棒棒的身体，都是大家的功劳。你们一定要发扬自己的优点，和睦相处，小主人才会感谢你们！"

五官听了，都想明白了，开心地回到自己的岗位休息了，跟着小主人一起进入了甜蜜的梦乡！

活动延伸

在户外活动中，设计与五官相关的游戏，如捉迷藏等，有意识地让幼儿进一步了解五官的功能及重要性，让幼儿学会保护自己的五官。

附材料

童谣《五官朋友真能干》

我的眉毛挡汗水，我的眼睛会看书。
我的鼻子会呼吸，我的嘴巴会说话。
我的耳朵听声音，谁是我的好朋友？
眉毛、眼睛、鼻子、耳朵和嘴巴，
你们都是能干的好朋友！

活动延伸

在手工区投放五官贴画、五官添画等材料，加深幼儿对五官名称、功能的认知与理解。

附材料

童谣《五官歌》

动一动，我把眉毛动一动；
看一看，我用眼睛看东西；
闻一闻，我用鼻子闻一闻；
听一听，我用耳朵听一听；
说一说，我用嘴巴说一说。

活动领域	社会	周主题二	神奇的五官	月主题二	我的身体

高组	纸箱人	侧重领域	※ 社交技能 ※ 语言表达

有益经验

1. 能认识五官，并说出它们的名称以及功能。
2. 能根据听到的五官名称，找到相应的五官图片，并将其贴到脸部图案的正确位置。
3. 能在给“纸箱人”贴五官的过程中获得互相合作、互相竞争的游戏体验。

活动准备

◎课件：五官的图片。
◎“纸箱人”(纸箱四面均画上脸的轮廓)若干个、剪好的五官图片1批。
◎获奖证书若干份。

活动过程

1. 看图说五官
师：老师这里有一些有趣的图片，小朋友们想看看吗?
播放课件，引导幼儿说出五官的功能。
2. “纸箱人”来了
师：今天来了一个朋友叫“纸箱人”，可怜的“纸箱人”找不到它的五官了，大家快来想想办法吧。

中组	找朋友	侧重领域	※ 社交技能 ※ 语言理解

有益经验

1. 认识五官并说出名称，了解五官的功能。
2. 能配对一样的五官图片。
3. 在配对游戏中乐于与同伴、老师相互抱抱，增进人际交往与互动意识。

活动准备

◎歌曲:《五官歌》。
◎课件：五官的图片。
◎制作耳、鼻、眼、眉、口等五官手环1批。
◎童谣:《五官找朋友》。

活动过程

1. 歌曲律动
师：小朋友们，我们唱一首《五官歌》，找找我们的眼睛、鼻子、耳朵、眉毛在哪里?
老师播放歌曲，请幼儿跟随老师模仿做动作。
2. 认识五官
师：刚才我们在歌曲中找到了哪些五官呢?来一起看看图片吧!
(1)老师播放课件，请幼儿观看图片，指认

低组	拍拍乐	侧重领域	※ 社交技能 ※ 粗大动作

有益经验

1. 能认识五官并说出名称。
2. 能依据指令，挥手拍中垂吊着的纸箱上的图片。
3. 乐于参与抢答游戏，能在游戏中体验小手拍物及集体游戏的乐趣。

活动准备

◎课件：五官的图片。
◎“五官箱”(四面及底部分别画有五官)1个。
◎鼓1面。
◎歌曲:《再见歌》。

活动过程

1. 认识五官
师：今天五官朋友来跟大家一起玩，快来认识它们吧!
(1)播放课件，引导幼儿认识五官，介绍五官的功能。
(2)请幼儿说出五官的名称或指认相应图片。
2. 游戏示范
师：五官朋友带来一个有趣的玩具，叫作

（1）老师示范游戏：老师穿上纸箱；老师说出指令（如“我的眼睛在哪里”），则请幼儿找眼睛的图片并贴到“纸箱人”的相应位置。
（2）可请几名幼儿上前，体验游戏的玩法。

3. 贴贴大比拼

师：哎呀，还有好几个“纸箱人”要找五官，请小朋友都来帮帮忙吧！
（1）老师请幼儿找好朋友，两两组合为一组，一人扮演“纸箱人”，一人找五官、贴五官。
（2）老师念唱歌谣：找找找，找××（五官名称），我的××在哪里？幼儿听到指令后找出五官图片贴在相应的位置，先贴完的组获胜。
（3）请幼儿轮流扮演穿戴纸箱和贴五官的角色进行游戏。

4. 介绍“纸箱人”

师：“纸箱人”太感谢你们了！快来向大家介绍一下你的“纸箱人”朋友吧！
（1）请各组幼儿介绍本组贴好的“纸箱人”，说说五官的名称、作用等。
（2）老师夸赞幼儿的努力，并给优胜组颁发证书。

活动延伸

在手工活动中可以让幼儿用剪、涂、贴的方法制作五官的手工，加深幼儿对五官的认识，提高其精细动作能力。

五官并说出名称。
（2）老师根据图片逐一向幼儿介绍五官的功能。

3. 游戏示范

师：小朋友们都认识了五官，接着我们要玩一个好玩的游戏，叫“五官找朋友”。
（1）老师请两名幼儿一起示范游戏：老师和两名幼儿分别戴上“眼睛”的手环；老师念唱童谣；请幼儿比一比手环，手环是一样的就相互抱抱。
（2）老师请四名幼儿上前，发放两两一对的五官手环，请幼儿体验游戏。

4. 集体游戏

师：小朋友们都知道怎么给五官找朋友了吗？大家一起来做游戏吧。
（1）老师请幼儿挑选五官手环并佩戴在手腕上。
（2）老师念唱童谣，幼儿根据提到的五官名称找“朋友”。
（3）请幼儿互相交换手环，游戏重复进行。
（4）请所有的五官朋友一起抱抱，结束活动。

活动延伸

在认知活动中引导幼儿认识用眼卫生、口腔卫生等，帮助他们了解保护五官的方法，养成爱护身体的意识。

“五官箱”。
（1）老师把“五官箱”悬挂起来，位于略高过幼儿头顶、幼儿伸手即能触碰到的高度。
（2）老师引导幼儿找一找纸箱上的五官，知道纸箱上五官的位置。
（3）老师请一名幼儿示范游戏：老师快速地敲鼓，请幼儿跟随鼓声随意走动；鼓声停止时老师发问“谁知道眼睛在哪里”，请幼儿举手示意或回答“我知道”，然后用手拍“五官箱”画有眼睛的一面。

3. 抢拍游戏

师：现在请小朋友们一起来玩这个好玩的游戏吧！
（1）老师请幼儿围站在“五官箱”周围，老师有节奏地敲鼓，请幼儿跟随鼓声走动。
（2）鼓声停止，老师问“谁知道××在哪里”，请幼儿抢答，老师请举手最快（回答最快）的幼儿拍纸箱。

4. 朋友告别

师：五官朋友要回家了，请小朋友跟它们说再见吧。
播放歌曲，请幼儿跟随老师做律动，结束活动。

活动延伸

在体育活动中，可让幼儿参与抛接球、拍球、投篮等活动，提高幼儿手的操作性活动技能。

附材料

“纸箱人”

附材料

1. 童谣《五官找朋友》

小眼睛，找朋友，找到朋友抱一抱。（“小眼睛”可换成其他五官名称）

2. 五官手环

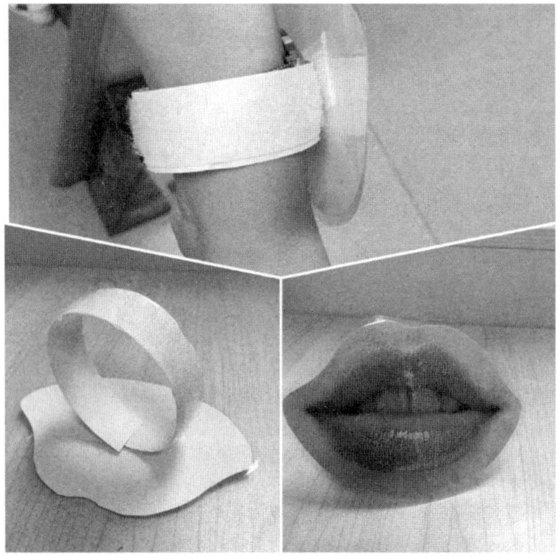

附材料

“五官箱”

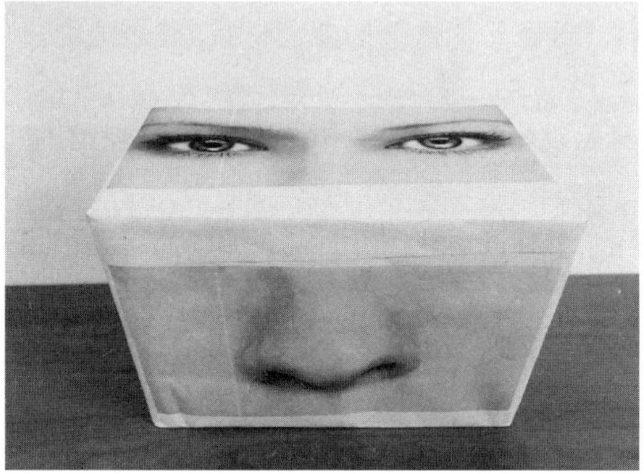

活动领域	科学	周主题二	神奇的五官	月主题二	我的身体

高组	能干的鼻子	侧重领域	※ 认知 ※ 语言表达

有益经验

1. 认识鼻子，知道鼻子的外观结构及功能。
2. 能通过气味判断容器内的液体是什么，并说出自己的看法，如“这是香的”。
3. 了解爱护鼻子的方法，增强爱护身体的意识。

活动准备

◎谜语:《鼻子》。
◎图片：鼻子的图片。
◎课件一：有关鼻子的图片。
◎课件二：水、香水、醋的图片。
◎嗅觉瓶1批（也可用不透明瓶子分别放入纯净水、香水、醋，在盖子扎出几个小洞）。
◎视频:《保护鼻子》。

活动过程

1. 猜猜谜语
师：小朋友们，今天我们来玩一个猜谜语的游戏，看看聪明的小朋友们能不能猜对?
（1）老师用较慢的语速念出谜面。

中组	灵敏的耳朵	侧重领域	※ 认知 ※ 语言理解

有益经验

1. 认识耳朵，知道耳朵的重要功能。
2. 通过叫声辨别不同的动物，了解动物耳朵的外形特征。
3. 能用耳朵辨听常见物品发出的声音并找到该物品。
4. 体验声音辨听游戏的乐趣。

活动准备

◎音频：流水声、打鼓声、鸟叫声等。
◎课件：各种动物耳朵的图片（图片上分别插入相应的动物叫声）、各种动物的图片。
◎手摇铃、哨子、小鼓等能发出声音的小乐器或常见物品。
◎歌曲:《摸耳朵》。

活动过程

1. 认识耳朵
师：小朋友们，听听这是什么声音?
（1）老师播放音频，请幼儿说出各种声音的来源。

低组	有趣的嘴巴	侧重领域	※ 认知 ※ 语言表达

有益经验

1. 认识嘴巴的名称，了解嘴巴的功能。
2. 认识动词：吃、唱、吹。
3. 通过吃、吹、唱等实际体验感受嘴巴的功能，本体感与自我意识得到增强。

活动准备

◎视频:《谁的嘴巴大》。
◎课件：嘴巴及使用嘴巴的图片（吃饭、喝水、吹气、唱歌等）。
◎话筒2个。
◎儿童歌曲及伴奏若干首。
◎泡泡水、长鼻子等用嘴巴吹的玩具若干个。
◎糖果、饼干、饮料等食品适量。

活动过程

1. 认识小嘴巴
师：今天老师带来一部好看的动画片，大家想不想看?
（1）请幼儿观看视频，向幼儿引出“嘴巴”

（2）出示图片，提示幼儿说出谜底。

2. 认识鼻子

师：小朋友们真棒，我们看看鼻子长在哪里呢？

（1）老师播放课件一，引导幼儿认识鼻子，了解鼻子的外部结构（鼻尖、鼻梁、鼻孔），并在自己的鼻子上找一找相应的位置。

（2）根据播放的图片让幼儿说出鼻子的功能：呼吸、闻气味。

3. 闻闻气味

师：哎呀，老师把水、香水和醋的瓶子搞混了，请小朋友们来帮忙找一找。

（1）播放课件二，帮助幼儿了解物品名称。

（2）老师分别出示三种不同气味的嗅觉瓶，让幼儿闻一闻，并说一说闻到的是什么气味。

（3）出示更多的嗅觉瓶，请幼儿闻过后将瓶子按水、香水、醋分类放好。

4. 保护鼻子

师：鼻子是很重要的身体器官，那么我们要怎么保护好它呢？

（1）播放视频，请幼儿观看。

（2）请幼儿说说保护鼻子的方法，并模仿做一做。

（3）鼓励及肯定幼儿的做法。

（2）引导幼儿摸摸自己的耳朵，帮助幼儿了解是耳朵让我们听到了各种不同的声音。

2. 猜猜耳朵

师：老师这里还有很多有趣的图片，请大家来看一看。

（1）播放课件，请幼儿观察：长长的是谁的耳朵？尖尖的是谁的耳朵？圆圆的是谁的耳朵？

（2）播放各种动物的叫声让幼儿辨听、说出答案；老师展示动物的图片，肯定幼儿的答案。

3. 听音猜物

师：小朋友们真能干，都猜对了。现在要来考考大家的耳朵灵不灵敏啦！

（1）老师请幼儿闭上眼睛，分别使摇铃、哨子等物品发出声音，让幼儿说出发声物品的名称。

（2）请幼儿分组操作，利用身体、物品等发出声音，让同伴猜声音。

4. 音乐游戏

师：小朋友，你们知道左边的耳朵在哪里吗？右边的耳朵呢？

（1）帮助幼儿辨清左、右耳朵，引导幼儿摸一摸。

（2）播放歌曲，请幼儿跟随音乐做摸耳朵的游戏。

的概念。

（2）播放课件，让幼儿了解嘴巴以及嘴巴的功能。

（3）根据课件内容引导幼儿说出嘴巴的名称及功能。

（4）根据课件内容引导幼儿认识动词：吃、唱、吹，并说一说。

2. 小嘴唱一唱

师：小嘴巴真能干，我们试试用小嘴巴来唱首歌吧！

（1）出示话筒，老师说明话筒的使用方法，并示范用话筒唱歌。

（2）播放歌曲，邀请幼儿上前表演唱歌。

3. 小嘴吹一吹

师：嘴巴除了会唱歌，还能玩很多有趣的游戏。

（1）出示泡泡水、长鼻子等玩具，老师分别示范玩法。

（2）请幼儿上前体验如何用嘴巴玩泡泡水和长鼻子等玩具。

（3）请幼儿挑选自己喜欢的玩具，自由玩耍片刻。

4. 小嘴尝一尝

师：玩了一会儿，小朋友们肚子饿了、口渴了，快来吃点东西吧。

（1）出示食品，请幼儿说出它们的名称。

（2）请幼儿洗手后挑选自己喜欢的食品品尝。

活动延伸
在绘本阅读区投放关于鼻子的绘本，如《鼻子派对？》《挖鼻孔的大英雄》等，鼓励幼儿阅读，加深对鼻子及相关卫生习惯的了解。

附材料
1. 谜语《鼻子》 高高一座山，山上两个洞，是香还是臭，只有它知道。 2. 嗅觉瓶

活动延伸
在日常生活中注意告知幼儿不能乱掏耳朵、听到较大声响可捂住耳朵等，提醒幼儿注意用耳卫生习惯。

附材料
便于幼儿进行操作的小乐器

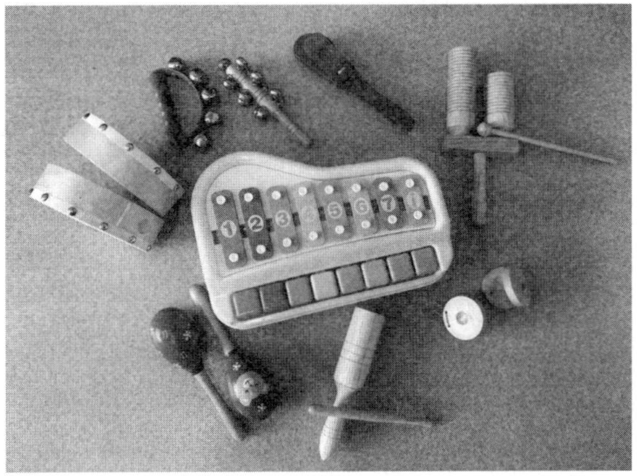

活动延伸
在餐点时间引导幼儿注意餐前进食卫生、餐后口腔卫生等，养成良好的饮食卫生习惯。

附材料
长鼻子玩具

活动领域	艺术	周主题二	神奇的五官	月主题二	我的身体

高组	五官歌	侧重领域	※ 社交技能 ※ 精细动作

有益经验

1. 能认识五官并说一说它们的名称和功能。
2. 熟悉音乐旋律，能边听歌词边指出五官的位置。
3. 乐于参加表演，愿意展现自我；通过歌曲表演锻炼集体活动的参与意识。

活动准备

◎课件：有关五官的图片。
◎歌曲：《五官歌》。
◎雨丝帘、气球等舞台装饰品。
◎敲击乐器若干个。

活动过程

1. 观看图片

师：小朋友，我们的脸上有几个五官朋友，你们知道它们叫什么名字吗?

（1）播放课件，请幼儿指认五官并说一说五官的名称。

中组	五官藏起来	侧重领域	※ 语言表达 ※ 精细动作

有益经验

1. 能认识五官并说出五官的名称，知道五官的功能。
2. 能跟随歌词找到五官，并用响板“藏起”（遮挡）五官，且能跟随歌曲有节奏地摇动响板。
3. 能在音乐游戏中积极与同伴做互动，体验与同伴交往的快乐。

活动准备

◎大小不一的纸盒10个、五官图片10张。
◎歌曲：《我把眼睛藏起来》。
◎手掌响板每人2个。

活动过程

1. 找图片

师：今天老师带来好多神秘箱，里面有很多有趣的图片，请大家快去找一找。

（1）老师把纸盒随意放在教室四周，让幼儿寻找纸盒并拿出五官的图片。

低组	五官在哪里	侧重领域	※ 认知 ※ 精细动作

有益经验

1. 能根据歌词提到的五官名称，指出自己的五官。
2. 尝试跟随音乐节奏敲打三角铁。
3. 在指认及乐器演奏中锻炼专注意识，体验乐器演奏的乐趣。

活动准备

◎课件：有关五官的图片。
◎歌曲：《五官》《五官在哪里》。
◎缺少五官的大开张图形纸1张、五官图剪纸1批。
◎三角铁每人1个。

活动过程

1. 认识五官

师：小朋友们，你们知道鼻子、眼睛等五官长什么样吗?

（1）播放课件，引导幼儿认识五官。

（2）引导幼儿指一指五官，并说出五官的名

（2）引导幼儿说出五官的功能。

2. 感知音乐

师：老师有一首好听的歌曲叫《五官歌》，要请小朋友们听一听。

（1）老师播放歌曲，请幼儿欣赏。

（2）播放第二遍，请幼儿跟随音乐节奏做拍手、拍腿的动作，感知音乐旋律和节奏。

3. 找找五官

师：现在请小朋友们听音乐，找一找你们的五官在哪里。

（1）老师示范跟随歌曲指出五官的位置。

（2）引导幼儿跟随歌曲的歌词找五官的位置。

4. 歌曲表演

师：小朋友们做得真好，我们一起来做个精彩的表演吧！

（1）老师示范根据歌曲的内容进行表演：跟着歌词依次指认五官，间奏时用动作表演出五官的功能，如眨眼、砸唇、闻气味、听声音、挑动眉毛等动作。

（2）播放歌曲，让幼儿练习表演。

（3）请幼儿一起合作，将雨丝帘、气球等物品粘贴到墙上，简单装饰“舞台”。

（4）请幼儿分组依次上台，为大家进行歌曲表演；同时发放乐器，请台下的幼儿为台上表演的幼儿进行演奏。

（5）肯定并表扬参与表演的幼儿。

（2）根据拿出的图片，请幼儿分别说出它们的名称。

（3）根据拿出的图片，引导幼儿了解五官的功能。

2. 听歌曲

师：接下来要请大家听一首好听的歌曲，注意听听歌曲里面提到了什么？

（1）老师播放歌曲，请幼儿倾听歌曲的内容与旋律。

（2）引导幼儿回忆歌曲内容，说说唱了哪些五官的名称。

3. 做律动

师：现在请小朋友们边听歌曲边把自己的五官“藏”起来吧！

（1）老师播放歌曲并示范动作：双手拿手掌响板；跟随歌词唱到的五官名称用手掌响板遮挡自己的五官；音乐间奏则双手甩动手掌响板。

（2）分发手掌响板，请幼儿自己跟随歌词将相应的五官“藏”起来，并根据音乐节奏甩动手掌响板。

4. 做互动

师：现在我们来找一找好朋友的五官，并把它“藏”起来。

（1）老师请一名幼儿上前，示范互“藏”对方五官的游戏。

（2）老师请幼儿找到一位好朋友，两两面对面坐好。

（3）播放歌曲，要求一名幼儿不动，另一名

称。

2. 贴贴五官

师：哇，小朋友们好棒哦，接下来我们一起来贴五官吧。

（1）老师播放歌曲《五官》，让幼儿找到相应的五官图并将其贴在图形纸上。

（2）请幼儿跟随音乐节奏在教室内寻找相应的图片并贴好。

3. 指指五官

师：有一首好听的歌曲叫作《五官在哪里》，我们一起来听一听。

（1）老师播放歌曲，示范跟着歌词用手指一指五官的位置。

（2）请幼儿边听歌曲边模仿老师指出五官。

4. 乐器演奏

师：小朋友们真能干，接下来我们要为五官朋友演奏好听的曲子。

（1）老师播放歌曲《五官》，示范跟随歌词念唱的节奏敲打三角铁。

（2）让两名幼儿分别上前尝试跟随歌词敲击三角铁。

（3）老师分发三角铁，引导幼儿学习三角铁的敲击方法。

（4）请全体幼儿跟随歌曲有节奏地敲击三角铁。

活动延伸
布置区角环境“小舞台”，鼓励幼儿学习练唱简单的儿歌并进行表演，增强幼儿的自我表现意愿。
附材料
雨丝帘装饰 

幼儿用手掌响板跟随歌词遮住对方的五官。 （4）两人互换角色、互换同伴重复游戏。
活动延伸
在阅读区投放有关五官的绘本，如《我的五官体验书》系列，引导幼儿阅读并了解与五官相关的知识。
附材料
手掌响板 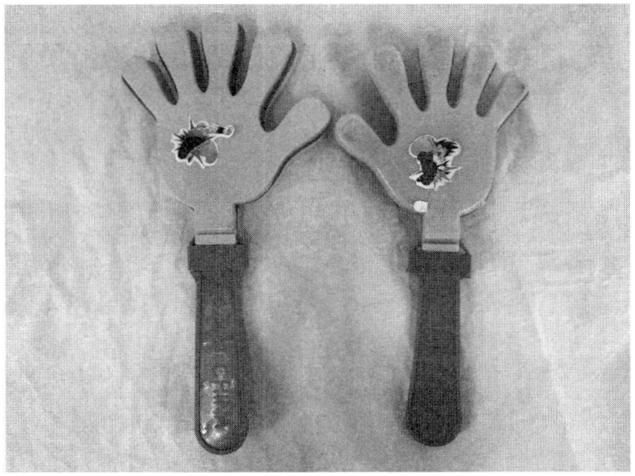

活动延伸
在晨间活动及午饭后的时间安排幼儿玩互相指认五官的互动游戏，增进他们的同伴情感。
附材料
“贴五官”图形纸 

活动领域	健康	周主题三	身体的奥秘	月主题二	我的身体

高组	保护我自己	侧重领域	※ 认知 ※ 语言理解

有益经验

1. 知道身体的哪些地方是隐私部位，了解保护自己隐私部位的常识。
2. 掌握简单的自我保护的技能，如拒绝的言语和恰当的肢体保护动作，能清楚地表达自己的想法。
3. 懂得身体不能随便让人碰触的道理，形成个人隐私保护的意识。

活动准备

◎绘本：《不要随便摸我》。
◎课件：男孩和女孩正、反面的人体卡通图（男孩穿短裤，女孩穿背心和短裤）。
◎图片：男孩和女孩的人体卡通图片。
◎不同颜色的马克笔若干支。
◎便利贴1叠。
◎视频：《保护五守则》。
◎歌曲：《你好》。

活动过程

1. 看绘本说一说

师：小朋友们，如果有人要碰你的身体而你

中组	我会擦屁屁	侧重领域	※ 生活自理 ※ 语言理解

有益经验

1. 能依照先后顺序，将便后清洁的步骤图进行排列。
2. 会撕下或拿取适量的纸巾并折叠好，做好清洁准备。
3. 了解便后清洁的方法，并能将动物模型的臀部位置大致清洁干净。
4. 养成便后自我清洁的意识和习惯。

活动准备

◎硬质塑料动物模型每人1个（在屁股处涂上黄色的颜料）、马桶模型1个。
◎情境故事：《拉粑粑》（参考绘本《拉粑粑》）。
◎便后清洁的流程图1份。
◎卷筒纸巾（或抽纸）适量。
◎清水1盆。

活动过程

1. 情境故事

师：小动物们要到厕所拉粑粑了，快来看看

低组	男孩和女孩	侧重领域	※ 生活自理 ※ 认知

有益经验

1. 了解自己的身体特征，知道自己的性别。
2. 能观察并尝试辨别男孩、女孩外貌特征的不同之处。
3. 能区分男厕和女厕的标志，知道男生要上男厕所，女生要上女厕所。
4. 萌发初步的性别意识。

活动准备

◎图片：男孩、女孩的牵手图片。
◎歌曲：《男孩和女孩》。
◎课件：穿裙子、梳着小辫子的女孩图片，短头发、穿短裤的男孩图片等。
◎镜子（大尺寸）1面。
◎洋娃娃、花裙子、短裤、小汽车等衣物、玩具1批。

活动过程

1. 认识男孩和女孩

师：小朋友们，你们知道自己是男孩还是女

不喜欢时，应该怎么做呢?

(1)向幼儿介绍绘本的名称、书中角色等，随后逐页讲解绘本。

(2)老师提出简单明了的问题，引导幼儿简要复述绘本的情节和内容。

2. 了解隐私部位

师：我们身体的哪些地方是不能随便让人看，也不能随便让人碰的呢?

(1)播放课件，老师向幼儿说明：对于男孩来说，短裤遮住的地方是隐私部位；对于女孩来说，背心和短裤遮住的地方是隐私部位。

(2)请幼儿找一找自己身体的隐私部位，并指出来。

(3)向幼儿发放卡通图片、马克笔和便利贴，老师引导幼儿把图中人物的隐私部位用笔圈出来。

(4)请幼儿将便利贴贴在图中人物身体的隐私部位。

(5)老师询问幼儿这些部位被贴起来的原因，请幼儿说出理由(隐私部位不能让人看、不能让人触摸)。

3. 学习保护隐私

师：每个人的身体上都有自己的秘密，我们该怎么保护它们呢?

(1)播放视频，引导幼儿了解保护隐私部位的常识。

(2)请幼儿说一说并演示拒绝他人侵犯的方法。

(3)老师总结保护隐私部位的方法：言语拒绝、肢体遮挡，及时告诉父母和老师等。

它们是怎么做的?

(1)出示情境故事中的小动物模型，老师模拟小动物的声音，引导幼儿与它们问好。

(2)使用动物模型讲述故事，请幼儿倾听并感知故事情节。

(3)采用规律性重复叙述的方式，引导幼儿了解拉完粑粑要做的事情：擦屁屁、冲水、洗手等。

2. 图片排序

师：小动物们太能干了，我们也得学一学呀!

(1)引导幼儿回忆故事情节并说一说，而后请幼儿用动作演示出便后清洁的流程与方法。

(2)出示便后清洁的步骤图，请幼儿说一说图片内容。

(3)请幼儿依照先后顺序把步骤图正确排序。

3. 操作练习

师：哎呀，小动物们拉粑粑了，请小朋友们快来帮忙!

(1)出示小动物模型，请幼儿观察动物模型有什么问题。

(2)老师假装闻一闻，做出捏鼻子动作，告知幼儿这是不好的嗅觉体验，需要清洁干净。

(3)老师撕下适量的卷筒纸折叠，从前往后帮小动物擦屁股，向幼儿讲解纸巾多次折叠、反复擦拭的过程，直至将“秽物”擦干净为止。

(4)向幼儿发放动物模型，老师给予必要的辅助，帮助幼儿完成给小动物擦屁股的工作。

孩吗?

(1)出示图片，告知幼儿哪个是男孩、哪个是女孩，并请幼儿指一指。

(2)播放歌曲，老师引导幼儿边听边做拍手、拍腿等动作感知音乐节奏。

2. 男孩女孩不一样

师：男孩和女孩看起来有很多不一样的地方哦!

(1)播放课件，老师引导幼儿观察男孩和女孩的外貌特征和穿着打扮，指出男孩和女孩的特点。

(2)请幼儿指一指图片，辨别男孩、女孩。

(3)请幼儿照镜子，引导幼儿观察自己的外貌特点：长/短头发、穿裤子/裙子、是否佩戴发饰等。

(4)请幼儿说一说自己的性别。

(5)老师与幼儿玩男孩起立、女孩起立或同性别的幼儿站队等小游戏，帮助幼儿区分性别。

3. 男孩女孩的礼物

师：大家表现真不错，老师要送礼物给你们，看看大家喜欢什么?

(1)出示物品，向幼儿介绍物品的名称以及特点。

(2)老师示范把花裙子和洋娃娃送给女孩，把小短裤和汽车送给男孩。

(3)引导幼儿了解礼物的特点，请幼儿帮助老师挑选礼物，区分礼物是送给男孩还是女孩的。

4. 身体互动游戏

师：跟小朋友玩游戏的时候可以碰哪里呢？我们来了解一下。

（1）向幼儿说明跟同伴、认识的人接触时可以进行牵手、搭肩膀等身体接触。

（2）请幼儿学习牵手、握手、挥手、搭肩膀的动作，用恰当的动作与他人进行社交互动。

（3）播放歌曲，全体幼儿跟随歌曲进行肢体互动。

活动延伸

在日常生活中教导幼儿个人的隐私部位要保持清洁，强化个人仪容管理意识。

附材料

人体卡通图片

（5）老师告诉幼儿如厕后要洗净小手，请幼儿在水盆里洗小手。

（6）表扬及肯定幼儿的行为。

4. 上厕所

师：下课啦，小朋友们也该去上厕所了，需要拉粑粑的小朋友们请带上纸巾哦！

（1）老师引导幼儿撕下适量的纸巾，简单折叠。

（2）带领幼儿去上厕所，请幼儿尝试自己清洁屁股，完成如厕活动。

活动延伸

在课间及家居生活中鼓励幼儿及时表达上厕所的需求，并引导幼儿在如厕后自行清洁屁股。

附材料

故事《拉粑粑》

河马、小猪、小老鼠在公园里玩了很久，河马想上厕所了。

河马说："快点，我要拉出来了！"小猪说："我也要拉粑粑！"小老鼠说："我也要拉粑粑！"

它们到了卫生间，开始敲门："咚咚！咚咚！"没人就可以进去啦！

河马说："先打开马桶盖！"小猪说："再脱裤子！"小老鼠说："坐下，使劲！"咕咚！拉出来了。

拉完粑粑，要擦屁股，一定要擦干净！还要冲水，再见，粑粑！还要洗手哦！拉完了，拉完了，真舒服！

4. 认识厕所的标志

师：小朋友们，下课时间到了，我们去上厕所吧。

（1）老师带领幼儿转移至厕所。

（2）向幼儿介绍男厕所和女厕所的标志，帮助幼儿辨别及区分。

（3）告知幼儿：男孩上男厕所，女孩上女厕所。

（4）逐一引导幼儿辨别厕所标识再进入厕所方便。

活动延伸

在户外活动时，将幼儿按男、女分成两个小队进行拔河、接力赛等竞技游戏。

附材料

男孩、女孩牵手示意图

活动领域	语言	周主题三	身体的奥秘	月主题二	我的身体

高组	我的身体会跳舞	侧重领域	※ 语言表达 ※ 认知

有益经验

1. 认识自己的身体，了解身体的关节部位。
2. 理解歌曲大意，并能大致跟随歌曲念唱歌词。
3. 灵活转动关节做出弯腰、屈膝等动作，锻炼身体机能的协调性、平衡性。
4. 探索不同的身体动作，在自我发现的过程中感受愉快情绪。

活动准备

◎机器人模型1个（可用拼插玩具组装而成）。
◎歌曲：《机器人之舞》。
◎人体挂图1张。

活动过程

1. 认识机器人朋友

师：我给大家带来了一个好朋友，你们看看它是谁?

（1）出示机器人模型，老师模拟机器人的声音与幼儿打招呼。

（2）请幼儿向机器人打招呼，老师摆弄机器人的关节，用弯腰、挥手等肢体动作回应幼

中组	头发、肩膀、膝盖、脚	侧重领域	※ 语言表达 ※ 认知

有益经验

1. 能看图片说出身体部位的名称。
2. 能有节奏地唱歌，同时指出自己的身体部位。
3. 能理解和念唱歌词，按顺序排列图片。
4. 体验肢体律动和合作表演的乐趣。

活动准备

◎图片：头发、肩膀、膝盖、脚等部位的图片1批（不同图案的图片数量大致均等，图片总数与幼儿人数相当）。
◎歌曲：《头发、肩膀、膝盖、脚》。

活动过程

1. 看图片，说名称

师：这些图片藏着小秘密，小朋友们快来看一看吧。

（1）老师把头发、肩膀、膝盖、脚的图片背面向外，贴在小黑板上。

（2）请几名幼儿先后上前，把图片逐一翻开展示给大家看，老师引导幼儿看图片、说出

低组	我的身体都会响	侧重领域	※ 语言理解 ※ 认知

有益经验

1. 能看图片，说出或指出自己的身体部位。
2. 能根据歌词基本合拍地指出他人的身体部位。
3. 能模仿唱出一些歌曲的片段，发出两个字的重叠音。
4. 体验随音乐进行身体打击乐的乐趣。

活动准备

◎图片：脚、手、肚子、嘴巴、舌头、牙齿等身体部位的图片。
◎歌曲：《我的身体都会响》。
◎小黑板1块。

活动过程

1. 认识身体部位

师：小朋友们的小耳朵注意啦，猜猜看声音从哪里来?

（1）老师快速做捻指的动作吸引幼儿注意，请幼儿说一说或指一指是身体的什么部位发出了声音。

（2）老师快速进行拍手、跺脚等动作，请幼

儿的问候。

（3）老师引导幼儿观察，说一说机器人动了身体的哪些部位。

2. 了解会动的关节

师：这个机器人的身体真灵活啊！再来找一找它的哪些地方也会动。

（1）请幼儿转动机器人的身体，了解“关节”的概念和作用。

（2）老师请幼儿动一动自己的身体，探索哪些关节可以活动，并说出来或指出来。

（3）请幼儿一起做扭头、弯腰、屈膝、转手腕和脚腕的动作，感知关节的运动。

（4）老师引导幼儿说出关节的名称。

3. 模仿机器人唱跳

师：我们的身体有灵活的关节，让我们跟着音乐，做一个能唱能跳的“机器人”吧。

（1）播放歌曲，请幼儿倾听歌曲，老师做引导，帮助幼儿理解歌词大意。

（2）老师清唱歌曲，请幼儿跟着学习念唱歌词。

（3）请幼儿跟随歌曲，边唱边活动关节来扮演机器人。

4. 说一说身体部位

师：小朋友们太棒了！还记得刚才你们都动了身体的哪些部位吗？

（1）展示人体挂图，请幼儿说说各个身体部位的名称，以及不同部位能做的动作。

（2）请幼儿起立，各自展示一个机器人的动作并定格，结束活动。

名称。

（3）老师将图片按顺序贴好，进行有节奏地念读，引导幼儿跟随念读。

2. 听歌曲，做动作

师：我们还可以把身体部位的名称唱成一首歌，一起来听一听。

（1）播放歌曲，请幼儿感受音乐节奏。

（2）老师请幼儿听歌曲，跟随歌词快速指出自己的身体部位。

（3）视幼儿对歌曲的熟悉程度重复以上环节。

3. 学唱歌，排图片

师：这首歌曲很好听吧？我们试着把它唱出来吧！

（1）老师示范边哼唱歌曲（放慢速度）边跟随歌词指出身体部位。

（2）鼓励幼儿跟随老师哼唱歌曲，同时手口一致地指出身体部位。

（3）老师将图片顺序打乱，请幼儿上前尝试一边唱歌一边按照歌词的顺序排列图片。

4. 玩游戏，找朋友

师：接下来，我们换一种更有趣的玩法来找找朋友。

（1）老师请幼儿挑选一张图片，并看清楚图片的内容，明白自己的角色。

（2）老师向幼儿讲解游戏规则：边唱歌边走动，歌曲结束时，手拿相同图片的小朋友集中站到一起，视为成功找到朋友。

（3）请全体幼儿一起试玩游戏，重复哼唱歌曲，直至所有人都找到朋友。

儿说说发出声音的身体部位。

2. 探索身体部位

师：小朋友们知道吗，我们的身体是个奇妙的乐器，会发出好听的声音哦！

（1）将图片贴到小黑板上，老师先后做砸唇、弹舌、磕牙、拍肚子、拍手、跺脚等动作，每做一个动作请幼儿说一说发出声音的身体部位的名称或指一指相应的图片。

（2）老师指向不同的图片并说出名称，引导幼儿探索相应的身体部位，尝试让该身体部位发出声音。

3. 模仿说拟声词

师：小朋友们刚才都听到了哪些声音？我们用小嘴巴来模仿一下吧！

（1）播放歌曲，请幼儿聆听并感知节奏。

（2）老师以夸张的表情和动作重复歌曲当中出现的拟声词，请幼儿跟着说一说。

（3）老师放慢速度清唱歌曲，引导幼儿边做动作边模仿“啪啪”“噗噗”“咯咯”等拟声词。

（4）播放歌曲，请幼儿跟随老师欢乐地做律动，结束活动。

活动延伸	活动延伸	活动延伸
在户外活动中，鼓励幼儿运用身体的不同部位探索不同的动作，发展幼儿的运动能力和身体协调能力。	在区角活动中设计“娃娃家”游戏，引导幼儿认识娃娃的身体部位，帮助娃娃清洗身体部位。	在音乐活动中，选择与身体部位相关的歌曲，引导幼儿伴随歌曲做音乐游戏，进一步熟悉自己的身体部位。

活动领域 | **社会**　　周主题三 | **身体的奥秘**　　月主题二 | **我的身体**

高组	我的身体真能干	侧重领域	※ 社交技能 ※ 粗大动作

有益经验

1. 能在看图片时进行对比和观察，分辨正确及错误的坐、站、走姿势。
2. 能在语言提示下或模仿图片做出坐、站、走的正确姿势。
3. 能约束自己，保持良好的身体姿态来遵守乘车礼仪，形成乘坐公共汽车的礼仪意识。

活动准备

◎课件：关于正确和错误的坐、站、走的姿势的图片。
◎乐曲：《有洞的音乐》。
◎歌曲：《公共汽车》。

活动过程

1. 看图片，认动作
师：小朋友们，你们知道“坐、站、走”的动作是怎么做的吗?

中组	身体安全要注意	侧重领域	※ 社交技能 ※ 认知

有益经验

1. 能通过图片辨别危险行为和安全行为，并据此进行图片分类。
2. 能简单描述存在危险因素的状况，或说出危险事物的名称。
3. 明白有危险的行为不能做，形成自我保护的概念。

活动准备

◎视频：《高处很危险，学会自我保护》。
◎自制安全员红袖章每人1个。
◎图片：危险行为(在高桌子拿东西、爬树、拿小刀玩等)、安全行为(远离水源区、等待红绿灯、排队轮流玩滑滑梯等)的图片。
◎课件：空气清新剂、杀虫剂等危险物品的图片。
◎歌曲：《危险物品我不碰》。

活动过程

1. 观看视频
师：小朋友们，老师请你们看一个视频，看看里面的小朋友在做什么呢?

低组	我的身体会说话	侧重领域	※ 社交技能 ※ 语言理解

有益经验

1. 进一步熟悉身体部位的名称及相应动作。
2. 能模仿做出简单的肢体动作表示友好、打招呼、告别(拍手、握手、挥手)，并理解动作的含义。
3. 尝试用多种肢体语言表示对同伴的友好，增强社交主动意识。

活动准备

◎歌曲：《我的身体》。
◎课件：身体部位的图片。
◎图片：握手、挥手、拍手等肢体动作的图片。
◎童谣：《找朋友》。

活动过程

1. 动一动
师：哇，小朋友，你们的小手在哪里呀? 伸出小手跟音乐一起来拍拍我们的身体吧。

（1）播放课件，引导幼儿对比正确和错误的坐、站、走的姿势。

（2）老师演示正确的姿势，并向幼儿讲解使用正确姿势的好处。

（3）请幼儿看图片，指认出姿势正确的图片，并模仿图片的动作，做出正确的姿势。

2. 听指令，做动作

师：小朋友们做得真棒，接下来我们来玩一个有趣的游戏吧！

（1）老师请一名幼儿示范做游戏：播放乐曲《有洞的音乐》，请幼儿跟着音乐随意走动；在音乐停顿时老师发出“坐（站、走）”的指令，请幼儿做出与指令相符的动作，并保持端正的姿势不动，直至音乐再次响起。

（2）老师请其他幼儿说一说，刚才的游戏都做了哪些动作，姿势是怎么样的。

（3）请全体幼儿一起听音乐、做动作、玩游戏。

3. 乘车行，有礼貌

师：小朋友们学会了坐、站、走的好习惯，也要用到生活当中去，我们一起去学习乘坐“公共汽车”吧。

（1）请幼儿将椅子摆放成2列，中间留出过道；引导幼儿想象这是公共汽车座位。

（2）请幼儿按顺序排队“上车”，老师向幼儿强调排队时身体要站直，不要左右摇晃或随意移动，以免给他人造成不便。

（3）“上车”后，请幼儿找到位置坐下，老师向幼儿强调坐姿：轻靠椅背，脚放平、不乱踢、不晃动。

（1）播放视频，请幼儿观看。

（2）向幼儿讲解视频中出现的危险的物品、动作以及行为等，帮助幼儿建立“危险”的概念。

2. 安全排查

师：现在请小朋友组成安全小队，在教室周围找一找，有哪些地方是比较危险的呢？

（1）分发红袖章，请幼儿佩戴好，向幼儿说明安全员的角色及工作内容。

（2）老师带领“安全员”在教室内外走动，引导幼儿仔细观察周围的环境与物品。

（3）老师鼓励幼儿根据实地看到的情况，指认可能引发危险的区域（事物）。

3. 图片分类

师：小朋友们都知道要保护自己的身体、远离危险，那现在请大家来说说哪些是危险行为，哪些不是呢？

（1）老师出示图片，并根据图片的内容进行简要的讲解，帮助幼儿理解危险、安全的概念。

（2）请幼儿在多张图片中指认危险行为和安全行为。

（3）请幼儿将图片按危险行为、安全行为进行分类。

4. 音乐律动

师：危险行为不能做，危险物品不要碰，我们来唱一唱吧！

（1）播放课件，引导幼儿认识歌曲《危险物品我不碰》中唱到的危险物品。

（1）播放歌曲，老师跟随歌曲节奏示范动作，吸引幼儿注意。

（2）老师引导幼儿模仿做律动。

2. 认一认

师：小朋友们，老师这里有一些有趣的图片，你们想不想知道是什么呀？

（1）老师播放课件，引导幼儿认识身体部位。

（2）让幼儿根据图片指一指不同的身体部位。

3. 学一学

师：我们的身体不仅可以动，它还会说话，一起来看看它会说什么呢？

（1）出示图片，引导幼儿了解肢体动作表示的礼貌用语：拍手表示欢迎，握手表示你好，挥手表示再见等。

（2）请幼儿分成两人一组，根据出示的图片，模仿做出相应动作（拍手、握手、挥手）。

（3）老师提出问题（“再见应该怎么做”等），请幼儿用身体动作表示出来。

4. 做一做

师：小朋友们都做得好棒哟，我们一起来玩游戏吧！

（1）请两名幼儿一起示范游戏：老师念唱童谣，请幼儿跟随念唱的歌词做出相应的动作（拍手、握手、挥手），最后抱一抱。

（2）老师念唱童谣《找朋友》，请幼儿集体进行游戏互动。

（4）播放歌曲《公共汽车》，请幼儿注意保持良好的坐姿，继续"坐车"。

（5）片刻后请幼儿有序地"下车"，眼看前方、自然挺胸地跟着老师走一走。

4. 我会做，我真棒

师：小朋友们都很能干！你们已经安全到达目的地了，坐下休息一下吧。

（1）请幼儿原地围圈坐好。

（2）请幼儿再次说一说、做一做坐、站、走的正确姿势，随后老师引导幼儿肯定和表扬自己。

活动延伸

在绘画及写字活动中，注意提醒幼儿端正坐姿，养成良好的写画姿势。

附材料

正确的站姿、坐姿、走姿对比图

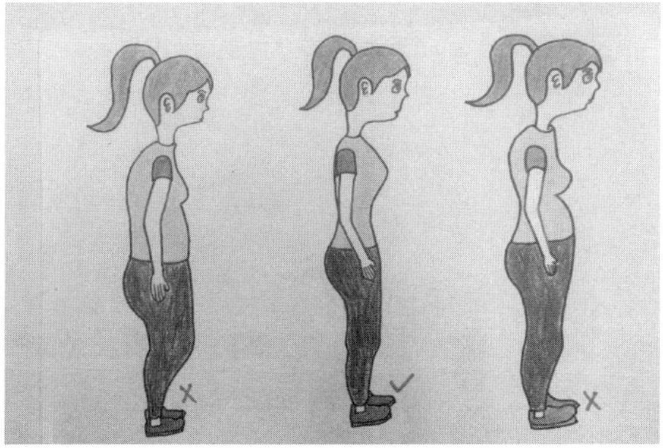

（2）播放歌曲，请幼儿跟随老师边唱边做律动。

活动延伸

在户外活动区或者商场等公共场合，可教授幼儿认识一些禁止标志或危险提示标志，引导幼儿有意识保护自己，不做有危险的事情。

附材料

安全员红袖章示意图

活动延伸

在情境课中提供机会，创设更多可让幼儿展现肢体动作的情境，学习使用肢体动作，增进幼儿的语言理解能力和社交互动能力。

附材料

童谣《找朋友》

找找找，找朋友，找到一个好朋友，拍拍手，你是我的好朋友，抱抱。

找找找，找朋友，找到一个好朋友，握握手，你是我的好朋友，抱抱。

找找找，找朋友，找到一个好朋友，挥挥手，你是我的好朋友，抱抱。

活动领域 丨 **科学**	周主题三 丨 **身体的奥秘**	月主题二 丨 **我的身体**

高组	数数乐	侧重领域	※ 认知 ※ 精细动作

有益经验

1. 能根据图卡中人物的外貌特征区分性别。
2. 尝试按照简单的间隔规律(男女相间)进行图片的粘贴。
3. 数一数班级中男生和女生的人数，并在统计卡中做记录。
4. 能在简单的数数和数据记录活动中感受到学习数学的乐趣。

活动准备

◎课件：男孩、女孩的图片。
◎用卡纸做成的火车模型1份。
◎男生、女生的彩色图片若干张。
◎男生、女生人数统计卡(图案、表格相结合，便于幼儿理解和填写)每人1张。
◎记录笔每人1支。

活动过程

1. 认识男生和女生
师：今天来了两个新朋友，请大家看看，他们两个有什么不一样呢?

中组	拼拼乐	侧重领域	※ 认知 ※ 精细动作

有益经验

1. 认识身体的各个部位(尤其是身体背面)，说出它们的名称和功能。
2. 能在老师的语言(图卡)的提示下，补充身体拼图里缺少的身体部位。
3. 能和同伴一起合作拼拼图，感受拼图游戏的乐趣，体验完成拼图的成就感。

活动准备

◎课件：身体部位的正、反面挂图。
◎自制身体拼图卡若干套(拼块及底板使用魔术贴固定)。
◎歌曲:《我的身体》。

活动过程

1. 认识不同的身体部位
师：小小身体奥秘多，小朋友们知道多少呢?一起来说一说吧!

低组	身体的数字	侧重领域	※ 认知 ※ 精细动作

有益经验

1. 能认识数字1和2。
2. 能看着身体部位图，手口一致地点数1、2，点数完成后对相应数量的数字卡进行指认。
3. 在对五官进行点数的游戏中，形成对数字的关注意识和学习兴趣。

活动准备

◎歌曲:《身体音阶歌》。
◎1和2的数字卡(背面贴双面胶)1批。
◎课件：卡通身体图片、能清晰看到五官的图片各1张(在课件上将数字1和2设置为动态弹出)。

活动过程

1. 做歌曲律动
师：小朋友们，请用你们的小手来找找身体的不同部位吧!

（1）播放课件，引导幼儿观察、对比图片中两个小朋友的外貌特征。

（2）老师讲解男生、女生外貌特征的不同点：女生头发长长的，穿着裙子；男生头发短短的，穿着裤子。

（3）请幼儿说说自己或同伴的性别。

2. 男生、女生“坐火车”

师：现在新朋友们要排队“坐火车”去旅行了哦！

（1）老师出示做好的火车模型，以及若干张男生、女生的图片。

（2）老师示范根据男、女一一间隔的规律，将图片粘贴到“火车车厢”上，向幼儿说明：男生先“上车”，接着到女生，再到男生……

（3）邀请幼儿上前根据男、女间隔的规律粘贴图片，并数出“坐火车”的人一共有几个。

（4）请幼儿分别数一数，“坐火车”的男生有几个、女生有几个。

3. 数数男生和女生

师：小朋友们，我们一起来看一看，我们班有多少个男生，多少个女生？请大家数一数吧。

（1）老师出示统计卡，向幼儿说明统计卡如何使用。

（2）分发统计卡、笔，请幼儿数一数班上分别有多少个男生、多少个女生，并填写在记录卡上，注意提醒幼儿要把自己计入人数。

4. 说说统计的结果

师：小朋友们都记录好了，快来说说你数数

（1）播放课件，展示身体正面图，向幼儿介绍各个身体部位，请幼儿说出身体部位的名称、功能等。

（2）展示身体反面图，向幼儿介绍背部、臀部、腰部等幼儿不太熟悉的身体部位。

2. 找找不同的身体部位

师：大家来找找自己和好朋友的身体部位吧！

（1）老师有节奏地发问，如“小手小手在哪里”，请幼儿逐个地指一指自己相应的身体部位。

（2）将幼儿分为两人一组，向小伙伴展示身体的背面，老师有节奏地发问，如“背部背部在哪里”，引导幼儿逐个地指一指小伙伴的身体部位。

3. 合作拼好身体拼图

师：小朋友们都认识了不同的身体部位，现在我们可以玩好玩的拼图游戏了。

（1）老师出示身体拼图卡并贴在黑板上，展示如何完成拼图。

（2）老师留下部分身体拼图，请幼儿上前尝试补充缺少的部分。

（3）引导幼儿分为两人一组，每组发放一套拼图卡，请幼儿尝试完成拼图。

（4）请各组幼儿展示自己的拼图。

4. 唱出身体部位的名称

师：刚才我们拼的拼图都有哪些身体部位呢？我们试试把身体部位的名称唱出来吧！

（1）播放歌曲，提示幼儿注意聆听歌词。

播放歌曲，引导幼儿跟随音乐节奏触摸不同的身体部位。

2. 认数字宝宝

师：今天数字宝宝来跟大家一块玩，你们认识它们吗？

（1）老师出示数字卡，引导幼儿认识并说出数字1和2。

（2）请幼儿听指令指认数字1和2。

3. 找数字宝宝

师：我们的身体里藏着数字宝宝，大家能不能找到它们呢？

（1）播放课件，引导幼儿数数手、脚等身体部位的数量，手口一致地点数完最后一个部位，老师点击出现相应的数字。

（2）请幼儿上前边点数图片中身体部位（五官）的数量边说出数字1和2。

4. 贴数字宝宝

师：小朋友们，让我们一起找一找别人身上的数字宝宝吧！

（1）请两名幼儿上前示范：请一名幼儿扮演模特，引导另一名幼儿数数“模特”的手的数量，数对则老师帮助数数者在“模特”的手部贴上“2”的数字卡。

（2）按以上方式引导幼儿点数“模特”不同的身体部位。

（3）老师请幼儿轮流扮演模特，其余幼儿轮流上前点数，并贴上相应的数字卡。

的结果吧！

（1）请幼儿逐一上前展示自己的统计卡并做简单说明，若发现有错误，则大家一起帮忙进行检验（重新数数）。

（2）表扬并夸赞幼儿。

活动延伸

发放家庭成员统计卡，请幼儿回家后在家长的辅助下对家庭成员做统计，数数家里一共有多少人，男的有几人，女的有几人。

附材料

男生、女生人数统计卡

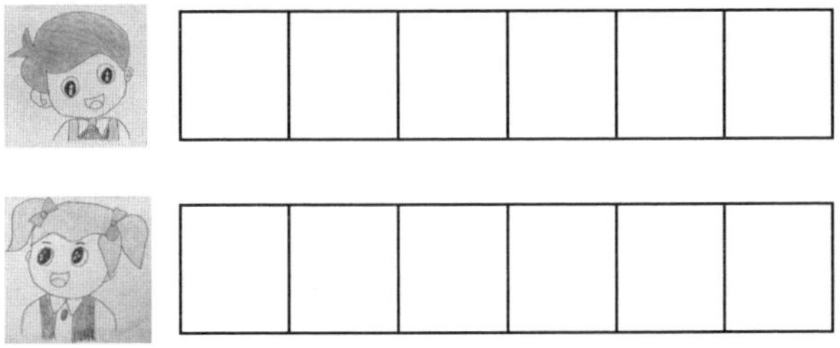

（2）请幼儿边唱边跟着老师做动作，指出各个身体部位。

活动延伸

在晨间活动时组织幼儿玩“我说你指”的游戏，巩固幼儿对不同身体部位的名称、功能的认识。

附材料

自制身体拼图卡

活动延伸

在日常生活中引导幼儿点数身边的常见物品，加深幼儿对数字1、2的认识与理解。

附材料

1. 卡通身体图片

2. 五官的图片

活动领域	艺术	周主题三	身体的奥秘	月主题二	我的身体

高组	漂亮的身体	侧重领域	※ 精细动作 ※ 语言表达

有益经验

1. 熟悉身体部位的名称和作用，并能迅速地指出自己的身体部位。
2. 能模仿画出相对完整的人物形象图。
3. 能根据身体部位的不同，给人物形象图涂上适当的颜色。
4. 能愉快地参与活动，且在活动过程中乐于探索、交流和分享。

活动准备

◎歌曲:《身体音阶歌》。
◎图片：身体图片（剪开为几个部分，背面使用魔术贴便于拼合粘贴）1张。
◎彩色笔每人1盒，画笔每人1支。

活动过程

1. 找一找
师：小朋友们，让我们随着欢快的歌曲活动一下身体吧。

中组	温暖的手套	侧重领域	※ 精细动作 ※ 生活自理

有益经验

1. 认识手套及手套的用途。
2. 能沿着线条剪出手套的图案。
3. 能把两个半面的手套图案重合叠放，使用订书机钉合成一只“手套”。
4. 体验到制作“手套”带来的成就感，增强衣物穿戴的生活自理意识。

活动准备

◎歌曲:《冬天到了》《手套》。
◎薄手套1副。
◎手套图案（海绵纸上画出）每人4张。
◎剪刀每人1把、订书机若干个。

活动过程

1. 感受冬天
师：冬天到了，天气变冷，有一首冬天的歌要请大家来听一听。

低组	可爱的袜子	侧重领域	※ 精细动作 ※ 认知

有益经验

1. 能说出袜子的名称，知道袜子的用途。
2. 有范围的概念，在袜子图案上填色（大致不出界）。
3. 能使用固体胶粘贴小图案，为袜子进行装饰。
4. 了解穿袜子的方法，掌握穿袜子的动作技能。
5. 在视频观看及手工环节感知多彩色调之美。

活动准备

◎装有幼儿自带袜子的纸箱1个。
◎视频:《袜子》。
◎袜子简笔画每人1张。
◎彩色笔、固体胶每人1份。
◎小装饰图案1批。
◎歌曲:《拍拍手，碰碰脚》。

活动过程

1. 认识袜子
师：老师的百宝箱里有一件柔软的东西，你们猜是什么?

（1）老师引导幼儿指出自己的身体部位，熟悉各个身体部位的位置。
（2）播放歌曲，请幼儿跟随歌词的提示快速找到相应的身体部位，并随节奏拍一拍。
2. 认一认
师：小朋友的身体真灵活，刚才你们都找到了哪些身体部位呢?
（1）请幼儿想一想、说一说各个身体部位。
（2）老师逐一出示各个身体部位的图片，引导幼儿说出名称。
（3）老师将幼儿说到的身体部位图拼合成一张完整的图。
3. 画一画
师：我们的身体由不同的身体部位组成，现在我们来试试画出一个小朋友吧。
（1）老师示范用简单的线条画出人物形象图。
（2）老师将画好的图粘贴在黑板上，并邀请一名幼儿上前，尝试模仿画出人物形象图。
（3）老师分发画笔，让幼儿模仿图片，并发挥自己的想象进行人物的绘画。
4. 涂一涂
师：身体都有自己的小秘密！请小朋友们给它涂上漂亮的颜色，把它的秘密保护起来吧。
（1）请幼儿领取彩色笔。
（2）老师引导幼儿在人物形象图的各个部位涂上不同的颜色。
5. 说一说
师：涂得真好看呀！说一说你们是怎么做到的呢?

（1）播放歌曲《冬天到了》，请幼儿挥动双手，感受优美的旋律。
（2）请幼儿说说冬天的天气，老师引导幼儿了解到冬天身体会怕冷。
2. 认识手套
师：我们的身体能穿上衣服保暖，可是，小手用什么办法来保暖呢?
（1）老师请幼儿伸出自己的小手，并请幼儿想想给小手保暖的办法。
（2）请幼儿说一说给小手保暖的方法。
（3）老师出示手套，告知幼儿手套的名称，请幼儿戴上手套，体验手套的保暖作用和保护作用。
3. 剪出“手套”
师：手套的用处可真大呀！我们快来给自己做一副手套吧。
（1）出示画有手套图案的海绵纸，老师示范沿着线条剪出四个图案，引导幼儿观察老师的做法。
（2）请幼儿领取海绵纸、剪刀等材料，沿着线条剪出四个手套的图案。
4. 钉好“手套”
师：“手套”剪好了，可是还不能戴起来，我们应该怎么办?
（1）出示订书机，向幼儿说明订书机的使用方法，并强调订书机的使用安全。
（2）老师把两个手套图案重合叠放，用订书机在“手套”边缘钉上订书钉。
（3）请幼儿模仿老师的做法，在老师的辅助

（1）出示纸箱，请幼儿伸手触摸里面的物品，感知柔软的袜子。
（2）请幼儿取出袜子，说一说或用身体动作表达袜子的用处。
（3）播放视频《袜子》，请幼儿观看视频并感知五颜六色的袜子。
2. 给“袜子”涂色
师：视频里的袜子可好看了，可是这些袜子都没有颜色，我们来想办法把袜子变得漂亮点吧！
（1）出示袜子简笔画，告知幼儿可在图案里涂颜色。
（2）老师边示范涂色边做简要的讲解，请幼儿观察。
（3）发放简笔画及彩色笔，请幼儿参照老师的做法完成涂色的活动。
3. 装饰“袜子”
师：袜子贴上漂亮的小图案就更加可爱了，我们来动动脑筋设计一下吧。
（1）取出固体胶，老师示范在小图案背面涂固体胶后再把图案贴上。
（2）老师请幼儿领取固体胶，学习使用固体胶。
（3）请幼儿装饰袜子，给袜子贴上自己喜欢的图案。
4. 试穿袜子
师：谢谢你们的帮助，老师也有袜子要送给小朋友们。
（1）请幼儿在箱子里挑选一双喜欢的袜子。

（1）鼓励幼儿拿着作品积极上前与大家分享绘画的方法。
（2）老师表扬幼儿。

活动延伸

在社区情境活动中，可设计“看病”的情境游戏，请幼儿扮演医生帮助“病人”做身体检查。

附材料

人物形象简笔画示意图

下钉好图案。

5. 戴起“手套”

师：小朋友们真能干呀！我们试试把漂亮的“手套”戴起来。
（1）播放歌曲《手套》，请幼儿注意聆听戴手套的歌词。
（2）请幼儿戴好“手套”，并随着音乐旋律挥动“手套”。

活动延伸

在外出活动前，请幼儿尝试自己戴好手套，提高幼儿穿戴技能。

附材料

1. 手套

戴上一只手套，钻进五个宝宝；
宝宝盖上棉被，呼噜呼噜睡觉。

2. 手套图样

（2）老师示范袜子的穿法。
（3）幼儿在老师协助下将袜子穿好。

5. 碰碰小脚

师：袜子穿好啦！我们坐下来碰一碰小脚，看看谁的袜子最可爱。
（1）请幼儿围成圆圈坐好并手拉着手。
（2）播放歌曲，引导幼儿随节奏碰碰同伴的小脚。

活动延伸

在午睡起床后，引导幼儿尝试并练习自己穿袜子，增强幼儿生活自理的意识。

附材料

袜子简笔画

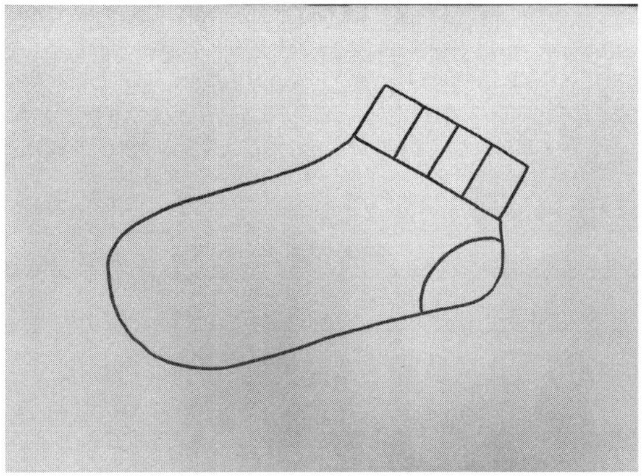

活动领域	健康	周主题四	好习惯，身体棒	月主题二	我的身体

高组	吃饭好习惯	侧重领域	※ 生活自理 ※ 认知

有益经验

1. 能通过图片认识进餐时的良好习惯和不良习惯并进行分辨。
2. 了解进餐要遵守的行为习惯，并尝试遵循。
3. 能熟练使用碗、勺、筷子等餐具进食。
4. 形成良好的进餐习惯，有进餐的文明礼仪意识。

活动准备

◎视频一:《吃饭不挑食》(音乐视频)。
◎课件：挑食、不挑食、安坐、未安坐等行为图片。
◎视频二:《文明进餐讲礼仪》。
◎杯、碗、勺、叉子等餐具1批。
◎各种小食品、点心及饮料适量。

活动过程

1. 明白吃饭不能挑食
师：小朋友们，吃饭不挑食，才是好习惯。一起来看看哥哥、弟弟的故事吧！
(1)播放视频一，请幼儿观看。
(2)请幼儿想一想、说一说为什么弟弟比哥

中组	鼻涕不见了	侧重领域	※ 生活自理 ※ 精细动作

有益经验

1. 认识个人卫生清洁用品(纸巾、小毛巾等)的名称，了解清洁用品的功能。
2. 能掌握清洁鼻子的正确做法。
3. 愿意自己清洁鼻子，形成讲究个人清洁卫生的意识和想法。

活动准备

◎歌曲:《感冒真讨厌》。
◎水晶泥适量。
◎抽取式纸巾2包。
◎布偶(鼻子上粘水晶泥)若干个、镜子若干面。

活动过程

1. 歌曲律动
师：小朋友们，你们讨厌感冒吗？我们一起来赶走感冒这个讨厌鬼吧！
播放歌曲，请幼儿跟随老师做律动。

低组	小手真干净	侧重领域	※ 精细动作 ※ 生活自理

有益经验

1. 通过图片认识手指、手背、手心等手的部位的名称。
2. 了解洗手的方法，掌握洗手的动作与步骤。
3. 明白洗手的重要性，养成勤洗手的习惯。

活动准备

◎童谣:《一根手指点点》。
◎视频:《勤洗手，讲卫生》。
◎课件：洗手的步骤与方法。
◎食品(薯片、山楂片、糖果等)。

活动过程

1. 手指游戏
师：小朋友们的小手在哪里？伸出你们的小手一起来玩游戏吧！
老师边念唱童谣边做动作，请幼儿跟随模仿。

哥长得高?

2. 观察图片说说对错

师：请小朋友们来看一看，他们在做什么呢?

（1）播放课件，展示各种行为图片（挑食、不挑食、安坐、未安坐）。

（2）引导幼儿进行对比，并说一说哪些行为是正确的，哪些是错误的。

3. 了解吃饭的好习惯

师：吃饭时除了要安静坐好、不挑食，还要注意哪些进餐的礼仪呢?

（1）播放视频二，请幼儿观看，老师进行简要的说明。

（2）请幼儿说说进餐用到的餐具，并展示使用方法。

（3）请幼儿说说进餐要注意的行为和做法。

4. 一起进餐遵守纪律

师：小朋友们都知道吃饭时要怎么做才是最棒的，现在老师要请大家吃好吃的东西啦!

（1）请幼儿帮忙分发餐具，在桌上摆放好食品。

（2）请幼儿挑选自己想吃的食物，安静地回到座位享用。

（3）进餐过程中提醒幼儿养成正确的进餐习惯。

5. 一起动手收拾餐具

师：小朋友们吃饭时都表现得非常棒，吃得也很干净。接下来大家一起来收拾餐具吧!

（1）引导幼儿收拾餐具并分类放至指定位置。

（2）表扬及鼓励幼儿的行为表现。

2. 情景表演

师：真糟糕，老师最近也感冒了，总是打喷嚏，这可怎么办呢？

（1）老师假装打喷嚏，并巧妙地将少量水晶泥粘到鼻子上。

（2）请幼儿帮忙想一想、说一说接下来要怎么办。

（3）一起找到解决办法：使用纸巾擦掉“鼻涕”。

3. 学习清洁

师：谢谢小朋友帮老师想办法，这里有一些布偶朋友也感冒流鼻涕啦，我们来帮帮忙吧!

（1）出示有“鼻涕”的布偶。

（2）老师示范抽取纸巾、折叠纸巾。

（3）老师示范清理布偶的“鼻涕”。

（4）请幼儿试着给其他布偶清理“鼻涕”。

（5）分发小镜子，请幼儿练习给自己擦拭鼻涕。

4. 收拾整理

师：小朋友们刚才都学习了清洁鼻子，做得非常棒！请帮忙送小布偶、小镜子“回家”。

（1）请幼儿将小布偶、小镜子收拾好放至指定位置。

（2）引导幼儿将使用过的纸巾扔至垃圾桶。

（3）表扬及鼓励幼儿的行为。

2. 观看视频

师：你们的小手真能干！大家来看一看视频里的小朋友是不是也有一双能干的小手。

（1）请幼儿观看视频，老师辅以必要的讲解。

（2）帮助幼儿了解什么时候要洗手：餐前、饭后、如厕之后、玩耍之后等情况要洗手。

（3）引导幼儿根据视频的内容想一想，不洗手就吃东西会有什么后果。

3. 学习洗手

师：勤洗手、讲卫生，要怎么做才能把手洗干净呢?

（1）引导幼儿认识手的部位：手指、手心、手背。

（2）播放课件，向幼儿讲解洗手步骤。

（3）引导幼儿模仿洗手各个步骤的动作。

4. 自己洗手

师：现在请大家去洗洗自己的小手吧!

（1）请幼儿排队转移至洗漱间。

（2）请幼儿按学习到的方法和步骤洗手。

5. 分享美食

师：小朋友们的小手洗得真干净，我们一起来分享美食啦!

（1）出示食品，请幼儿说一说自己喜欢吃什么。

（2）请幼儿拿取食品、分享食品。

活动延伸
在早餐、午点时间进餐时，要求幼儿能保持安坐、不挑食，并遵守餐桌文明礼仪，养成良好的进餐习惯。

附材料

进餐时的行为图片

活动延伸
在日常生活中遇到流鼻涕的情况时，引导幼儿自行清洁鼻子，并在洗漱时能注意使用毛巾清洁自己的眼睛、嘴巴、鼻子等器官。

附材料

水晶泥

活动延伸
在一日活动流程中，引导幼儿养成一日三餐饭前、饭后勤洗手的习惯。

附材料

童谣《一根手指点点》

一根手指点点点（右手食指在左手手臂上面轻点三下），

两根手指敲敲敲（右手食指和中指弯曲在左手臂上敲三下），

三根手指捏捏捏（右手前三指在左手手臂上做捏捏捏的动作），

四根手指挠挠挠（右手前四指在左手手臂上做挠痒痒动作），

五根手指拍拍拍（双手连续拍手三下）。

活动领域	语言	周主题四	好习惯，身体棒	月主题二	我的身体

高组	动物运动会	侧重领域	※ 语言表达 ※ 粗大动作

有益经验

1. 能通过图片认识各种动物的名称、外形特征、运动方式及相应的动词。
2. 能理解并说出含有主语及谓语（动词）在内的多词句。
3. 能四肢协调地模仿不同动物的运动方式。
4. 在角色扮演游戏中体验运动及锻炼身体的乐趣。

活动准备

◎课件：各种动物及体现其运动方式的图片。
◎动物头饰1批。
◎哨子、起点线（贴地面）和终点线彩带等比赛用具。
◎图片：不同的动物图片各1张（用于比赛排名）。

活动过程

1. 认识动物的运动方式

师：小朋友们都喜欢跑跑跳跳，小动物们对运动也是很在行的，我们来看一看吧！

（1）播放课件，老师对各种动物的运动方式

中组	营养宝塔	侧重领域	※ 语言表达 ※ 认知

有益经验

1. 能认识各种常见食物的名称，了解食物粗略的分类：蔬果类、主食类、肉蛋奶类。
2. 能理解绘本故事的情节，并使用简单的口头语言（形容词）描述食物的味道和口感。
3. 知道不同种类的食物都要吃，了解均衡营养的重要性，形成不挑食的意识。

活动准备

◎绘本：《汉堡男孩》。
◎课件：各式各样美食的图片。
◎各种食物的仿真模具（图片）1批。
◎立体的金字塔模型（可用硬纸卡制作）及食物卡片。

活动过程

1. 听听绘本故事

师：小朋友们，今天老师要给大家讲一个有趣的故事，叫作《汉堡男孩》。

（1）老师展示绘本并讲解故事情节。

低组	听话的勺子	侧重领域	※ 语言理解 ※ 精细动作

有益经验

1. 认识勺子、碗等餐具的名称，并知道餐具的功能及使用方法。
2. 能运用前三指握住勺子，并完成进食动作。
3. 在掌握进食技能的基础上，享受品尝可口食品的快乐。

活动准备

◎视频：《听话的勺子》。
◎陶瓷勺子、碗等餐具若干个。
◎易于幼儿独立进食的食品（甜粥等）适量。

活动过程

1. 观看视频

师：吃饭的时候要用到一种重要的餐具，小朋友们来看看它是什么？

（1）播放视频，请幼儿仔细观看。

进行讲解。
（2）请幼儿模仿不同动物的运动方式。
2. 说说动物的运动方式
师：小朋友们，你们来说说小动物们是怎么运动的呢?
（1）展示图片动作，引导幼儿使用含有主语、谓语（动词）的多词句进行讲述，如“小鸟在天上飞”。
（2）请幼儿想一想并说一说，哪种动物的速度最快。
3. 扮演动物参加运动会
师：小朋友你们知道吗，我们也可以模仿小动物的运动方式来锻炼身体哦，你想模仿谁?
（1）出示动物头饰，请幼儿说一说自己想扮演的动物，并进行头饰的选择。
（2）请幼儿站到起点线，老师吹响哨子，幼儿模仿自己选择的动物角色的运动方式向终点迈进。
（3）请幼儿交换角色，重复进行比赛。
4. 说说速度最快的动物
师：小朋友们都亲自体验了小动物们是怎么运动的，现在请大家说一说，谁是运动会的冠军呢?
（1）出示动物图片，请幼儿说一说哪种动物的速度最快。
（2）请幼儿根据自己的想法，将动物图片按速度从快到慢进行排位。
（3）表扬及鼓励幼儿的做法。

（2）请幼儿思考并说一说：妈妈担心维尼会变成什么? 维尼为什么变成了汉堡? 维尼是怎么变回来的?
（3）引导幼儿了解不挑食、营养均衡的重要性。
2. 看看美食图片
师：平时小朋友们喜欢吃什么呢? 这里有一些美食照片，请大家来看一看。
（1）播放课件，引导幼儿认识各种常见食物及其名称。
（2）请幼儿指认并说出自己喜爱的食物的名称。
（3）鼓励幼儿尝试用简单口语描述自己所喜爱的食物的味道和口感：甜甜的、咸咸的、香香的、脆脆的等。
3. 给食物分类别
师：小朋友们认识好多的食品，现在我们来给食物找找“家”。
（1）出示各种食物的仿真模具，请幼儿进行观察。
（2）老师介绍食物的营养价值：各类食物吃了分别有什么好处等。
（3）引导幼儿进行食物分类（蔬果类、主食类、肉蛋奶类等）。
4. 说说“营养宝塔”
师：我们都知道合理搭配食物对身体很重要，现在我们一起来制作“营养宝塔”。
（1）老师出示金字塔模型和食物卡片，请幼儿按第一层主食类、第二层蔬果类、第三层

（2）引导幼儿认识勺子，并了解它的名称、功能及使用方法。
2. 认识餐具
师：小朋友们，老师带了些餐具，请大家看看。
（1）出示勺子和碗等餐具，通过看、摸、听（轻轻敲击）的方式感知餐具的特点。
（2）引导幼儿说出餐具的名称或根据名称指认餐具。
（3）引导幼儿说出或用动作表现出餐具的功能，如装饭的、盛饭的。
3. 使用勺子
师：请小朋友们学习使用勺子，让它变成听话的勺子。
（1）老师示范勺子的正确使用方法，请幼儿观察。
（2）分发勺子，幼儿练习用前三指拿住勺柄。
（3）分发碗，幼儿练习用勺子盛饭的动作。
4. 分享美食
师：小朋友们真能干，都知道餐具的使用方法了，接下来我们要享用美食啦!
（1）出示各种美食，请幼儿说一说自己喜欢的食物，并选择食物。
（2）请幼儿与同伴分享美食，并正确使用勺子进食。
（3）请幼儿收拾整理餐具，结束活动。

活动延伸

在社区生活中，可利用公园、小区里面适合儿童玩耍的健身器械进行运动，鼓励幼儿学习健身器械的使用技巧，培养热爱运动的好习惯。

肉蛋奶类等，用食物卡片将金字塔模型贴满。
（2）请幼儿说说哪些食物要多吃、哪些食物适当吃。
（3）表扬及鼓励幼儿的回答。

活动延伸

将制作好的“营养宝塔”置于教室合适位置，在餐点环节提醒幼儿关注“营养宝塔”，注意进餐时不挑食、适量饮食。

附材料

“营养宝塔”示意图

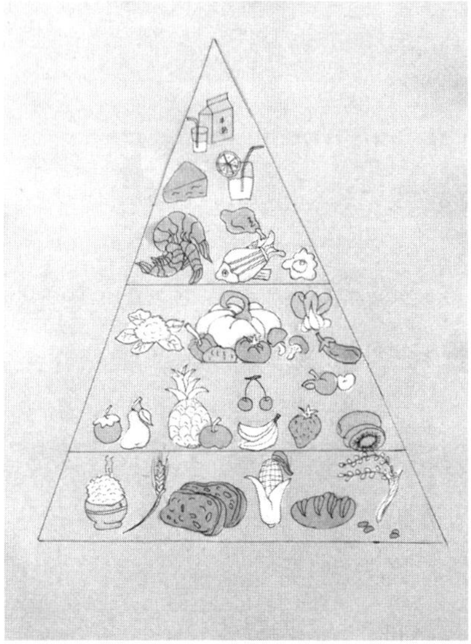

活动延伸

在一日三餐中，积极为幼儿提供使用餐具的机会，尽可能让幼儿独立完成进食。

活动领域 | **社会**　　周主题四 | **好习惯，身体棒**　　月主题二 | **我的身体**

高组	快乐接力跑	侧重领域	※ 社交技能 ※ 粗大动作

有益经验

1. 能认识手、脚不同部位的名称，并能说出手和脚的功能。
2. 在接力赛跑中，能快速在起点和终点之间来回跑，并且能灵活地将接力棒传递给其他幼儿。
3. 在小组竞技游戏中锻炼互相协作的能力，感受集体合作的重要性。

活动准备

◎课件：手和脚的图片。
◎有声接力棒6个、大鼓2个、哨子1个。
◎乐曲:《快和慢》。
◎金、银奖牌各1组。

活动过程

1. 认识手和脚
师：小朋友们，这里有一些照片请你们来看一看。
(1)播放课件，帮助幼儿认识手和脚的不同

中组	欢乐运球	侧重领域	※ 社交技能 ※ 粗大动作

有益经验

1. 通过实物、图片等认识常见体育器材——篮球，并理解篮球小游戏的简单规则。
2. 以同伴合作的方式运送篮球，同时能手脚协调地侧向行走。
3. 在同伴合作游戏中感受游戏的乐趣，体验成功的喜悦感。

活动准备

◎篮球若干个。
◎课件：使用篮球进行游戏的图片。
◎大球筐1个、小球筐若干个。
◎歌曲:《小不点　大篮球》。
◎毛巾(大小能兜住篮球)若干条。
◎幼儿喜爱的饮品每人1份。

活动过程

1. 认识篮球
师：小朋友们，老师今天带来一个好玩的物件，扔到地上时它会“嘭嘭嘭”地响，猜猜它是什么?

低组	大球推推乐	侧重领域	※ 社交技能 ※ 粗大动作

有益经验

1. 能认识手和脚的名称，了解手和脚的功能。
2. 在互相推、传球的活动中锻炼双手协调能力及肌力，并能完成推球行走的动作。
3. 感受集体游戏的快乐，进一步适应集体生活。

活动准备

◎歌曲:《大皮球》。
◎图片：手、脚的图片。
◎大龙球2个。
◎乐曲:《胜利》。

活动过程

1. 音乐律动
师：小朋友们都很喜欢玩球，我们一起来唱一首歌，叫作《大皮球》。
播放歌曲，请幼儿跟随老师进行律动模仿。

部位的名称。

（2）请幼儿说一说手、脚的功能。

2. 玩转接力棒

师：老师带来了接力棒，让我们的小手动起来，传递接力棒吧！

（1）请幼儿围成圆圈坐好，出示接力棒并使之发出声音，吸引幼儿注意。

（2）引导幼儿认识接力棒，并掌握接力棒的抓握及传递动作。

（3）老师播放一小段音乐，请幼儿感知音乐节奏，随后说明游戏规则：音乐快则快传，音乐慢则慢传。

（4）请幼儿跟随音乐将接力棒逐个往右边传递，直至所有接力棒均传递出去（可反向进行，重复游戏）。

3. 接力大比拼

师：小朋友们做得真不错！接下来要把你们能干的小手、小脚都用上，我们来玩接力赛跑的游戏。

（1）老师将幼儿分成两组，在起点线前排成两列纵队，每组终点处各放置一个鼓。

（2）老师说明游戏规则：每组第一个小朋友拿着接力棒，听到哨声响起即开始朝终点处快速跑去并敲打终点的鼓，然后原路返回，把接力棒交给下一位小朋友，游戏继续进行。

（3）请两名幼儿进行接力赛跑游戏的示范。

（4）请幼儿分组合作进行接力赛跑，先完成的组胜出。

（1）老师将篮球藏于背后，请幼儿猜一猜。

（2）出示篮球，请幼儿想想篮球有哪些玩法，并做一做。

2. 篮球游戏

师：小朋友们知道吗，篮球还可以用来玩这些游戏哦！

（1）播放课件，向幼儿介绍与篮球相关的游戏。

（2）请幼儿想想自己喜欢哪些游戏，说一说并做一做。

3. 身体运球

师：今天老师准备了好多篮球，请你跟小伙伴一起来合作搬运吧！

（1）老师边讲解规则边请两名幼儿示范游戏的玩法：幼儿两人一组，在起点线面对面站好，用胸腹部位置夹住篮球，两人协调地进行侧向行走，直至走到终点，将球投入筐中。

（2）播放歌曲，请幼儿两两一组运球，在规定时间内运球数量最多的组获胜。

（3）请幼儿背对背站好，用背部夹住球，依照上述规则进行比赛。

4. 毛巾运球

师：老师这里有一条毛巾，请小朋友们想一想用它是不是也能运球呢？

（1）老师边讲解规则边请两名幼儿示范游戏的玩法：幼儿两人一组，把毛巾平铺在地上，将篮球放在毛巾上，双手各拽住毛巾的两个角，将篮球抬起走至终点。

（2）请幼儿两两一组进行运球，在规定时间

2. 图片认知

师：小朋友们想想，玩球的时候我们要用到哪些身体部位呢？

（1）展示手、脚的图片。

（2）引导幼儿认识手、脚的名称，了解手、脚的功能。

3. 推球游戏

师：小朋友们律动做得很棒，下面请大家一起来玩推球的游戏吧！

（1）引导幼儿将椅子围成圆圈摆放，并坐下来。

（2）老师示范游戏玩法：双手手臂弯曲、立掌，用力向前推大龙球，把球随机推给圆圈内的幼儿或辅教，再请对方将球推向另一个人。

（3）请幼儿想一想，要把球推给哪位好朋友。

（4）组织幼儿互相推球。

4. 推球比赛

师：小朋友们推球推得真棒，我们来比比看，谁能更快地把球推到终点？

（1）老师示范边推球边沿直线向前走。

（2）请幼儿试试推大龙球。

（3）播放乐曲《胜利》，每次请两名幼儿为一组，各自推大龙球走到终点，速度快者获胜。

5. 收拾完具

师：小朋友们玩累了，我们把大龙球送“回家”休息吧。

（1）老师示范将大龙球推回放置区放好。

（2）引导幼儿一起把球归位放好。

4. 颁发奖牌
师：刚刚小朋友们都很努力地完成比赛，表现得非常棒！现在要给大家颁发奖牌啦！
（1）请幼儿到“颁奖台”站好。
（2）老师逐一给幼儿颁发奖牌。

活动延伸

在户外活动中设计3人以上的小组合作游戏，鼓励幼儿参与同伴互动游戏，增强集体意识和协作意识。

附材料

有声接力棒

内运球数量最多的组获胜。
（3）表扬幼儿的行为，并奖励幼儿饮品。

活动延伸

在自由活动时间，引导幼儿探索篮球的多种玩法，增强球类运动技能。

附材料

身体运球和毛巾运球示意图

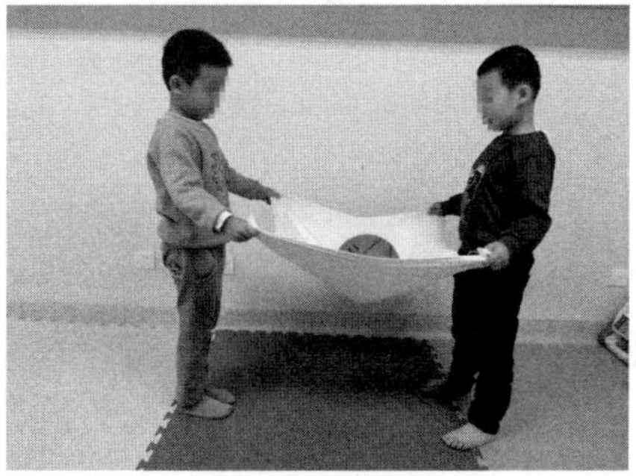

（3）肯定幼儿帮忙整理大龙球的行为，夸赞幼儿。

活动延伸

在运动训练活动中，设置目标物（如球门），协助幼儿完成在一定距离外对准目标物推球的练习。

附材料

大龙球

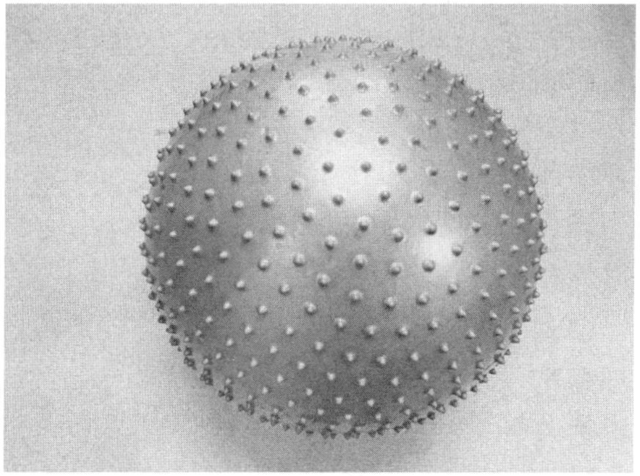

活动领域	科学	周主题四	好习惯，身体棒	月主题二	我的身体

高组	多彩视界	侧重领域	※ 认知 ※ 精细动作

有益经验

1. 知道眼睛的功能，并能使用眼睛观察万花筒的奇妙变化。
2. 通过对万花筒的操作与探索，用简单语言表述自己的发现和感受。
3. 能将彩色纸剪成较细小的碎片。
4. 在使用万花筒的过程中，能萌发出自主探索的意识，形成初步的观察力及专注力。

活动准备

◎歌曲:《我把眼睛藏起来》。
◎图片：眼睛的图片1张。
◎课件：万花筒镜头下的系列图片。
◎自制简易万花筒每人1个。
◎各种彩色纸1批。
◎剪刀每人1把。

活动过程

1. 做音乐游戏
师：小朋友们，今天我们来玩一个游戏，叫

中组	身体动起来	侧重领域	※ 认知 ※ 粗大动作

有益经验

1. 能认识身体各个部位的名称，以及不同部位的运动方式。
2. 能进行连续两个粗大动作的模仿。
3. 使用手、脚、腰等身体部位对不同运动类玩具进行使用，探索并感知身体各个部位的运动方式。
4. 大致了解身体运动的意义，对身体运动产生兴趣。

活动准备

◎视频:《多运动，身体棒》。
◎关节可活动的人偶娃娃1个。
◎摇铃、气球、呼啦圈、皮球、小蹦床等运动类玩具1批。
◎歌曲:《我的身体最神气》。

活动过程

1. 观看运动的视频
师：小朋友们，你们喜欢运动吗？我们来看

低组	眼睛和小手	侧重领域	※ 认知 ※ 精细动作

有益经验

1. 能认识身体部位，如眼睛、手等，知道名称并了解其功能。
2. 能追视泡泡的飘动方向，并能用双手较准确地拍打泡泡。
3. 能用手握住较粗的白板笔，尝试画圆圈。
4. 在集体作画的过程中巩固集体活动参与意识。

活动准备

◎泡泡水1瓶。
◎课件：手和眼睛、体现手和眼睛功用的系列图片。
◎魔术箱1个。
◎彩色白板笔1批。
◎大白板（展示板）1块。
◎手指谣:《眼睛和小手》。

活动过程

1. 追泡泡和拍泡泡
师：请小朋友们看看，老师手上有什么？

作“我把眼睛藏起来”。
播放歌曲，请幼儿跟随老师做音乐游戏。

2. 说说小眼睛

师：眼睛对我们来说是非常重要的器官，让我们一起来看看！

（1）出示图片，请幼儿观看图片并说出名称。
（2）引导幼儿说一说眼睛的功能。

3. 赏万花筒图

师：老师这里有一些非常漂亮的图片，请大家来欣赏一下。

（1）播放课件，展示万花筒镜头下的美丽画面。
（2）引导幼儿说一说看到的画面是怎么样的，感受如何。

4. 万花筒探秘

师：这些多彩的画面，用你们的眼睛通过小小的万花筒能看见更多哦！

（1）老师出示万花筒，向幼儿介绍万花筒的名称。
（2）老师示范万花筒的使用方法：眯起一只眼睛，用另一只眼睛透过小孔朝里看。
（3）请幼儿上前试用万花筒。
（4）发放万花筒请幼儿自行观察。

5. 创作新视界

师：小朋友们还可以当魔术师，让万花筒变得更好看，一起来试试吧。

（1）请幼儿挑选自己喜欢的彩色纸剪成碎片，更换万花筒里的纸片，装回盖子，再行观察。
（2）老师请幼儿表达所看到的景象，并肯定幼儿动手操作及认真观察的行为。

看关于运动的动画片吧！

（1）播放视频，同时给予简要的说明。
（2）引导幼儿了解必要的运动对身体健康的重要性。

2. 认识身体怎么动

师：小朋友们，我们身体有哪些部位能动起来呢？请小朋友们找一找。

（1）出示人偶娃娃，引导幼儿进行观察和思考。
（2）老师扭动人偶娃娃不同部位，如脖子的转动、手臂及手腕的转动、膝盖的弯曲等，使幼儿直观感受身体不同部位的运动，同时认识身体部位的名称。
（3）老师扭动人偶娃娃的不同身体部位并发出相应的指令（如“扭扭头”），请幼儿进行动作模仿，体验身体的运动。

3. 我的身体动起来

师：小朋友们，我们来动一动身体，再说一说身体哪里动了。

（1）老师做动作，请幼儿模仿做同样的动作。
（2）引导幼儿说说哪个身体部位动了，怎么动的。
（3）出示各类玩具，请幼儿挑选自己喜欢的玩具进行运动。
（4）引导幼儿交换玩具，探索运动身体的不同部位。

4. 一起做音乐律动

师：小朋友们，你们都有一个又灵活又神气的身体，我们一起来夸夸自己吧！

播放歌曲，引导幼儿边唱边做律动。

（1）老师出示泡泡水，介绍泡泡水的名称和用法。
（2）老师向不同方向吹出泡泡，引导幼儿观察泡泡飞到哪里了。
（3）老师请幼儿用小手拍泡泡。

2. 认识小手和眼睛

师：刚才玩拍泡泡的游戏时，大家做得真棒，你们的眼睛和小手都很厉害哦！

（1）播放课件，引导幼儿认识手和眼睛，了解手和眼睛的功能。
（2）引导幼儿说出“手”和“眼睛”或指认图片。
（3）请幼儿找找自己的手和眼睛、小伙伴的手和眼睛。

3. 画出漂亮的泡泡

师：老师这里有个魔术箱，我们可以用里面的东西来画好看的泡泡。

（1）出示魔术箱吸引幼儿注意。
（2）请幼儿逐个上来摸出一支彩色白板笔。
（3）老师示范在白板画出圆形的泡泡，向幼儿强调眼睛和手的配合。
（4）将白板置于低位，请幼儿一起在白板的空白处画泡泡。
（5）请幼儿一起欣赏共同完成的作品。

4. 眼睛和手都能干

师：小朋友们真能干，画了好多泡泡。这是因为大家的眼睛和小手都很棒。

（1）老师边念唱手指谣边示范手指游戏。
（2）请幼儿跟着老师做手指游戏。
（3）表扬幼儿，结束活动。

活动延伸

将万花筒发放给幼儿带回家，在家长的辅助下，幼儿可投放珠子、糖纸碎片等物品到万花筒内来欣赏和观察。

附材料

万花筒的制作方法

（1）材料：镜面纸（大小合适的镜条）、卷纸芯筒（保鲜袋芯筒）、过塑纸、厚卡纸、透明胶、胶水等。

（2）制作步骤图

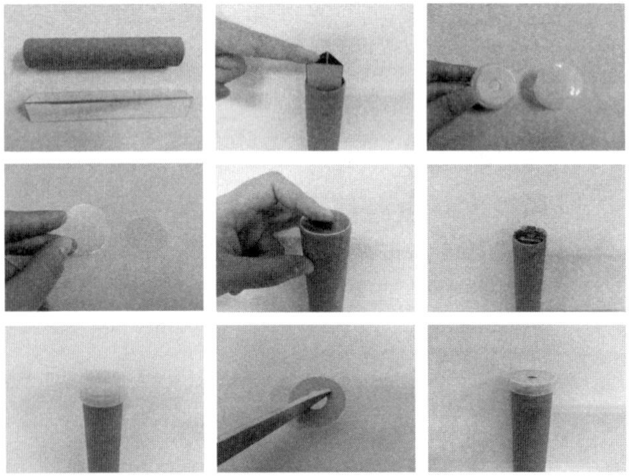

活动延伸

在各种活动的热身环节设计简单的模仿游戏，如“请你跟我这样动”，鼓励幼儿探索各个身体部位。

附材料

关节可活动的人偶

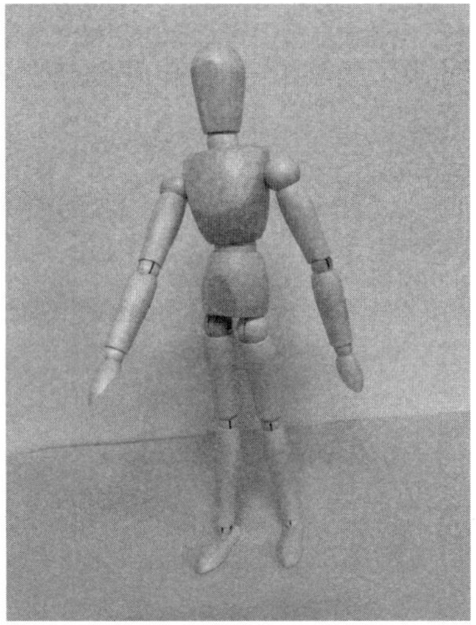

活动延伸

在区角活动中投放穿珠、蘑菇钉盘等玩具，锻炼幼儿手眼协调的能力。

附材料

手指谣《眼睛和小手》

眼睛和小手，一对好朋友（指眼睛，再拍手）；

眼睛先看好，再动小小手（指眼睛，再抖手）；

让我们变成能干的小朋友（双手竖起大拇指）。

活动领域	艺术	周主题四	好习惯，身体棒	月主题二	我的身体

高组	洗澡卫生好	侧重领域	※ 粗大动作 ※ 语言表达

有益经验

1. 认识并能说出常见的洗浴用具（花洒、水桶、脸盆、沐浴球）的名称和用途。
2. 了解清洗身体的步骤，并能伴随音乐一边做动作，一边唱出拟声词。
3. 感受唱游活动的乐趣，巩固乐于洗澡、清洁的个人卫生意识。

活动准备

◎音频：哗哗的水声。
◎课件：花洒、水桶、脸盆、沐浴球等洗浴用具的图片。
◎歌曲：《洗澎澎》。
◎沐浴球每人1个、润肤露1瓶。

活动过程

1. 认识洗浴用具
师：小朋友们，你们听听这是什么声音，猜猜这是在做什么?
（1）播放音频，请幼儿听声音、猜活动。
（2）老师与幼儿进行讨论，洗澡时都会使用到哪些卫浴和生活用品。

中组	起床歌	侧重领域	※ 粗大动作 ※ 认知

有益经验

1. 能看图片理解并说出日常生活常见的场景与动作：睡觉、刷牙、洗脸、吃饭。
2. 能根据歌词，模仿刷牙、洗脸、吃饭等动作。
3. 体验日常生活常见场景，感受韵律活动带来的欢乐。

活动准备

◎视频：《小熊起床》。
◎课件：刷牙、洗脸、换衣服、吃饭等场景的图片。
◎歌曲：《抱抱熊起床歌》。
◎小熊头饰每人1个。

活动过程

1. 观看视频
师：小朋友们，我们一起来看一个有趣的故事吧。
（1）播放视频，请幼儿观看，老师做简要的讲解。
（2）老师引导幼儿说一说小熊是怎么起床的，

低组	小手帕擦一擦	侧重领域	※ 生活自理 ※ 认知

有益经验

1. 能认识手帕，了解手帕的用途。
2. 能找到头、手等身体部位，同时能根据歌词模仿做“擦”的动作。
3. 学习使用手帕进行自我清洁，养成良好的个人卫生习惯。

活动准备

◎脏脸蛋的布娃娃1个。
◎手帕每人1块。
◎歌曲：《小手帕》。
◎课件：关于手帕的用途的图片。

活动过程

1. 认识手帕
师：这个宝宝的脸蛋好脏呀！我们该用什么帮它洗干净呢?
（1）出示布娃娃，老师引导幼儿想一想要使用什么物品给娃娃擦脸。
（2）老师出示一块手帕及一件对比物，请幼

（3）播放课件，请幼儿认真观看，说出花洒、水桶、脸盆、沐浴球的名称及用途。

2. 了解洗澡步骤

师：洗澡是一件有趣又好玩的工作，讲卫生的宝宝都爱做，我们也要学一学。

（1）播放歌曲，请幼儿用搓搓、擦擦、拍拍的动作感知节奏。

（2）老师向幼儿提问："洗"了哪些身体部位？是怎么做的？鼓励幼儿大胆说出自己的做法。

（3）老师示范并讲解清洗身体部位的步骤：头发（双手手指抓抓头发）—小脸（双手轻轻在脸上打圈）—双手（双手互相搓一搓）—肚子（双手放肚子上面顺时针打圈）—双脚（跺跺脚）—屁股（双手拍屁股）。

（4）播放歌曲，老师引导幼儿伴随歌曲节奏按照清洗的步骤模仿洗澡的动作。

3. 参与唱游活动

师：小朋友们，一边唱歌一边洗澡更加轻松愉快，我们来体验一下吧。

（1）老师慢速清唱歌曲，请幼儿衔接唱出后半部分"洗澎澎"。

（2）引导幼儿唱出一句歌词的前部分，老师衔接唱出"洗澎澎"，与幼儿合作演唱。

（3）请幼儿领取沐浴球，伴随音乐一边歌唱一边用沐浴球"洗澡"。

4. 抹一抹润肤露

师："洗澡"洗好啦！小朋友们干干净净的真可爱。

起床后做了哪些事情。

2. 观看图片

师：原来起床后要做这么多事情呀！要先做哪些事情呢？

（1）播放课件，请幼儿认真观看，并引导幼儿说一说图片的内容。

（2）请幼儿学习做一做图片里面的动作，以加深幼儿对动词的理解。

3. 音乐律动

师：小朋友们，我们来听一首好听的歌曲，叫《抱抱熊起床歌》。

（1）播放歌曲，引导幼儿注意聆听，感知歌词里面的动作。

（2）老师根据歌词，边请幼儿回忆图片中起床的场景边示范动作。

（3）老师引导幼儿做动作模仿。

（4）播放歌曲，请幼儿做音乐律动；同时播放课件，跟随歌词切换相应的图片，提示幼儿做动作。

4. 跳圆圈舞

师：小朋友们，"小熊"起床来到了幼儿园，要跟小伙伴一起跳舞啦！

（1）老师出示头饰，示范把头饰戴在头上。

（2）发放头饰给幼儿，并引导幼儿正确佩戴。

（3）老师引导幼儿在歌曲前奏、间奏时围圈拉好手，跟随节奏慢慢顺时针走动，在歌词部分跟随老师做动作。

（4）歌曲结束，老师与幼儿进行道别，结束活动。

儿选一选或说一说，应该使用哪一个给娃娃擦脸。

（3）请幼儿试试使用手帕给娃娃擦脸。

2. 音乐律动

师：手帕用处可多了，我们来听宝宝说说手帕还有什么用处呢？

（1）播放歌曲，请幼儿一边聆听一边拍手感知节奏。

（2）播放课件，使幼儿明白手帕还有擦手、擦汗、擦鼻涕等用途。

（3）请幼儿观看图片，模仿图片的动作。

（4）播放歌曲，引导幼儿跟随歌词模仿老师做动作。

3. 学用手帕

师：让我们使用小手帕来擦擦小手、小脸吧！

（1）向幼儿发放手帕。

（2）请幼儿跟随歌词使用手帕清洗相应的身体部位。

（3）鼓励幼儿轮流上前进行律动表演。

4. 洗小手帕

师：手帕用脏了，我们拿去洗洗吧。

（1）老师引导幼儿依次排队去洗手池。

（2）引导幼儿进行简单的手帕清洗。

（1）老师逐一给幼儿涂抹润肤露。
（2）请幼儿互相闻一闻“香宝宝”，结束活动。

活动延伸

在日常活动中，鼓励幼儿主动洗澡、清洁身体，养成个人卫生好习惯。

附材料

歌曲《洗澎澎》
稀里哗啦稀里哗啦（双手举高做水往下流动作），洗澎澎洗澎澎（做洗头发动作）；
稀里哗啦稀里哗啦（双手举高做水往下流动作），洗澎澎洗澎澎（做洗小脸动作）；
稀里哗啦稀里哗啦（双手举高做水往下流动作），洗澎澎洗澎澎（做洗双手动作）；
稀里哗啦稀里哗啦（双手举高做水往下流动作），洗澎澎洗澎澎（做洗肚子动作）；
稀里哗啦稀里哗啦（双手举高做水往下流动作），洗澎澎洗澎澎（做洗双脚动作）；
稀里哗啦稀里哗啦（双手举高做水往下流动作），洗澎澎洗澎澎（做洗屁股动作）。

活动延伸

在早晨及午睡起床时，引导幼儿主动完成刷牙、洗脸、吃饭等步骤，提高生活自理能力。

活动延伸

在一日活动流程中协助幼儿学习使用手帕进行清洁（擦嘴、擦手、洗脸）。

月主题三

秋天来了

主题网络推导

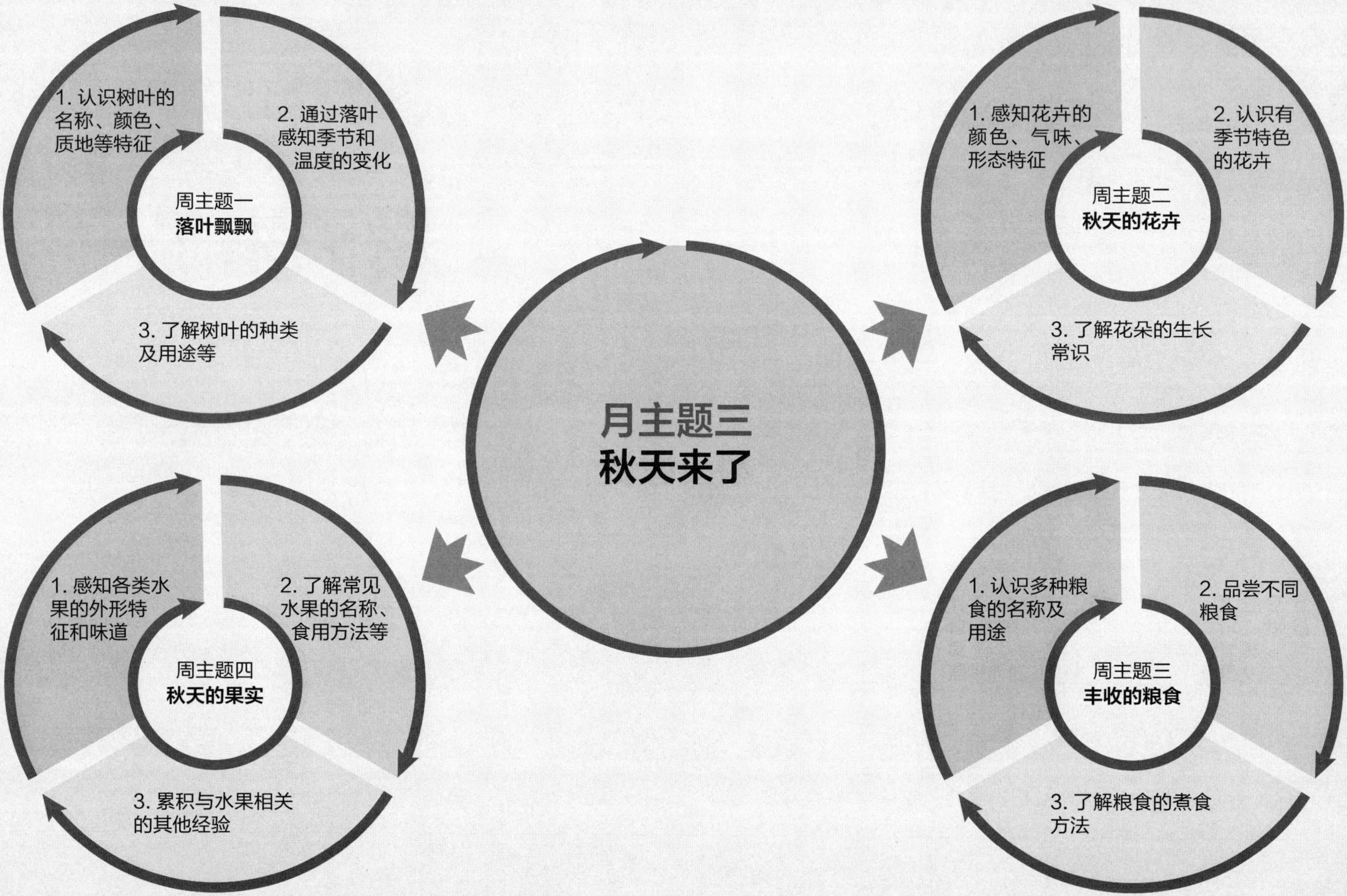
1. 认识树叶的名称、颜色、质地等特征
2. 通过落叶感知季节和温度的变化
周主题一
落叶飘飘
3. 了解树叶的种类及用途等
1. 感知花卉的颜色、气味、形态特征
2. 认识有季节特色的花卉
周主题二
秋天的花卉
3. 了解花朵的生长常识
月主题三
秋天来了
1. 感知各类水果的外形特征和味道
2. 了解常见水果的名称、食用方法等
周主题四
秋天的果实
3. 累积与水果相关的其他经验
1. 认识多种粮食的名称及用途
2. 品尝不同粮食
周主题三
丰收的粮食
3. 了解粮食的煮食方法

活动领域	健康	周主题一	落叶飘飘	月主题三	秋天来了

高组	勤劳小园丁	侧重领域	※ 生活自理 ※ 认知

有益经验

1. 能认识与种植活动相关的动作：浇水、铲土、除草、扫落叶等。
2. 能掌握简单照顾花草的方法，如模仿做“浇”“铲”“拔”等动作。
3. 能在照顾植物的活动中体验园艺工作的成就感。

活动准备

◎视频:《浇花》。
◎课件：浇水、松土、除草、擦洗叶子、修剪叶子等养护绿植的图片。
◎园丁铲、洒水壶、小抹布、水桶、一次性手套等工具适量。

活动过程

1. 观看视频
师：小朋友们，你们知道怎么给花儿和绿植浇水吗?
（1）请幼儿简单说说自己的想法和经历。
（2）播放视频，老师辅以必要的讲解，帮助幼儿了解浇花的过程和做法。

中组	秋风扫落叶	侧重领域	※ 生活自理 ※ 精细动作

有益经验

1. 了解落叶、天气变凉等秋天的季节特征。
2. 能掌握垃圾铲、扫把等清扫工具的使用方法，并尝试清扫落叶。
3. 能在清扫落叶的工作中感受到清洁工作的必要性，并乐于参与清扫劳动。

活动准备

◎视频:《落叶》。
◎各种形状、颜色的落叶若干片。
◎扫把、垃圾铲等工具1批。
◎垃圾筐1个。

活动过程

1. 认识秋天与落叶
师：秋天到了，秋风吹起来了，树上飘下美丽的落叶，我们来看一看吧。
（1）请幼儿观看视频，老师进行简要的说明，帮助幼儿了解落叶是秋天的季节特征之一。
（2）引导幼儿说一说秋天的气候变化（天气

低组	有趣的落叶	侧重领域	※ 精细动作 ※ 粗大动作

有益经验

1. 能认识落叶，并尝试根据落叶的颜色、形状特征进行大致分类。
2. 能完成双手捧起落叶向上抛、使用前三指捡起树叶、用手抓住飘落的树叶等动作。
3. 在轻松有趣的游戏中感受在玩中学的愉悦情绪。

活动准备

◎落叶（两种颜色、形状的落叶一大篮）。
◎音频：风吹的声音。
◎小篮子若干个。

活动过程

1. 认识落叶
师：秋天给我们带来了神秘的礼物，你们猜猜是什么?
（1）老师出示落叶，引导幼儿认识落叶，并说出名称、颜色等。
（2）老师让落叶飘落，请幼儿感知落叶飘落的

2. 看图说话

师：要想植物长得好，除了浇水，我们还要做一些其他的养护工作，一起来看看吧。

（1）播放课件，展示浇水、修剪叶子、松土、除草等图片，向幼儿说明养护植物的常见做法。

（2）请幼儿依据图片复述如何进行植物养护，并模仿做一做相应的动作。

3. 试当园丁

师：小朋友们都知道怎么养护植物了，我们来试试当个小园丁吧！

（1）请幼儿有序地排队到种植园。

（2）老师示范照顾植物的正确方法：用铲子松土，使用洒水壶浇水，戴上手套拔杂草，用抹布擦洗叶子，将适量的落叶放回植物根部等。

（3）引导幼儿表达自己的工作意愿并进行分组，负责不同的养护工作。

（4）老师逐一发放工具，引导幼儿分工进行照顾植物的工作。

4. 收拾工具

师：小朋友们真能干，把植物照顾得棒棒的！现在我们来把工具收拾一下吧！

（1）请幼儿收拾工具，分类放至指定位置。

（2）表扬并肯定幼儿的行为。

活动延伸

在户外活动时安排幼儿给户外的植物进行浇水、除草等工作。

变凉了）。

2. 认识清扫工具

师：请小朋友们看一看，老师这里有什么呢？

（1）出示清扫工具（扫把、垃圾铲、垃圾筐），请幼儿说出清扫工具的名称。

（2）老师说明工具的使用方法，并演示如何使用工具清扫落叶，可请幼儿上前尝试使用工具进行清扫。

3. 学习清扫落叶

师：户外有很多落叶，请小朋友赶快和老师一起去把落叶清扫干净吧！

（1）引导幼儿有序地排队到户外。

（2）老师示范使用垃圾铲和扫把清理地面的落叶。

（3）给幼儿分发工具，引导幼儿清扫落叶。

（4）请幼儿合作把垃圾放进垃圾筐里。

4. 协同收拾工具

师：小朋友们把落叶清扫得很干净，非常棒！我们现在把工具收拾好，回去休息啦！

（1）请幼儿将清扫工具带回并放至指定地点。

（2）请幼儿完成洗手、如厕的活动，回教室休息。

活动延伸

在自理活动中，请幼儿使用清扫工具协助老师进行班级教室的大扫除。

过程。

2. 落叶飞舞

师：小朋友们，落叶飘落下来很漂亮吧？现在我们跟着落叶动起来吧！

（1）播放风吹的音频，老师抓起一把落叶用力往上抛，引导幼儿转圈感受落叶飘落的过程，并用手抓住飘落的叶子，用肢体模仿落叶的飘落等。

（2）老师组织幼儿进行“我抛你捡”的游戏：幼儿两两一组，一人抛、一人捡，并可互换角色进行游戏。

3. 落叶图案

师：请大家休息一下，看看落叶能摆出什么有趣的图案？

（1）关闭音频，请幼儿原地坐下休息。

（2）老师示范捡起身边的落叶，摆成圆形、心形等形状。

（3）鼓励幼儿捡起身边的落叶，按自己的意愿在地面摆出不同图案，并与老师、伙伴分享自己创作的落叶图案。

4. 捡拾落叶

师：小朋友们玩得好开心呀！我们现在需要把落叶捡起来。

（1）请幼儿将落叶捡拾到篮子里。

（2）请幼儿洗净手，表扬并奖励幼儿。

活动延伸

在课间活动中，引导幼儿抛起羽毛、纸片等物品，观察不同物品飘落的场景。

活动领域 | **语言**　　周主题一 | **落叶飘飘**　　月主题三 | **秋天来了**

高组	落叶之歌	侧重领域	※ 语言表达 ※ 认知

有益经验

1. 认识椭圆形、心形、扇形等形状并能说出其名称。
2. 能在语言提示下边模仿做动作，边有节律地念唱童谣。
3. 乐于跟随老师进行简单童谣念唱，感受语言韵律的美感。

活动准备

◎视频:《秋天的落叶》。
◎手工制作的落叶(心形、扇形、椭圆形)若干张。
◎小黑板1块。
◎童谣:《落叶花》。

活动过程

1. 欣赏美丽的落叶
师：小朋友们，你们喜欢秋天吗？我们一起去看看美丽的落叶吧！
(1)播放视频，请幼儿观看并感受秋天的景色。
(2)引导幼儿说说秋天的变化(天气等)。

中组	落叶跳舞	侧重领域	※ 语言理解 ※ 粗大动作

有益经验

1. 能理解“转圈”“滑”“飘”等不常见的动词。
2. 能模仿绘本故事情节，根据不同动词名称做出相应的连续动作。
3. 能在语言与动作相结合的表演式游戏中感受乐趣。

活动准备

◎落叶1小袋。
◎绘本:《落叶跳舞》。
◎歌曲:《小小落叶》。

活动过程

1. 猜一猜礼物
师：小朋友们，秋风婆婆托我给你们带来了礼物，你们猜猜是什么？
(1)老师出示装有落叶的布袋，请幼儿用手摸一摸。
(2)老师请幼儿取出落叶，并说出名称、颜

低组	落叶的旅行	侧重领域	※ 语言理解 ※ 认知

有益经验

1. 认识蚂蚁、蜗牛、小鱼等动物，并能说出名称或进行指认。
2. 能通过说“我愿意”或用点头的方式表达自己的意愿。
3. 愿意参与角色扮演游戏，萌发积极表达意愿的意识。

活动准备

◎音频：风吹树叶的声音。
◎课件一：落叶飘落的场景。
◎课件二：蚂蚁、蜗牛、小鱼的图片。
◎故事:《落叶的旅行》。
◎蚂蚁、蜗牛、小鱼的头饰各1个。

活动过程

1. 感知秋天的落叶
师：小朋友们仔细听一听，沙沙沙，这是什么声音呢？
(1)播放音频，请幼儿注意听。
(2)老师向幼儿讲解这是风吹树叶的沙沙声，同时播放课件一，展示落叶飘落的场景。

2. 给“落叶”起名字

师：秋天，树叶从树上飘落非常美，都有什么样的树叶呢？

（1）出示“落叶”，请幼儿观察“落叶”的形状。

（2）引导幼儿根据形状的不同为“落叶”命名：扇形落叶、心形落叶、椭圆形落叶等。

3. 给落叶“排”好队

师：不同形状的落叶是好朋友，它们要排队跟着风儿去玩啦！

（1）请幼儿将三种不同形状的“落叶”在小黑板上贴成一排。

（2）老师按顺序指向“落叶”，请幼儿说出形状名称，如扇形、心形、椭圆形。

4. 给落叶念童谣

师：落叶已经排好队啦！现在请小朋友们来给它们唱首歌吧！

（1）老师有节律地念唱童谣，同时做简单动作帮助幼儿记忆，请幼儿跟随念唱。

（2）重复数次熟悉童谣后，老师将椭圆形、心形的“落叶”交换位置，引导幼儿重新念唱童谣。

（3）请幼儿上前，边念唱童谣边表演动作。

（4）鼓励并表扬幼儿。

色等。

2. 听绘本故事

师：秋风吹下很多落叶，落叶在做什么呢？请小朋友们来看一看。

（1）老师出示绘本，向幼儿介绍绘本的名称、故事梗概等。

（2）在讲解绘本故事情节的同时，着重向幼儿强调落叶落下的动词（“转圈”“飘”“停”等）。

3. 说一说落叶

师：小朋友们，如果你是落叶，你会怎么跳舞呢？

（1）老师通过简单发问，引导幼儿回忆绘本故事情节：风起了落叶怎么做，风停了落叶怎么做？

（2）请幼儿说出“转圈”“跳”“停”等动词。

（3）请幼儿上前表演落叶跳舞的动作。

（4）请全体幼儿站起来扮演落叶，老师复述故事情节，请幼儿根据听到的情节做出相应的肢体动作与表演。

4. 学落叶跳舞

师：小朋友们，你们学落叶跳舞学得很棒哦，现在请跟着音乐一起跳舞吧。

（1）老师播放歌曲，引导幼儿拍手感知音乐节奏。

（2）老师示范动作，请幼儿跟随进行动作模仿。

（3）歌曲播放完毕，结束活动。

2. 聆听落叶的故事

师：落叶从树妈妈身上飘落，它要去做什么呢？

（1）播放课件二，老师配合图片的变换讲述故事。

（2）故事讲述完毕，请幼儿说说落叶遇到了谁，说出动物的名称或根据名称进行指认。

（3）请幼儿想想落叶是怎么飘的，老师用双手摆动做出“飘”的动作，请幼儿模仿做出动作。

3. 体验落叶的旅行

师：小朋友们想不想像落叶一样去旅行、交朋友呢？

（1）老师带领幼儿来到户外。

（2）出示动物头饰，请幼儿指认或说出名称。

（3）请三名幼儿分别扮演三种动物角色，其余幼儿扮演落叶。

（4）请三只“小动物”隔开一定距离站好，老师带领“落叶”们边摆动双手（“飘”的动作）边走，同时重复讲述故事，引导幼儿说“我愿意”或用点头表达意愿。

（5）组织幼儿交换角色，重复游戏。

4. “落叶宝宝”要回家

师：落叶交到了很多好朋友，现在它要请朋友们一起回家看看！

老师带领幼儿“飘”回教室，结束活动。

活动延伸

在幼儿区域活动中，让幼儿捡拾不同形状的树叶制作树叶标签，欣赏不同形状的树叶之美。

附材料

1. 童谣《落叶花》

风吹树叶哗啦啦，落到地上像朵花。

地上都有什么花，扇形、心形、椭圆形的花。

2. 不同形状的落叶

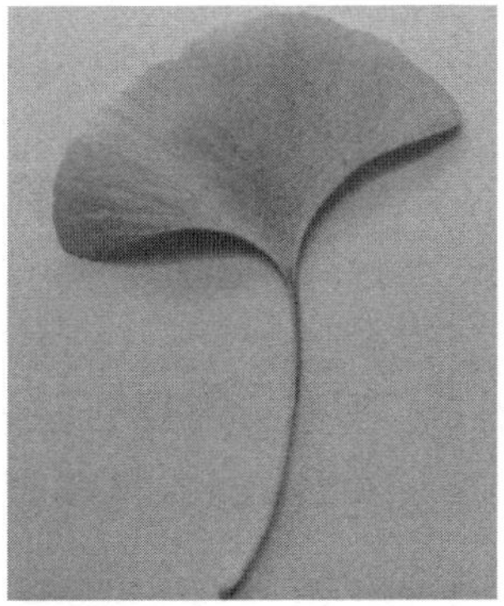

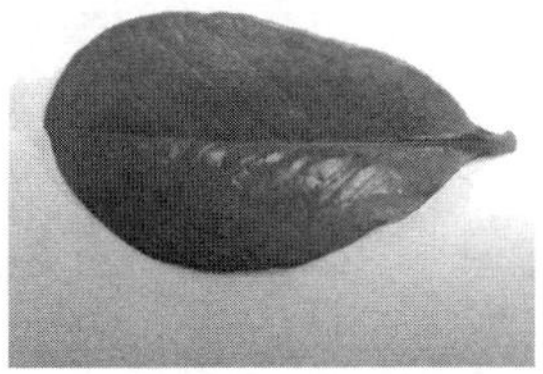

活动延伸

在游戏活动中，请幼儿想一想并说一说要做到的动作，如“跑”“跳”等，加强幼儿对动词的理解与表达能力。

活动延伸

请家长周末带领幼儿到户外感知落叶、观察树叶，感受秋天的季节变换。

附材料

故事《落叶的旅行》

秋天来了，落叶从树妈妈身上飘落下来，它要去旅行。

落叶飘呀飘，飘呀飘，遇到了小蚂蚁，小蚂蚁说：“天冷了，你能给我当被子吗？”落叶说：“我愿意！”它盖住了小蚂蚁。

落叶飘呀飘，飘呀飘，遇到了蜗牛，蜗牛说：“我困了，你能给我当小床吗?”落叶说：“我愿意！”它落在了地面上。

落叶飘呀飘，飘呀飘，遇到了小鱼，小鱼说：“下雨了，你能给我当雨伞吗?”落叶说：“我愿意！”它落到了河面上。

落叶在旅行中，交到了很多新朋友呢！

活动领域 社会	周主题一 落叶飘飘	月主题三 秋天来了

高组	风与叶	侧重领域	※ 社交技能 ※ 认知

有益经验

1. 感知落叶的形态，了解秋天的季节特征。
2. 能辨听音频音量的大小，并据此调整自己的步伐：音量大则大步走，音量小则小碎步走。
3. 乐于参与角色扮演游戏，并能在角色轮换的过程中感受集体游戏的指挥、服从与配合。

活动准备

◎歌曲：《秋天》。
◎扇叶放有不同种类的落叶的小吊扇1台(挂在高处)。
◎音频：风吹的声音。

活动过程

1. 感知落叶
师：秋天到了，天气也变凉了，秋天更是一片美丽的景色，请小朋友们随我来看看。
(1)老师带领幼儿伴随歌曲《秋天》漫步进入教室。
(2)打开风扇，让落叶从扇叶飘落下来，请

中组	树叶运动会	侧重领域	※ 社交技能 ※ 粗大动作

有益经验

1. 能认识树叶的形状，了解树叶的外形特征。
2. 了解“快”“慢”的动作，并能根据快、慢的游戏规则，使用扇子扇动落叶。
3. 遵守游戏规则，体验竞技游戏的乐趣。

活动准备

◎树叶(椭圆形、心形)1篮。
◎电吹风1个。
◎扇子每人1把。
◎大鼓1个。
◎歌曲：《会跳舞的叶子》。

活动过程

1. 树叶的样子
师：今天“树叶宝宝”要来参加秋天运动会，大家先来认识一下它们长什么样吧。
(1)老师出示树叶，引导幼儿了解树叶的颜色、形状等特征。
(2)老师请幼儿根据树叶的外形特征，找出

低组	落叶滑滑梯	侧重领域	※ 社交技能 ※ 粗大动作

有益经验

1. 欣赏秋天的景象，感受并了解秋天的季节变化。
2. 能与同伴一起排队玩滑滑梯，捡拾落叶并堆放好。
3. 了解游戏规则，体会游戏的规律与秩序感。

活动准备

◎视频：有关秋天的影像。
◎图片：有落叶的游乐场的图片。
◎落叶若干片。
◎小篮子每人1个。
◎垃圾袋1个。

活动过程

1. 欣赏秋景
师：现在是秋天了，秋天的景色是什么样子的呢?
(1)老师先播放视频再出示图片，并辅以简要的讲解，帮助幼儿感受并了解秋天户外的景物。

幼儿欣赏叶子飘落的美丽景象。
（3）请幼儿摸一摸、踩一踩树叶，感知叶子的手感、声音。

2. 说说落叶

师：秋天是个五彩的季节，你们发现树叶的颜色有什么不一样吗？
（1）老师引导幼儿拾起一两片自己喜欢的落叶，再坐回椅子上等候。
（2）老师展示树叶，请幼儿说一说树叶的颜色。
（3）请幼儿与大家说一说自己手拿的树叶是什么颜色的；引导幼儿互相找一找，谁捡到的落叶是一样的。

3. 风的大小

师：秋风吹呀吹，落叶被吹得有时快快飘、有时慢慢飘，让我们去感受风的力气有多大吧！
（1）播放音频，老师控制音量的大小，请幼儿聆听。
（2）老师引导幼儿辨听声音，并用“风大了”“风小了”进行描述。
（3）老师示范动作：在风的声音大时迈大步向前走，风的声音小时小碎步向前走，根据音量的变化变换不同的步伐。
（4）请幼儿一起来试试跟随风声的大小进行大步走、小碎步走。

4. 风吹落叶

师：风真是个厉害的角色啊！谁想成为它？
（1）老师请举手最快的幼儿扮演风的角色，并告知其他幼儿扮演落叶的角色。

两片相同的树叶。
（3）请幼儿说一说树叶的外形特征。

2. 树叶动起来

师：运动会准备开始了，可是“树叶宝宝”还躺着不动，该怎么办？
（1）老师出示电吹风，向幼儿介绍其名称和功能。
（2）老师用电吹风把桌面的树叶吹到地面，让幼儿感知树叶被吹动的状态。
（3）鼓励幼儿尝试用拍、扇、吹等方法使树叶移动。

3. 树叶大比拼

师：好啦！“树叶宝宝”能动起来了，现在就要开始比赛喽！
（1）老师用扇子展示快、慢扇风的动作，请幼儿观察。
（2）请幼儿体验快、慢扇风的动作，引导幼儿了解“快”和“慢”。
（3）请幼儿分别用快动作和慢动作来扇树叶，并说一说不同的动作导致树叶的移动有什么不一样（快、慢）。
（4）老师邀请幼儿示范使用扇子扇树叶：设置好起点线、终点线，请两名幼儿拿着扇子站在起点线上，老师快速击鼓，幼儿则快速扇树叶；老师慢速击鼓，幼儿则慢慢扇。
（5）依次给每一名幼儿分发1把扇子。
（6）请幼儿根据鼓点的快慢，使用扇子把起点处的树叶扇到终点处。

（2）老师出示落叶，请幼儿上前触摸、抛洒落叶，引起关注与兴趣。

2. 捡拾落叶

师：天气变凉，落叶都飘落了。外面的落叶可多了，我们去看看吧！
（1）老师带领幼儿排队转移至户外。
（2）分发小篮子，请幼儿自由活动，引导他们捡拾自己喜欢的落叶。

3. 落叶滑梯

师：我们可以请落叶和我们一起玩一个好玩的游戏。
（1）老师带领幼儿来到滑滑梯旁。
（2）请幼儿将捡拾的落叶堆放到滑滑梯底部。
（3）请一名幼儿体验滑到滑滑梯底部将落叶堆冲起的玩法。
（4）请幼儿用小手将落叶归拢至滑滑梯底部，并询问其他幼儿是否愿意尝试玩“落叶滑滑梯”。
（5）请幼儿排队玩滑滑梯，并让先滑下的幼儿将落叶归拢成一堆后再回去排队，方便后来的幼儿进行游戏。
（6）引导幼儿有秩序地玩滑滑梯。

4. 清理落叶

师：我们玩了很久，需要休息啦！一起把滑滑梯的落叶收拾干净吧！
（1）老师拿出垃圾袋，示范把落叶捡进垃圾袋。
（2）老师引导幼儿将落叶捡拾并放进垃圾袋。
（3）请幼儿依次排队去洗手间，清洗小手。

（2）老师示范并讲解游戏规则："风"说"起风了"，扮演落叶的幼儿就站起来；"风"说"风大了"，扮演落叶的幼儿就大步向前走；"风"说"风小了"，扮演落叶的幼儿就小碎步向前走；"风"说"风停了"，扮演落叶的幼儿就停下来。

（3）老师组织幼儿轮换角色玩游戏，并注意操控音量的大小配合幼儿进行游戏。

5. 风停下了

师：小朋友们注意听听，风声越来越小了。

（1）老师逐步降低音频的音量，直至关闭声音。

（2）告知幼儿风停了，请幼儿坐在地板上休息片刻，结束活动。

活动延伸

在户外活动中组织幼儿玩角色扮演游戏，并轮换扮演指挥者的角色，体验集体协调、服从与配合。

4. 跳舞的叶子

师：小朋友们的扇子太厉害了，树叶运动会很成功哦！

（1）老师依照幼儿扇树叶活动完成的快慢，给予相应的鼓励。

（2）邀请幼儿手拉手，伴随歌曲《会跳舞的叶子》一同跳圆圈舞，在欢快的气氛中结束活动。

活动延伸

在区角活动中投放树叶，让幼儿想办法，使用书本、帽子等物件扇动落叶，拓展幼儿思路、鼓励幼儿大胆尝试。

活动延伸

在各种活动结束后，引导幼儿有意识地捡拾垃圾并放至垃圾桶，简单参与打扫卫生的工作。

活动领域	科学	周主题一	落叶飘飘	月主题三	秋天来了

高组	落叶书签	侧重领域	※ 认知 ※ 精细动作

有益经验

1. 认识书签，了解书签的用途和使用方法。
2. 探索制作落叶书签的方法，完成翻开过塑纸、夹进落叶、穿过丝带并打结等工作程序。
3. 能说出程度副词，如树叶的“最大”和“最小”。
4. 在树叶书签的制作过程中萌发对自然事物的探索兴趣。

活动准备

◎落叶书签成品1份。
◎大小差异明显的落叶适量。
◎大小差异明显的过塑纸每人1张。
◎过塑机1台、手动打孔机1台。
◎适当长度的彩色丝带每人2根。

活动过程

1. 认识书签

师：小朋友们，书签是书的好朋友，你们知道书签有什么作用吗？

中组	数数落叶	侧重领域	※ 认知 ※ 粗大动作

有益经验

1. 认识秋天，以及秋天落叶的季节特征。
2. 能进行5以内的点数，并能根据落叶飘落的数量做出相应次数的拍手动作。
3. 能根据音乐游戏规则做蹲下的动作，并能保持一定时间的蹲位。
4. 能在“点数落叶”的游戏中感受趣味的数与量的关系。

活动准备

◎落叶适量。
◎1到5的数字卡片各1张。
◎小黑板1块、透明胶1卷。
◎歌曲：《落叶》。

活动过程

1. 认识落叶

师：秋天的天气很凉爽，还给我们带来了礼物——落叶。

低组	落叶找家	侧重领域	※ 认知 ※ 精细动作

有益经验

1. 能认识树叶，并了解树叶的名称、颜色等。
2. 能完成将树叶粘贴到墙上的动作。
3. 能在游戏中形成初步的分类意识，体验游戏的快乐。

活动准备

◎视频：《秋天的落叶》。
◎两种树木的落叶各1批。
◎大篮子2个。
◎大开张的大树模型画两张（两棵树分别贴上不同的、少量的树叶）。
◎双面胶每人1卷。
◎歌曲：《围着大树》。

活动过程

1. 看视频

师：小朋友们，秋天来了，我们一起来看看美丽的落叶吧！

（1）出示落叶书签，引导幼儿认识书签，并讲解书签的用途。

（2）邀请幼儿上前体验书签的使用方法。

2. 落叶分类

师：这里有许多落叶，可以做大书签，也可以做小书签。

（1）老师挑选三片大小不同的落叶，引导幼儿仔细观察叶子的不同。

（2）请幼儿进行对比，并说一说哪片叶子最大、哪片叶子最小。

3. 制作书签

师：做好了分类，我们可以开始制作书签啦！

（1）出示过塑纸、过塑机、打孔机和丝带，向幼儿介绍不同工具及材料的使用方法。

（2）老师示范制作树叶书签：根据树叶大小选择过塑纸，翻开过塑纸将树叶放好；等待过塑机指示灯亮起时，将过塑纸放进过塑机过塑；在书签上方中间部位打孔；在打孔位置拴上丝带。

（3）分发树叶和过塑纸，请幼儿根据树叶大小选择合适的过塑纸夹放好。

（4）请幼儿将夹好的书签交由老师进行过塑及打孔，幼儿也可在老师辅助下参与过塑及打孔环节。

（5）发放丝带，请幼儿给书签拴好丝带。

4. 互赠书签

师：小朋友们的书签做得很漂亮，快把书签

（1）老师出示落叶，引导幼儿认识落叶，说说落叶的名称、颜色等。

（2）老师在幼儿周围撒落落叶，请幼儿观察落叶的飘落。

2. 点数落叶

师：小朋友们，秋天来了，刚刚落叶都飘到你们身边了，我们来捡一捡、数一数吧！

（1）老师将数字卡片贴到小黑板上，请幼儿认读数字。

（2）请幼儿分别捡拾与数字卡片数量相等的落叶，老师协助幼儿将落叶贴到相应的数字卡片下面。

（3）引导幼儿进行树叶的点数、唱数。

3. 拍手游戏

师：小朋友们真聪明，点数落叶很认真，现在我们来和落叶玩个游戏吧！

（1）播放歌曲，引导幼儿注意倾听歌曲里唱到的数字。

（2）老师示范根据歌曲里唱到的数字进行相应次数的拍手。

（3）引导幼儿按歌曲唱到的数字进行相应次数的拍手。

4. 蹲下游戏

师：现在我们变一变玩法，落叶落下几片，我们就蹲下几次。

（1）请几名幼儿上前示范：站成一排，根据歌曲唱到的数字请幼儿依次蹲下。

（2）邀请全体幼儿参与游戏，播放歌曲，直

（1）播放视频，请幼儿观看视频。

（2）引导幼儿说出落叶的名称。

2. 找不同

师：这里有很多落叶，你们知道落叶有很多的不同吗？

（1）请幼儿通过看、摸、闻等方式感知落叶。

（2）引导幼儿观察落叶的形状、大小、颜色等，比一比落叶形状、大小、颜色的不同。

（3）请幼儿将两种不同的树叶分别放到两个篮子里。

3. 贴树叶

师：“落叶宝宝”离开“家”很久了，非常想念大树妈妈，我们来送它们回“家”吧！

（1）老师出示树的模型画，引导幼儿仔细观察树上的叶子。

（2）老师示范粘贴树叶的方法，并请1—2名幼儿上前体验。

（3）请幼儿一起协作，分别将两种叶子粘贴到两棵“树”上。

4. 做律动

师：小朋友们把“落叶宝宝”送回“家”了，它们感到开心极了，一起来跳个舞吧！

（1）播放歌曲，请幼儿跟随进行律动模仿。

（2）歌曲播放完毕，结束活动。

送给你的好朋友吧！

（1）引导幼儿把书签赠送给好朋友。

（2）请幼儿上前展示收到的书签，分享欢乐情绪。

活动延伸

在户外活动中引导幼儿一起捡拾一些落叶带回，把落叶夹放到厚的书本里面，制作简单的书签标本。

至全部幼儿都蹲下，结束活动。

活动延伸

在一日活动流程中，提供机会让幼儿对环境中的常见物件进行点数，提高幼儿点数、唱数能力。

活动延伸

幼儿在进行区域活动时，引导他们使用树叶做树叶贴画的手工。

活动领域 | **艺术**	周主题一 | **落叶飘飘**	月主题三 | **秋天来了**

高组	美丽的落叶	侧重领域	※ 精细动作 ※ 认知

有益经验

1. 有辨别粗和细的概念，直观感受并了解树叶叶脉的粗细。
2. 能尝试画出线条粗细不同的叶子，并均匀地涂色。
3. 能在画落叶的过程中加深对季节概念的认知，同时感知秋天的美。

活动准备

◎视频:《秋天的景色》。
◎宽大的落叶若干片。
◎课件：能清晰观察到树叶的叶柄、叶脉的高清图片。
◎ A4 白纸每人 1 张。
◎彩色笔每人 1 盒，两头粗细不同的深绿色白板笔每人 1 支。

活动过程

1. 欣赏秋天
师：秋天来了，落叶也翩翩起舞了，我们一起去欣赏美丽的秋天吧。

中组	落叶贴画	侧重领域	※ 精细动作 ※ 认知

有益经验

1. 感知不同落叶的形状和颜色，并用简单的言语进行描述。
2. 学习使用双面胶，能将不同形状的树叶粘贴到底板上。
3. 能在老师的引导下，结合树叶的外形特征说一说并模仿做一做动作，有大胆进行想象的意识。

活动准备

◎歌曲:《小树叶》。
◎圆形、椭圆形的不同颜色落叶 1 篮。
◎篮子 1 个。
◎落叶贴画作品若干幅。
◎双面胶、儿童安全剪刀、画笔等材料及工具每人 1 份。

活动过程

1. 音乐律动
师：凉爽的秋天来了，风婆婆把树叶吹得跳起了美丽的舞蹈，我们也和树叶一起跳舞

低组	秋天的树叶	侧重领域	※ 精细动作 ※ 认知

有益经验

1. 感知红色、绿色、黄色等常见颜色。
2. 能使用食指蘸取适量颜料，并按压到纸上。
3. 能在手指点画的过程中感受到作画的乐趣，体验创作的成就感。

活动准备

◎课件:《秋天的树叶》(红色、黄色、绿色等)。
◎画有树干和树枝的简笔画每人 1 张。
◎颜料盘每人 1 个。
◎纸巾 1 包。
◎歌曲:《秋天多么美》。

活动过程

1. 不同颜色的树叶
师：秋天来了，树叶的颜色也变了，我们一起来看看吧。

（1）播放视频，引导幼儿欣赏秋天的美景。
（2）老师讲解秋天的特征，请幼儿谈谈从视频里发现了什么，加深对秋天季节特征的印象。

2. 观察落叶

师：小朋友们，秋天的景色太漂亮了，现在请你们看一下老师手里有什么呢？
（1）出示叶子，请幼儿看一看，并说出叶子的名称、颜色等。
（2）播放课件，老师向幼儿介绍叶子的组成部分：叶片、叶柄、叶脉，引导幼儿认识叶子。
（3）展示两片不一样的叶子，请幼儿摸一摸、比一比，并说一说叶脉的粗细。

3. 画出落叶

师：小朋友们，秋天的落叶太美丽了，让我们把它画出来吧！
（1）老师示范画落叶：将落叶固定在底板上，先用浅绿色的彩色笔大致画出树叶的轮廓，再用深绿色的白板笔画出粗细不同的叶脉、叶柄等部位，最后用浅绿或土黄色的彩色笔在叶面上均匀涂色（避开细条部分）。
（2）给幼儿发放所需的画画用品。
（3）引导幼儿根据示范的步骤完成画叶子、涂颜色的工作。

4. 作品分享

师：小朋友们画得非常棒呢，来比比看，你们画的有什么不一样。
（1）邀请幼儿两两一组上前分享自己的作品，吧！
（1）请幼儿想一想、说一说并做一做叶子跳舞的样子。
（2）播放歌曲，请幼儿跟随老师做律动。

2. 感知落叶

师：落叶看起来像什么呢？大家一起来观察观察。
（1）老师把叶子从高处撒下，引发幼儿关注。
（2）请幼儿捡拾落叶至篮子里，引导幼儿仔细观察，对比树叶形状、颜色的不同。

3. 创意贴画

师：落下来的叶子可以用来做一幅美丽的作品，看看老师的树叶贴画，是不是很漂亮呀！
（1）展示落叶贴画的作品，引导幼儿欣赏并触摸由不同形状、不同颜色的叶子组成的作品。
（2）老师示范手工制作：先把双面胶撕下粘贴到树叶的背面；再将树叶修剪成自己想要的形状，轻轻撕开双面胶，把树叶粘贴到底板上，组成一定的图像；最后用画笔进行添画。
（3）请幼儿想一想、说一说自己想用树叶做什么。
（4）分发制作手工的材料和工具，请幼儿挑选喜欢的叶子，准备做手工。
（5）老师巡回指导幼儿，鼓励幼儿模仿展示的作品制作手工，也可以按自己的想象进行手工制作。

（1）播放课件，请幼儿感知不同颜色的树叶。
（2）请幼儿说一说颜色的名称或根据名称进行指认。

2. 学习做手指点画

师：秋天的树可真漂亮，我们也试试把它画出来吧。
（1）出示画有树干和树枝的简笔画，请幼儿观察。
（2）老师向幼儿说明用手指在简笔画上点上颜色当作“树叶”。
（3）出示颜料盘，老师介绍颜色的名称，请幼儿指一指、说一说颜色。
（4）老师示范点画：用食指蘸取适量的颜料，再按压在树干及树枝的位置上；用纸巾擦干净食指上剩余的颜料后再蘸取其他颜色的颜料，重复按压的步骤。
（5）可请幼儿上前体验手指点画。

3. 尝试做手指点画

师：小朋友们都学会了手指点画，现在开始自己做一做吧。
（1）给幼儿分发颜料盘和简笔画。
（2）老师指导幼儿作画，并提醒幼儿在用颜料作画时，随时使用纸巾擦手，以免弄脏衣服。

4. 赠送自己的作品

师：小朋友们画的树太美了，快把美丽的“树”送给你的好朋友吧！
（1）请幼儿逐一上前展示自己的作品，并说说想把作品送给谁。

老师引导其余幼儿说一说他们所画的叶子有什么不同。
（2）引导幼儿把画画用品收拾好并放到指定的位置。

活动延伸

鼓励幼儿去户外捡拾各式各样的落叶放到区域内展示，让幼儿进行观察并发挥想象画出各种树叶。

附材料

树叶绘画

4. 贴作品栏
师：小朋友们的作品完成得很漂亮哦，我们把它贴到作品栏给大家欣赏吧。
（1）请幼儿逐一上前展示自己的作品，老师给予点评。
（2）引导幼儿把自己的作品粘贴到作品栏。

活动延伸

鼓励幼儿使用双面胶制作其他手工，提高幼儿工具使用能力。

附材料

落叶贴画

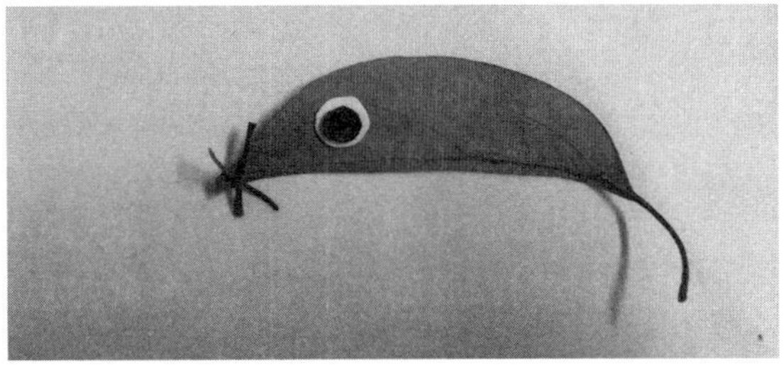

（2）伴随歌曲，引导幼儿互赠作品、互相欣赏对方的作品。

活动延伸

利用各种涂色活动，增强幼儿对颜色概念的理解能力，帮助幼儿掌握握笔涂鸦的技能。

附材料

手指点画

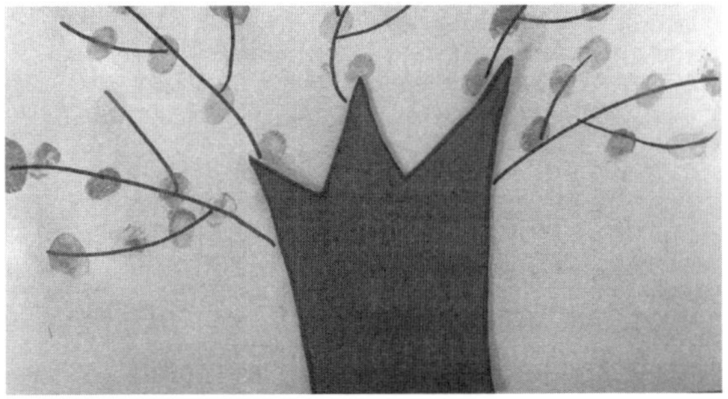

活动领域 | 健康	周主题二 | 秋天的花卉	月主题三 | 秋天来了

高组	泡花茶	侧重领域	※ 生活自理 ※ 语言表达

有益经验

1. 了解鲜花能制成花茶，并能说出常见花茶的名称，如菊花茶、玫瑰花茶、茉莉花茶等。
2. 能在语言提示下完成泡花茶的工序。
3. 在泡茶、品茶的过程中，能用恰当的口头语言描述自己的想法和感受。
4. 感受泡茶、品茶的乐趣。

活动准备

◎图片：菊花、玫瑰花、茉莉花的图片。
◎菊花、玫瑰花、茉莉花若干束。
◎菊花、玫瑰花、茉莉花的花茶各1小袋。
◎玻璃茶壶、茶匙（茶夹）等泡茶工具4—5套。
◎装有80摄氏度左右热水的小保温壶（保温杯）4—5个。
◎茶杯每人1个。

活动过程

1. 认识花朵

师：小朋友们最近认识了不少花朵，那么这些花朵你们都认识吗？

（1）出示图片，请幼儿看一看、想一想。

中组	美丽的花束	侧重领域	※ 精细动作 ※ 生活自理

有益经验

1. 能认识鲜花的名称：满天星、玫瑰花。
2. 尝试使用透明胶带固定花束，并能双手较协调地使用包装纸将花束包裹起来。
3. 使用彩带在花束的外包装上打出简单的绳结。
4. 能在花朵搭配、包装花束的过程中体验花的美感。

活动准备

◎图片：各式包装好的花束的图片（能看清常见花朵）。
◎方形彩色包装纸、透明胶带、彩带等材料适量。
◎各式花朵1批（可用假花代替）。

活动过程

1. 美丽的花束

师：将花朵作为礼物送给别人时，要包装成美丽的花束，让我们来欣赏一下吧。

（1）出示图片，请幼儿欣赏有漂亮包装的花

低组	插花	侧重领域	※ 精细动作 ※ 语言理解

有益经验

1. 能认识常见花朵2—3种，并能说出名称或根据名称进行花朵的指认。
2. 能灵活运用前三指将花插入窄口花瓶中。
3. 通过插花活动感受动手的乐趣，并学会欣赏花的美。

活动准备

◎歌曲：《赏花》。
◎课件：各种花朵的图片（与歌曲内容一致）。
◎各式花朵（带有长的花茎，可用假花代替）1批；树枝、草等带茎的装饰植物1批。
◎插花1瓶。
◎窄口花瓶若干个。

活动过程

1. 音乐律动

师：秋风吹来了，花圃里的花朵跳起了舞，我们也来跳一跳吧。

（1）播放歌曲，引导幼儿跟随老师做律动。

(2)引导幼儿说一说菊花、玫瑰花、茉莉花的名称。
(3)出示鲜花请幼儿看一看、闻一闻、摸一摸各种鲜花，并说一说它们的颜色和气味有何不同。
2. 认识花茶
师：你们知道吗，把这些鲜花晒干后制成的花茶可以泡出好喝的茶饮料哦!
(1)先后出示三种花的花茶，请幼儿仔细看一看、闻一闻。
(2)请幼儿通过对比，猜猜花茶是由什么花制成的，并说说它们的名称(玫瑰花茶、菊花茶、茉莉花茶)。
(3)请幼儿说一说自己想喝什么花茶。
3. 学泡花茶
师：每种花茶的味道都不一样，我们泡出来品一品。
(1)出示泡茶工具，向幼儿介绍茶具的名称和使用方法。
(2)老师示范泡茶方法：取适量的花茶放进玻璃茶壶，接着倒入热水至茶壶的三分之二处，盖上盖子，告知幼儿要稍等片刻，才能把花茶的味道泡出来。
(3)将想喝同一种花茶的幼儿分为一组(两到三人一组)，一起合作泡花茶，期间向幼儿强调防烫手的安全注意事项。
(4)按步骤泡好花茶后，引导幼儿观察玻璃茶壶里花茶的变化，并说一说有什么变化

束。
(2)引导幼儿了解图片中的花束里都有哪些花。
(3)出示包装纸、彩带等材料，向幼儿介绍包装花束的各种材料。
2. 花朵的搭配
师：小朋友们，今天老师也带来了一些花朵，请你们看看都有什么颜色的?
(1)出示花朵，引导幼儿说说花朵的名称、颜色等。
(2)告知幼儿，需要将多种不同的花朵搭配在一起进行包装。
(3)请几名幼儿上前挑选自己喜欢的花朵搭配在一起，展示给大家看一看。
3. 尝试包装花束
师：小朋友们，我们也来试着包装一束美丽的花吧!
(1)老师示范包装花束的方法：挑选适量的花朵进行搭配，用透明胶带缠好；将花束放到包装纸上，用纸将花束包好；使用彩带捆绑好外层包装纸，小心整理包装的皱褶。
(2)给幼儿分发材料，请幼儿挑选自己喜欢的花朵。
(3)请幼儿尝试包装花束，老师逐一指导幼儿完成。
4. 赠送花束
师：小朋友们包装好的花束真漂亮，你们想把它送给谁呢?

(2)播放课件，向幼儿介绍歌曲中出现的花朵名称。
2. 认识花朵
师：小朋友们，老师把歌曲里的花朵朋友带来了!
(1)出示各式花朵，向幼儿介绍花朵的名称。
(2)老师引导幼儿上前指认花朵，或说出名称。
3. 学习插花
师：要把漂亮的花朵插到花瓶中，方便人们欣赏。
(1)老师出示插花，引导幼儿观察。
(2)老师示范插花方法：挑选几枝花插进花瓶中，再挑选几条树枝和草插进瓶中进行装饰，将花枝稍做整理；有些花插高一点，有些花插低一点。
(3)向幼儿发放材料，请幼儿挑选自己喜欢的花朵进行插花。
(4)老师巡回指导，并给予幼儿必要的协助，帮助幼儿完成插花的工作。
4. 展示插花
师：小朋友们的小手可真灵巧，一起来欣赏一下大家的插花作品吧!
(1)引导幼儿上前展示自己的插花作品。
(2)请幼儿把插花作品放在教室一角，装饰教室。

（花茶浮起来了、花茶变大了等）。

4. 品品花茶

师：花茶泡好啦，大家小心地倒到茶杯里尝一尝吧！

（1）请幼儿品尝自己泡好的花茶，说说味道。

（2）请幼儿交换茶壶，互相品尝伙伴泡的花茶。

活动延伸

平时家里有客人来时，可请幼儿在大人的协助下泡制简单的花茶招待客人。

（1）请幼儿说说自己的想法，并按自己的想法对花束进行赠送或保留。

（2）表扬及肯定幼儿的表现。

活动延伸

在区角活动中设计“花店”游戏，鼓励幼儿包装更多的花束，请幼儿互相交换或使用代币购买自己喜欢的花束。

活动延伸

在区角活动中投放一些手工花朵及海绵块，鼓励幼儿将花朵插在海绵块上，锻炼手部精细动作。

活动领域 语言	周主题二 秋天的花卉	月主题三 秋天来了

高组	彩虹色的花	侧重领域	※ 语言理解 ※ 精细动作

有益经验

1. 认识绘本故事中的各个角色，能理解故事情节，了解故事发生的过程及前因后果。
2. 能在老师的言语提示下，用简单言语重现故事场景，如互相打招呼、说出自己所扮演的角色的需求等。
3. 体验角色扮演游戏的乐趣，明白乐于助人的道理。

活动准备

◎绘本:《彩虹色的花》。
◎彩虹花的头饰1个；蚂蚁、蜥蜴、老鼠、小鸟、刺猬的头饰若干个(与幼儿人数相等)。
◎手工制作彩虹花(“花瓣”可摘下)2—3朵。
◎小白板1块。
◎歌曲:《花儿朵朵》。

活动过程

1. 了解绘本角色
师：小朋友们喜欢美丽的花朵吗？今天，老

中组	美丽花儿用处多	侧重领域	※ 语言表达 ※ 认知

有益经验

1. 认识多种花朵，能说出花朵的名称，了解花朵的用途，以及用鲜花制成的食品、物品的名称。
2. 通过闻气味、品尝用鲜花制成的食品等方式实际感知不同花朵，并能在老师的引导下说出自己的感受。
3. 能愉快地参与对花朵进行认知的实际体验过程，感受品尝美食的快乐。

活动准备

◎鲜花(桂花、玫瑰花)若干朵。
◎鲜花饼、桂花糕等点心适量。
◎视频:《泡花茶》。
◎玫瑰花茶、菊花茶适量。
◎花环的图片1张。
◎花环半成品每人1份。
◎塑料花朵1批。

活动过程

1. 好看的鲜花
师：小朋友们，看看老师给你们带来了什么

低组	菊花开开	侧重领域	※ 语言理解 ※ 精细动作

有益经验

1. 认识花卉——菊花，感知菊花常见品种的颜色——黄色。
2. 尝试跟随老师念唱童谣，并能模仿做出简单的手部动作。
3. 欣赏花卉，感知花卉的美。

活动准备

◎菊花(黄色)若干朵。
◎童谣:《菊花开开》。
◎菊花简笔画每人1份。
◎油画棒每人1份。

活动过程

1. 看菊花，说出名称
师：秋天来了，菊花开了，我们一起来欣赏

师带来了一朵“彩虹花”。
(1)向幼儿展示绘本封面，引导他们认识封面上彩虹色的花，并邀请幼儿与彩虹花打招呼。
(2)向幼儿介绍故事中出现的小动物。
(3)请幼儿观察彩虹花的花瓣，认识花瓣的颜色，并请他们上前说一说花瓣的颜色。
2. 聆听绘本故事
师：彩虹花乐于帮助他人，我们来了解一下它是怎么帮助别人的。
(1)老师逐页讲解故事内容：彩虹花是如何帮助各个小动物的，事情的起因、帮助方式与帮助过程。
(2)老师提出简单的问题，引导幼儿回忆并说一说故事情节。
(3)帮助幼儿明白彩虹花帮助别人的原因：彩虹花帮助了别人，它感到很快乐。
3. 重现绘本故事
师：小朋友们，彩虹花是一朵充满爱心的小花，我们一起来向它学习吧！
(1)出示绘本里出现的角色的头饰，请幼儿认一认。
(2)老师戴上彩虹花头饰，逐一与幼儿打招呼：“你好，我是彩虹色的花，你是谁呀？”请幼儿说出自己的名字。
(3)老师邀请幼儿戴上头饰扮演小动物，向“小动物”们打招呼：“你是谁呀?”引导幼儿回答自己的角色名称。

礼物?
(1)老师出示鲜花，向幼儿介绍花朵的名称。
(2)请幼儿观察花朵，说一说花朵的颜色，闻一闻花朵，说出嗅觉体验(香香的)。
(3)老师请幼儿闭上眼睛闻一闻，尝试根据闻到的气味说出花朵的名称。
2. 好吃的点心
师：鲜花香喷喷的，可以用来做成美味的点心哦！
(1)出示鲜花饼和桂花糕，老师向幼儿介绍食品的名称，并请幼儿说一说名称。
(2)老师先后取出不同点心让幼儿闻一闻气味，掰开点心请幼儿看看馅料，并请幼儿说说自己想吃哪种点心。
(3)老师分发点心给幼儿品尝，并引导幼儿说说自己的感受(香香的、甜甜的、好吃等)。
3. 好喝的茶水
师：花朵除了可以做成点心，还可以做成茶，泡出可口的花茶饮料呢。
(1)播放视频，老师结合视频内容进行简要说明，帮助幼儿了解花茶的作用与功效、浸泡方式等。
(2)出示泡好的玫瑰花茶和菊花茶，请幼儿闻一闻花茶的香味，看一看花茶的颜色。
(3)请幼儿尝试说出不同饮料分别是用哪一种花茶泡制而成的。
(4)请幼儿品尝花茶，引导幼儿说说自己的感受。

美丽的菊花。
(1)老师出示花朵，将花朵传递给幼儿观察。
(2)向幼儿介绍花朵的名称、颜色等。
(3)请幼儿闻一闻，说出花朵的名称。
2. 听童谣，感知节奏
师：有一首有意思的童谣叫作《菊花开开》，我们一起来听听吧！
(1)播放童谣，请幼儿注意聆听。
(2)再次播放童谣，老师引导幼儿根据童谣的念唱有节奏地拍手。
3. 念童谣，齐玩游戏
师：我们还可以伴着童谣做有趣的手指游戏呢，请大家看看老师是怎么做的。
(1)老师用夸张的声调与动作，一边念唱一边做手指游戏，吸引幼儿注意。
(2)老师引导幼儿反复念唱，并引导幼儿做手指游戏的动作，帮助幼儿加强记忆。
(3)请幼儿两人一组，上前给大家表演手指游戏。
4. 画菊花，感知花美
师：这里有一朵菊花，如果它听到小朋友们夸它，一定开得更美啦！
(1)老师将菊花插进瓶子里，放在合适的位置，引导幼儿观察菊花的颜色，并挑选出黄色的油画棒。
(2)给幼儿分发菊花的简笔画及油画棒。
(3)播放童谣，请幼儿一边感受童谣熟悉的言语节律，一边涂色。

（4）老师按绘本故事情节，逐一向“小动物”们提出“你需要什么帮助？”“你为什么这么难过？”等问题，幼儿回答完毕后老师摘下一片彩虹花瓣给幼儿。

4. 一起跳圆圈舞

师：彩虹花为了帮助朋友，摘光了自己的花瓣。春天来了，彩虹花的花瓣又重新长出来了。

（1）拿出小白板，引导幼儿在白板处把花瓣重新拼贴成完整的彩虹花。

（2）老师播放歌曲，邀请幼儿手拉手站成一圈，为庆祝彩虹花的重生而舞蹈。

活动延伸

在种植园劳作活动中，引导幼儿注意观察不同花朵的颜色、花瓣形状等，欣赏花朵的美。

附材料

彩虹花

4. 美丽的花环

师：小朋友们，花儿的用处可真多！花儿除了可以做点心、花茶，还可以做什么呢？

（1）老师提出问题，请幼儿回忆并说出所学的知识，巩固他们对花朵的认识。

（2）出示花环的图片，告知幼儿花朵还可用来做装饰品，起到装饰的作用。

（3）老师出示半成品的花环及小花朵，请幼儿按自己的意愿给花环插上鲜花，把花环装饰完整。

（4）请幼儿互赠花环，结束活动。

活动延伸

带幼儿到超市选购花茶，在家参与泡花茶的过程，动手做做力所能及的工作，提高幼儿的生活自理意识。

附材料

花环半成品

（4）涂色完成后，请幼儿上前展示自己的作品。

活动延伸

平时在家，可以让幼儿练习跟随大人或者同伴一边念唱一边做手指游戏。

附材料

童谣《菊花开开》

菊花菊花开开（双手五指打开作开花状），

板凳板凳歪歪（右手的手掌叠在左手手掌上）。

菊花开几朵，菊花开三朵（右手伸出三个手指）：

爸一朵（右手伸出食指），

妈一朵（左手伸出食指），

宝宝头上戴一朵（右手食指点一下头）。

活动领域 | **社会**　　周主题二 | **秋天的花卉**　　月主题三 | **秋天来了**

高组	妙妙花店	侧重领域	※社交技能 ※语言表达

有益经验

1. 了解社区的常见商店——花店，并知道花店的工作性质和内容：售卖花朵和植物。
2. 能在口头提示下与同伴协商分配角色，开展角色游戏。
3. 能在活动中感受与同伴一起玩耍的快乐。

活动准备

◎图片：花店买花和卖花的场景的图片。
◎视频：《花店》。
◎各式花束（假花或干花束）、盆栽、绿植、桌椅等若干。
◎围裙2—3条。
◎收银台1台，各种面额的玩具币若干张。

活动过程

1. 想一想

师：小朋友们，花圃里的花朵虽然好看，可

中组	桂花几时开	侧重领域	※社交技能 ※语言理解

有益经验

1. 认识花卉——桂花，并了解其开花的时间大多在秋天。
2. 能有节奏地念唱游戏歌谣。
3. 能在指定范围内参与追逐、奔跑的游戏过程。
4. 以积极的情绪参与游戏，有遵守游戏规则的意识和行动。

活动准备

◎视频：《桂花》。
◎桂花若干枝。
◎粉笔1支。
◎桂花头饰1个。
◎桂花茶饮适量。

活动过程

1. 观看视频

师：秋天到了，天气凉了，有些花朵却悄悄

低组	击鼓传花	侧重领域	※社交技能 ※粗大动作

有益经验

1. 认识花卉：菊花、桂花，感知花的颜色和气味，知道它们的名称。
2. 能用双手灵活进行左右方向的传递动作，将物件传给他人，锻炼反应能力。
3. 能在活动中感受与同伴一起玩耍的快乐。

活动准备

◎鲜花：菊花、桂花若干枝（游戏环节绑成1束花）。
◎眼罩1个。
◎大鼓1个。
◎图片：拍手、跺脚、摸肩膀等各种动作的图片。
◎歌曲：《再见歌》。

活动过程

1. 认识鲜花

师：老师今天带来了又香又美的鲜花，请小

是不能乱摘，但我们可以从一个地方买到美丽的花朵。

（1）出示图片，请幼儿想一想这是哪里。

（2）老师向幼儿描述图片的内容：各式各样的美丽花朵、老板、顾客等，引导幼儿认识花店这一场所。

2. 看一看

师：在花店里，顾客是怎么买花的，老板又是怎么卖花的呢?

（1）播放视频，请幼儿观看。

（2）向幼儿简单介绍顾客与老板的社交对话，如顾客询问、老板建议、表达感谢等对话。

（3）请幼儿两人一组，每组幼儿先后上前，引导他们分别模拟视频中挑花、买花的情景，并进行简单的会话。

3. 演一演

师：小朋友们，我们也来开一间花店，叫作妙妙花店!

（1）老师请幼儿一同帮忙，将桌椅、花束、绿植、收银台等摆放好，模拟成花店的情景。

（2）请两名幼儿上前扮演角色：一名幼儿戴上围裙扮演老板，做整理花朵、收银等工作；另一名幼儿扮演顾客，要去花店买花。

（3）老师引导“顾客”与“老板”进行社交对话，如老板打招呼、顾客表达需求、老板提供建议、顾客付款、老板表达感谢、老板与顾客道别等情境对话。

（4）加入花店员工的角色，老师帮助幼儿分地开了，它是什么花呢?

（1）播放视频，老师简单讲解桂花的特点。

（2）出示桂花，引导幼儿认识桂花，说出其名称。

2. 念唱歌谣

师：认识了桂花，我们一起来学一首桂花的歌谣吧!

（1）老师示范有节奏地念唱：桂花桂花几时开？一月不开二月开。桂花桂花几时开？二月不开三月开……（以此类推直至十月桂花朵朵开）。同时用手指比数字，帮助幼儿理解歌谣的月份序数。

（2）幼儿跟随老师念唱歌谣。

3. 齐玩游戏

师：小朋友们念得很好听，我们用这首歌谣来玩游戏吧!

（1）老师用粉笔画出一个正方形区域，告知幼儿此处为游戏区域，游戏的名称为“桂花几时开”。

（2）示范游戏玩法并讲解规则：邀请三名幼儿上前，老师做桂花的花蕊（将桂花头饰戴在头上），三名幼儿做桂花花瓣；“花瓣”们一边拉着手围绕着“花蕊”转圈一边念唱歌谣，当念到“十月桂花朵朵开”的时候，“花瓣”们需要把手松开，向四周逃散，“花蕊”则要去抓一个逃跑的“花瓣”，来充当下一轮游戏中的“花蕊”，继续进行游戏。

（3）老师说明游戏注意事项：不可以推人，只能在规定的区域内跑动。

朋友们猜猜是什么花?

（1）出示鲜花，请幼儿看一看颜色、闻一闻气味。

（2）老师向幼儿介绍两种花朵的名称。

（3）引导幼儿根据名称辨别、指认鲜花，或者说出名称。

2. 学玩游戏

师：今天，这些美丽的鲜花要和我们玩一个有趣的游戏!

（1）老师请幼儿围成一圈坐好，邀请一名幼儿蒙眼在圈内击鼓，其余幼儿按顺时针方向往下传递花束；当鼓声停止时，花束在谁手上，谁站起来做一个动作（拍手、跺脚等）；表演完，再从表演者开始继续将花束往下传。

（2）以较慢的速度反复操作几次，帮助幼儿熟悉游戏的玩法。

3. 齐玩游戏

师：小朋友们真聪明，都知道游戏的玩法了，现在我们要开始玩游戏啦!

（1）询问哪名幼儿愿意击鼓，请该名幼儿戴上眼罩。

（2）鼓声响起，引导幼儿快速将花束往下传递，期间鼓励拿到花束的幼儿做出各种动作（老师出示图片作为提示）。

（3）可更换击鼓的幼儿，重复游戏。

（4）可反向传花束，重复游戏。

（5）鼓声变快则花束快传，变慢则慢传，重复游戏。

配好角色，开始进行角色扮演的游戏。
(5) 鼓励幼儿相互协商，交换角色进行角色扮演。

4. 赠心意

师：看看今天大家都买到了什么花？你们想过要买漂亮的花赠送给谁吗？
(1) 老师请幼儿取出买到的花向大家展示，并说一说买到了什么花（说出花名），打算用来做什么。
(2) 请幼儿按意愿把花送给在场的任何人（包括自己）。

活动延伸

在社区情况活动中，组织幼儿进行不同类型的角色扮演游戏（超市、医院、饭馆等），增强幼儿的交际对话能力。

(4) 邀请全体幼儿参与游戏。

4. 放松活动

师：刚才的游戏里，大家跑动非常剧烈，现在我们坐下来休息一会吧。
(1) 请幼儿原地休息片刻。
(2) 老师拿出桂花茶饮，请幼儿取来杯子，分享茶饮。

活动延伸

在户外活动中，设计追逐类的集体游戏，如“丢手绢”“老狼老狼几点钟”等，增强幼儿对游戏规则的理解及游戏参与能力。

4. 互相道别

师：美丽的花儿跟我们玩了很久，现在它们要回家啦，我们一起来和花儿说再见吧！
(1) 播放歌曲，引导幼儿根据歌曲节奏挥动双手，以示道别。
(2) 曲毕，师生道别，结束活动。

活动延伸

在一日活动流程中，或者在家里，引导幼儿进行传递一些物件给他人的活动，如收放衣服、递纸巾或手机等日常活动。

活动领域	科学	周主题二	秋天的花卉	月主题三	秋天来了

高组	消失的花朵	侧重领域	※ 认知 ※ 精细动作

有益经验

1. 能使用恰当的颜色及名称描述鲜花，如红色玫瑰花、黄色菊花等。
2. 能模仿老师的实验步骤，完成画花朵、把纸片装入封口袋、将袋子垂直插入水中等动作。
3. 粗略感知光线在水中传播的神奇现象，通过科学实践激发求知欲、拓展知识面。

活动准备

◎鲜花：红色玫瑰花、黄色菊花、白色山茶花等花卉若干朵。
◎白板1块，画笔若干支。
◎白纸片（裁剪为封口袋大小并能放入袋子）每人1张，塑料封口袋、水彩笔、装有适量水的透明容器每人1份。

活动过程

1. 画出花朵

师：秋天来了，美丽的花卉开了不少，小朋友们喜欢什么样的花?

（1）老师出示花朵，引导幼儿感知不同颜色

中组	神奇的纸花	侧重领域	※ 认知 ※ 精细动作

有益经验

1. 观察纸花遇水产生变化的现象，初步了解纸是具有吸水性的。
2. 能模仿老师的做法，将五角星形纸片的五个角向内折叠。
3. 能主动参与小实验的观察，锻炼专注能力。

活动准备

◎歌曲:《小红花》。
◎纸花成品若干。
◎大水盆1个，小水盆若干个。
◎白纸剪成的五角星1批。
◎彩色笔每人1盒。

活动过程

1. 音乐律动

师：漂亮的花朵人人爱，我们一起来听一首叫作《小红花》的歌曲。

播放歌曲，老师带领幼儿做手部的律动。

低组	美丽的冰花	侧重领域	※ 精细动作 ※ 认知

有益经验

1. 对花朵的颜色进行认知，并能指认出红色、黄色的花朵。
2. 了解制作冰花的方法，并尝试模仿往小器皿中倒水、将器皿冷藏的工作。
3. 感知冰的特性，对水的变化产生兴趣和好奇心。

活动准备

◎冰花成品1份。
◎各色鲜花适量（小朵，花量多为佳）。
◎大小不同的透明碗、杯子、果冻盒等器皿1批，棉条1批。
◎纯净水适量（分装到几个小水壶中）。

活动过程

1. 观察冰花

师：小朋友们知道吗，有一种不怕冷的花，在冰块里开得可好看了。

（1）老师展示冰花，请幼儿仔细观察冰块里

的花朵的美丽，知道花朵的名称。
(2) 请几名幼儿分别上前挑选不同颜色的画笔，在白板上画出不同颜色的花。
(3) 引导幼儿使用恰当的短语描述画好的花朵。

2. 观看实验

师：这些美丽的花朵很调皮，它要跟小朋友们玩一个捉迷藏的游戏！
(1) 老师出示所需要的实验材料：封口袋、水彩笔、装有水的透明容器、白纸片。
(2) 老师示范使用水彩笔在白纸上画出一朵花，并把纸放进封口袋里面密封起来。
(3) 老师把封口袋垂直插入水中，引导幼儿仔细观察水中的“花朵”的变化：画好的花朵消失不见了。
(4) 老师把封口袋慢慢拉出水面，引导幼儿仔细观察水中的“花朵”的变化：画好的花朵又出现了。

3. 实验操作

师：小朋友们，是不是觉得很神奇呀？快来自己试一试吧！
(1) 出示实验材料，简要复述实验的步骤和要求，依次将材料分发给幼儿。
(2) 请幼儿在白纸上画出自己喜欢的花朵图案。
(3) 指导幼儿将纸放进封口袋里，密封好。
(4) 请幼儿将封口袋缓慢地垂直插入水中、从水中取出，观察神秘“花朵”的消失与重现。

2. 纸花开了

师：这几天大家认识了很多漂亮的花儿，今天老师带来了几朵不一样的“花”。
(1) 出示制作好的纸花，请幼儿看一看、摸一摸，了解这些花是用纸做的。
(2) 请幼儿围坐到大水盆旁，老师将纸花放进盛有水的水盆中。
(3) 引导幼儿仔细观察纸花在水中的变化，体验“花开”的奇妙过程。
(4) 老师做简要说明，帮助幼儿了解纸花的吸水性。

3. 制作纸花

师：刚刚看到的纸花是不是很神奇？现在请小朋友们也自己动动手来做一做吧！
(1) 老师示范在五角星形纸片上涂色，再将五角星的角向内折叠，做成纸花。
(2) 向幼儿发放材料，引导幼儿进行涂色、折叠的工作，每人制作几朵不同颜色的纸花。

4. 观察纸花

师：小朋友们，现在我们来试一试，看看谁的花朵开得又快又美！
(1) 将幼儿两两分组，每组发放一个小水盆，请幼儿合作装好适量的水，并合力将水盆搬回教室。
(2) 请幼儿把纸花放入水中，认真观察，并说说哪朵纸花开得快。
(3) 引导幼儿说说纸花在水盆中开放的原因：纸花吸水了。

的花朵。
(2) 引导幼儿摸一摸、按一按，感知冰花的冷和硬。

2. 欣赏鲜花

师：小朋友们，冰块里五颜六色的花朵真好看，我们来看看都有哪些颜色呢？
(1) 出示花朵，请幼儿看一看、闻一闻，欣赏花朵的美丽。
(2) 引导幼儿认识花朵的名称、颜色。
(3) 请幼儿分别指认红色、黄色的花朵。

3. 制作冰花

师：我们来试试把这些花朵制作成漂亮的冰花吧！
(1) 出示制作冰花的材料，简要说明材料的用法。
(2) 示范制作冰花的方法：先倒适量的水到容器里；再挑选自己喜欢的花朵放进水里，将花朵的位置稍作调整；最后把棉条放进容器的中间位置。
(3) 请幼儿上前挑选自己喜欢的花朵。
(4) 分发其他材料，请幼儿进行冰花的制作，老师逐一进行指导。
(5) 完成后，请幼儿分别展示自己器皿中的冰花，说说自己的冰花都有什么颜色，数数有几朵花。

4. 冷冻冰花

师：小朋友们真棒！现在我们需要冰箱来帮忙，把冰花冷冻成型。
(1) 请幼儿手捧器皿，小心地走到备餐间，

（5）引导幼儿根据实验情况说说自己的想法，并上前展示如何在水中取出、插入袋子能使神奇的现象出现：袋子要垂直地取出或插入，不要倾斜。

4. 收拾教具

师：小朋友们，神奇的实验做完了，现在请你们来当实验小助手，把东西整理干净。

（1）引导幼儿倒水、将教具分类摆放等，收拾好实验材料。

（2）肯定及表扬幼儿的行为。

活动延伸

引导幼儿在课外时间继续探索光线在水容器的传播方式，如往水中插入一支笔，激发幼儿主动探索的兴趣。

附材料

实验过程示意图

5. 收拾教具

师：小朋友们，你们的纸花开得好漂亮，回家也要动手做几朵给爸爸妈妈看哦。

（1）将五角星分发给幼儿，请幼儿放到自己的书包。

（2）请幼儿将水盆、彩色笔等收拾好并放到指定位置，结束活动。

活动延伸

在区域活动中投放不同材质的纸，引导幼儿探索、观察更多不同材质的纸遇水的不同变化。

附材料

纸花在水中“开花”示意图

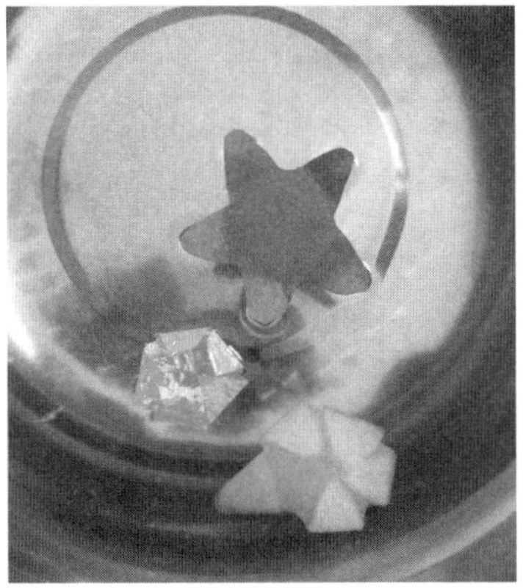

把器皿整齐放进冰柜里面。

（2）告知幼儿容器里的水需3—4小时才能结冰，大家要耐心等待。

（3）对幼儿动手操作的行为表示赞赏，结束活动。

活动延伸

在次日的晨间活动时，老师将冰花取出脱模，请幼儿观赏自己的作品。

附材料

冰花成品示意图

活动领域 | 艺术	周主题二 | 秋天的花卉	月主题三 | 秋天来了

高组	幸福的花朵	侧重领域	※ 粗大动作 ※ 语言表达

有益经验

1. 认识多种鲜花，并能用简单的言语描述花朵给自己带来的感受。
2. 能用肢体动作模仿“花开”的姿态。
3. 能根据音乐节奏敲打乐器。
4. 学会欣赏花朵之美，体验愉悦的活动氛围，萌发积极向上的情绪。

活动准备

◎鲜花每人1朵。
◎乐曲:《幸福的花朵》。
◎十三棒铃、小手鼓等乐器1批。
◎视频:《花开了》。

活动过程

1. 欣赏鲜花

师：小朋友们，你们喜欢五颜六色的花朵吗?看到鲜花你们觉得美不美?

(1) 出示鲜花，请幼儿看一看、闻一闻、摸一摸。

(2) 请幼儿说说自己的感受。

中组	八月桂花遍地开	侧重领域	※ 粗大动作 ※ 认知

有益经验

1. 能认识桂花，了解桂花的特征以及用途。
2. 能跟随歌曲的律动向不同方向甩动红绸，进行舞蹈表演。
3. 在舞蹈表演中大胆、积极地展现自我，自我意识得到强化。

活动准备

◎桂花1小把。
◎歌曲:《八月桂花遍地开》。
◎红绸(可用废弃的红色横幅自制)每人1条。
◎桂花糕适量。

活动过程

1. 认识桂花

师：小朋友们，今天老师带来了一些香喷喷的东西，请你们闭上眼睛猜一猜它是什么?

(1) 依次将桂花递给幼儿闻一闻。

(2) 请幼儿睁开眼睛，观察桂花是什么样的(黄色的、小小的)。

低组	花开了	侧重领域	※ 粗大动作 ※ 认知

有益经验

1. 了解浇花的过程与方法，并认识园丁、洒水壶等人物和工具。
2. 能跟随歌曲进行开花、浇水等动作模仿。
3. 通过角色扮演感受音乐游戏的乐趣。

活动准备

◎视频:《浇花》。
◎洒水壶1把。
◎歌曲:《花开了》。
◎花朵的头饰每人1个。
◎花朵贴纸每人1张。

活动过程

1. 了解如何浇花

师：漂亮的花朵人人爱，小朋友们知道花儿怎么样才能快快开放吗?

(1) 播放视频，引导幼儿了解浇花的过程，并向幼儿介绍视频中的人物(园丁)、工具(洒水壶)。

2. 聆听音乐

师：美丽的鲜花能给人带来美的感受，我们来欣赏一首曲子，叫作《幸福的花朵》。

(1) 播放乐曲，请幼儿注意倾听。

(2) 再次播放乐曲，老师拿起十三棒铃或小手鼓，和着节拍轻轻敲打，也请幼儿跟随拍手，帮助幼儿熟悉乐曲的节奏。

3. 动作表演

师：花儿开放，又美又香，让我们也变成一朵幸福的小花，快快开放吧！

(1) 播放视频，引导幼儿直观感受花朵开放的过程。

(2) 询问幼儿花儿是如何开放的，鼓励幼儿大胆想象，并用动作模拟出来。

(3) 请幼儿围成一个大圈蹲好，做“花骨朵”的状态；老师逐个摸摸幼儿的头，摸到谁，谁就站起来向上展开手臂，模仿“花开”的姿态，直到“花朵”开放完毕。

(4) 播放乐曲，引导幼儿跟随音乐节奏，逐个舒展手臂，模仿“花开”的姿态。

4. 乐器演奏

师：小朋友们扮演的花朵开得可真好看！我们还可以用什么方式来表达花朵的幸福心情呢？

(1) 出示乐器，老师向幼儿展示两种乐器的使用方式。

(2) 老师将幼儿分成两个乐组，并逐一发放乐器。

(3) 引导幼儿有节奏地摇动或拍打乐器，使之发出声音。

2. 感知歌曲

师：秋天的桂花香又美，我们一起来为它唱首歌吧！

(1) 播放歌曲，让幼儿感知音乐节奏。

(2) 老师以较慢的速度演唱歌曲，同时带领幼儿摆动双手，帮助幼儿进一步熟悉歌曲、了解歌曲的内容。

3. 跳红绸舞

师：小朋友们，这首歌曲非常喜庆，我们用喜庆的红绸来跳舞吧！

(1) 出示红绸，甩动红绸吸引幼儿注意。

(2) 播放歌曲，老师示范红绸的使用方法：把红绸披在肩膀上，双手拿起红绸的中段位置，根据音乐变化向左、右、上、下摆动红绸；把红绸绑在腰间，重复上述摆动动作。

(3) 请1—2名幼儿上前体验红绸的摆动或甩动。

(4) 给全体幼儿发放红绸，帮助他们学习摆动或甩动红绸。

(5) 播放歌曲，请全体幼儿跟随老师进行红绸舞蹈表演。

4. 舞蹈表演

师：小朋友们的红绸舞跳得可真棒，有谁愿意上来表演给大家看一看吗？

(1) 鼓励幼儿单独一人或几人一组上前进行舞蹈表演。

(2) 表扬及肯定幼儿的表演，并发放桂花糕作为奖励。

(2) 出示洒水壶，请幼儿模仿浇水的动作。

2. 熟悉新的歌曲

师：今天我们来听一首新的歌曲，叫作《花开了》。

(1) 播放歌曲，引导幼儿边听边拍拍手、拍拍腿熟悉音乐节奏。

(2) 请幼儿上前用手模仿做出开花的动作。

3. 齐玩音乐游戏

师：我们一起来做园丁与花儿的游戏吧。

(1) 老师播放歌曲，请幼儿感知音乐的节奏。

(2) 老师示范跟随歌曲随意摆动身体，拍手或拍腿做开花、浇水的动作。

(3) 拿出洒水壶，请1名幼儿扮演园丁；出示花朵头饰，请其余幼儿戴上扮演花朵。

(4) 播放歌曲，引导“花朵”做简单律动，同时引导“园丁”在听到歌词“浇浇水”时做出向“花朵”浇水的动作。

(5) 轮换角色，重复做音乐游戏。

4. 奖励花朵贴纸

师：小朋友们表演得真好，快到老师这里来领取奖励吧！

(1) 请幼儿将头饰等物品收拾到指定位置。

(2) 出示花朵贴纸，逐一向幼儿发放以示鼓励。

（4）播放乐曲，请幼儿跟随音乐节奏使用乐器进行演奏；不同的音乐段落由老师指挥不同的乐组分别进行演奏、合奏等。

5. 收获鲜花

师：小朋友们表现得真棒，现在老师要把美丽的鲜花送给你们。

（1）老师逐个向幼儿赠送花朵。

（2）引导幼儿说说收获鲜花后，想用它做什么（送人、装饰头发、装饰书包、插入花瓶观赏等）。

活动延伸

在区角活动中投放易于操作的打击乐器，供幼儿探索不同乐器的演奏方式，提高幼儿对音乐的兴趣。

活动延伸

将红绸作为早操律动的道具，选取适当的配乐鼓励幼儿进行自由舞蹈，增强幼儿手臂的活动能力。

活动延伸

在户外活动中带领幼儿寻找秋天盛开的花朵，欣赏花朵的美，加深幼儿对花朵、对自然的认知。

活动领域 | **健康**　　周主题三 | **丰收的粮食**　　月主题三 | **秋天来了**

高组	美味燕麦粥	侧重领域	※ 生活自理 ※ 精细动作

有益经验

1. 认识粗粮燕麦片，了解燕麦片的食用及烹饪方法。
2. 能使用勺子将碗内的燕麦粥及调味品搅拌均匀。
3. 体验燕麦粥的简单烹饪步骤，形成对餐点制作的兴趣。

活动准备

◎谜语:《米饭》。
◎图片：米饭的图片1张。
◎燕麦片、牛奶、蜂蜜、白糖适量。
◎微波炉1—2台，小号隔热手套2—3对，餐具每人1套。

活动过程

1. 猜猜谜语
师：小朋友们，老师有个有趣的谜语要请大家猜一猜。
（1）老师慢速念出谜面并请幼儿思考（可视幼儿认知状况出示图片进行提示）。

中组	香浓豆浆	侧重领域	※ 粗大动作 ※ 社交技能

有益经验

1. 知道黄豆能用于制作豆浆，了解豆浆的制作过程。
2. 能把浓稠豆浆从广口水壶倒进杯子里，并且不撒出来。
3. 观察豆子制作成豆浆的变化过程，同时体验品尝可口豆浆的快乐。

活动准备

◎热豆浆1杯（用不透明的杯子装盛）。
◎干黄豆1把。
◎湿黄豆（豆子提前泡发、煮熟）、热开水、白糖适量。
◎料理机1—2台，广口小水壶2个，杯子每人1个。

活动过程

1. 认识豆浆
师：老师这里有一杯好喝的饮料，请小朋友们闭上眼睛闻一闻。
（1）拿出豆浆，逐一请幼儿闻一闻。
（2）请幼儿说一说这是什么饮料。

低组	水果饭团	侧重领域	※ 粗大动作 ※ 社交技能

有益经验

1. 能通过看、闻、摸、品尝等方式认识米饭，了解米饭对身体的重要性。
2. 能使用饭团模具盖印，制作出有造型的饭团。
3. 能在指定的地方进餐，不随便乱跑，养成良好的进餐习惯。

活动准备

◎熟米饭适量。
◎火龙果汁、芒果汁适量。
◎儿童一次性手套1包，餐具每人1份。
◎各式各样的饭团模具1批。

活动过程

1. 认识米饭
师：小朋友们，你们喜欢吃米饭吗?
（1）老师拿出一碗熟米饭，请幼儿说说名称、颜色。
（2）老师介绍米饭对身体的重要性。

（2）请幼儿抢答，说出谜底。

2. 认识燕麦

师：你们知道吗？除了大米，还有很多好吃的粮食哦！

（1）出示燕麦片，请幼儿看一看、摸一摸。

（2）请幼儿说一说燕麦片的名称及特征（薄薄的）。

3. 煮燕麦粥

师：接下来我们来试试把燕麦片煮成好吃的燕麦粥吧！

（1）老师向幼儿说明微波炉的简便使用方法，同时强调使用安全（必须有大人的陪同才可以使用）。

（2）老师展示燕麦粥的煮食方法：碗内加入燕麦片、适量牛奶；放入微波炉加热2—3分钟；待冷却片刻后，用隔热手套取出，加入调味品（白糖或蜂蜜）搅拌均匀。

（3）请幼儿两人一组进行合作，尝试按老师展示的步骤煮好燕麦粥，加入自己喜欢的调味品并搅拌好。

4. 吃燕麦粥

师：小朋友们，燕麦粥煮好了，我们一起来品尝吧！

（1）请幼儿品尝燕麦粥。

（2）请幼儿合作做好餐后收拾及清理工作。

2. 认识黄豆

师：你们知道这么香的饮料是用什么做的吗？

（1）老师出示干黄豆，请幼儿说出名称。

（2）请幼儿看一看、摸一摸，了解黄豆的颜色、形状等。

3. 学做豆浆

师：现在我们一起来看看怎么把黄豆做成豆浆吧！

（1）老师出示煮熟的黄豆及干黄豆，请幼儿对比有什么不同；向幼儿说明要用湿黄豆做豆浆。

（2）老师示范打豆浆：料理机内放入湿黄豆，加入适量热开水及白糖；打开料理机的开关打豆浆；完成后重复再打一次，同时强调料理机的使用安全（必须有大人的陪同才可以使用）。

（3）请幼儿两人一组，轮流操作加料、打豆浆的步骤。

（4）协助幼儿将打好的豆浆倒入广口水壶。

4. 品尝豆浆

师：豆浆煮好了，大家一起来尝尝豆浆好不好喝。

（1）请幼儿坐好、分发杯子，将水壶依次传递。

（2）请幼儿自行将豆浆从水壶倒进杯子里，齐品尝豆浆。

2. “魔术”表演

师：小朋友们，我们看到的米饭是白色的，今天老师要用米饭给大家变个“魔术”！

（1）向幼儿介绍火龙果汁、芒果汁，并请幼儿说出果汁名称或根据颜色指认果汁。

（2）老师将果汁分别添加到米饭中，带上一次性手套将米饭抓匀，请幼儿观察改变了颜色的米饭。

（3）将米饭抓成团放在碟子里，把模具盖上按住片刻，脱模成型。

3. 学做饭团

师：米饭通过“魔术”变成了好看的饭团，大家快来试试吧。

（1）请幼儿洗干净手坐好，老师分发材料。

（2）请幼儿依照程序制作饭团。

4. 品尝饭团

师：小朋友们真能干！我们一起来吃饭团啦！

（1）请幼儿品尝饭团，一只手拿勺，另一只手扶碗，慢慢用牙齿咀嚼，感受米饭的香甜。

（2）提示幼儿在指定的地方进餐，不随便乱跑。

活动延伸

在家居生活中，家长鼓励幼儿参与力所能及的烹饪环节，如洗菜、择菜等，进一步增强幼儿的生活自理意识。

附材料

谜语《米饭》
一粒粒，像珍珠。白灿灿，锅里铺。
煮熟香气飘满屋，宝宝肚子咕噜噜。

活动延伸

在音乐活动中设计《磨豆浆》的音乐游戏，进一步加深幼儿对黄豆、豆浆等常见食材及食品的认知。

附材料

豆浆制作方法参考
干黄豆隔夜浸泡后放入电饭锅，水量与煮饭相同，按下煮饭键；煮好的黄豆放凉；黄豆放进料理机，加适量白糖、水，启动料理机，打成豆浆（较浓稠）。

活动延伸

在手工活动中，鼓励幼儿使用各式多样的模具对橡皮泥、太空沙等材料进行塑形玩耍，提高幼儿的玩技能力。

附材料

水果饭团成品

活动领域	语言	周主题三	丰收的粮食	月主题三	秋天来了

高组	炒豆子	侧重领域	※ 语言表达 ※ 认知

有益经验

1. 能看图片辨别黄豆、红豆、绿豆、黑豆，说出名称，区别颜色、形状等，并了解豆子的烹饪和食用方法。
2. 能对简短的童谣进行大致地跟随念唱。
3. 在炒豆子的游戏中能主动寻找和交换伙伴，保持良好的朋辈交往意识。

活动准备

◎歌曲：《数豆豆》。
◎黄豆、红豆、绿豆、黑豆等实物适量。
◎课件：豆类不同烹饪方式（煮、炒）的图片。
◎童谣：《炒豆子》。
◎盐炒黄豆适量。

中组	土豆丝，土豆片	侧重领域	※ 语言理解 ※ 认知

有益经验

1. 认识土豆，了解土豆的生长过程、食用方法等。
2. 能理解童谣的内容，并根据念到的内容模仿做出相应的动作。
3. 能用“我要 ×××”的短句表达自己想吃某种食品。
4. 了解土豆的不同吃法，形成爱吃土豆、不挑食的意识。

活动准备

◎土豆1个，刀具、切板1套。
◎课件：土豆的生长过程图片。
◎童谣：《土豆丝，土豆片》。
◎炒土豆片、醋熘土豆丝适量。
◎碗、勺子每人1个。

低组	小动物借粮食	侧重领域	※ 语言表达 ※ 认知

有益经验

1. 认识常见的粮食：玉米、大米。
2. 了解各种小动物的特征（叫声、动作），尝试扮演小动物。
3. 能主动说话或者用手势动作向他人要求拿取物品。
4. 能在角色扮演的互动游戏中感受游戏的乐趣。

活动准备

◎课件一：玉米和大米的图片。
◎玉米和大米适量。
◎田鼠的头饰1个，各种动物的头饰1批。
◎课件二：小动物借粮食的场景（小鸡、小鸭与田鼠的图片）。
◎故事：《小动物借粮食》。
◎玉米和大米的图卡1批。
◎歌曲：《小动物回家》。

活动过程

1. 听听音乐
师：老师这里有一首好听的歌曲，请大家一起来听听。
（1）播放歌曲，请幼儿倾听。
（2）引导幼儿通过轻柔的拍手、拍腿等动作感知节奏。
2. 说说豆子
师：歌曲里唱到了豆子，老师今天带来了好几种，你们喜欢吃哪一种呢?
（1）出示豆子，让幼儿看一看、摸一摸。
（2）请幼儿逐一说出豆子的名称，并引导幼儿讨论豆子的不同（颜色、形状、大小）。
（3）播放课件，向幼儿介绍豆子的各种烹饪方法。
3. 学玩游戏
师：炒豆子看起来很美味，让我们来玩一个“炒豆子”的游戏吧!
（1）老师示范有节律地念唱童谣《炒豆子》。
（2）老师念唱一句，请幼儿跟着念唱一句；可重复念唱，帮助幼儿熟悉童谣内容。
（3）老师请一名幼儿上前共同示范游戏的玩法：两人拉好双手，边念唱童谣边按节奏左右摆动手；念到“翻跟斗”的时候两人向上抬起手的同时转一圈。
（4）请幼儿两人一组，边念唱童谣边玩“炒豆子”。
（5）引导幼儿交换伙伴，继续游戏。

活动过程

1. 认识土豆
师：小朋友们，你们认识土豆吗？我们一起来看看它长什么样吧。
（1）出示土豆，引导幼儿认识土豆、说出名称。
（2）老师切土豆丝、土豆片，引导幼儿观察并说出不同：土豆片扁扁的，土豆丝细细的。
（3）播放课件，幼儿观看并了解土豆的生长过程。
2. 我说你做
师：小朋友们，土豆可以切成片，也可以切成丝，我们用手来模仿一下土豆丝和土豆片。
（1）老师立掌，示范用手模仿做“土豆丝”（所有手指张开）、“土豆片”（所有手指并拢）。
（2）请幼儿尝试动动小手，模仿做一做。
（3）老师请幼儿准备好小手，老师说“土豆片”，并拢手指；老师说“土豆丝”，张开手指。
3. 手指游戏
师：老师有一首关于土豆的童谣，我们来学一学吧!
（1）老师示范边念童谣边做动作。
（2）引导幼儿边念童谣边模仿做动作。
（3）请幼儿轮流上来当小指挥，一人念童谣，其他幼儿做动作。
4. 分享土豆
师：小朋友们，老师准备了炒土豆片和醋熘

活动过程

1. 认识粮食
师：小朋友们，老师带来了一些有趣的图片，一起来看看吧。
（1）播放课件一，并引导幼儿说出玉米、大米的名称。
（2）出示玉米和大米，请幼儿看一看、摸一摸。
（3）引导幼儿了解玉米、大米的颜色（分别是黄色、白色）。
2. 听听故事
师：今天，老师要给大家讲一个小动物借粮食的故事。
（1）展示头饰，介绍故事中出现的角色，并请幼儿模仿这些动物的动作和叫声。
（2）播放课件二，生动地讲述故事。
（3）向幼儿说明小鸡为什么借到了粮食：有礼貌。
3. “动物”借粮
师：接下来请大家扮演小动物，快去跟田鼠借粮食吧!
（1）分发头饰：老师扮演田鼠，幼儿扮演小动物。
（2）请“小动物”们排好队，准备借粮食。
（3）老师在桌子上摆放玉米和大米的图卡，发问“你想要借什么粮食”，引导幼儿说出想要借的粮食名称或用手指出来。
（4）请“小动物”们拿着图卡，上前向大家

4. 吃炒豆子

师：豆子“炒好”啦，我们快来尝一尝吧！

（1）老师请幼儿洗手，分发炒豆子。

（2）请大家一起品尝豆子。

活动延伸

在家居训练中安排幼儿到超市挑选、购买黄豆，回家制作炒黄豆，鼓励幼儿在炒黄豆的工作中参与力所能及的环节。

附材料

童谣《炒豆子》

炒炒炒，炒豆子。

炒完黄豆炒黑豆，

炒完黑豆炒红豆，

炒完红豆炒绿豆。

炒好豆子翻跟斗。

土豆丝，你们喜欢吃哪个呢？

（1）出示土豆片和土豆丝，逐一介绍。

（2）请幼儿拿取餐具，排队领取土豆并表达自己的选择：“我要 ×××。”

活动延伸

在区角活动时组织幼儿种土豆，观察、记录土豆的生长过程。

附材料

童谣《土豆丝，土豆片》

土豆土豆丝丝，

土豆土豆片片；

土豆丝，土豆片，

土豆丝、片！

展示，并说一说自己借到了什么“粮食”。

4.“动物”回家

师：小动物们借到了粮食，高兴地唱着歌走回家啦！

（1）播放歌曲，请幼儿模仿各种小动物走路。

（2）请幼儿互相道别，结束活动。

活动延伸

在融合活动中带幼儿去超市选购粮食，增强幼儿对五谷杂粮的认识。

附材料

故事《小动物借粮食》

冬天来了，北风呼呼地吹。小动物们没有粮食吃了，他们想到田鼠家借粮食。第一天，小鸭去借粮食：“嘎嘎嘎，老田鼠，我们断粮了，快借给我两袋粮食！”田鼠一听，生气极了，“砰”地关上了门。第二天，小鸡去借粮食：“叽叽叽，田鼠先生，可以借给我们一点儿粮食吗？天气好了，一定还给你。”最后小鸡背了一大袋粮食回家。小鸭看到了，又高兴又羞愧，他心里嘀咕着：“小鸡是怎么借到粮食的呢？”

活动领域	社会	周主题三	丰收的粮食	月主题三	秋天来了

高组	小蚂蚁搬粮食	侧重领域	※ 社交技能 ※ 粗大动作

有益经验

1. 能认识常见的粮食，如玉米、小麦、稻谷、马铃薯等。
2. 能理解“把 ×× 放桌子上面 / 下面”的“把”字句，明白方位词“上”“下”。
3. 能通过双手抬的动作，与同伴合力将纸箱搬至指定位置。
4. 在搬运游戏中体验协同互助的成就感和喜悦感。

活动准备

◎视频:《蚂蚁搬豆》。
◎课件：常见的粮食图片。
◎五谷杂粮包装纸箱，或自制粮食纸箱若干个（里面放置重量适当的物品并用封口胶封好，外侧贴上不同粮食的图片）。
◎贴纸代币若干枚，奖杯1个。
◎青豆、薯片、米锅巴等用粮食制成的零食适量。

中组	大米沙包	侧重领域	※ 社交技能 ※ 粗大动作

有益经验

1. 认识大米，了解用大米煮饭的过程。
2. 能完成投掷沙包的动作，并学习躲避沙包。
3. 与同伴在丢沙包的互动游戏中，遵守丢沙包的游戏规则，感受游戏的乐趣。

活动准备

◎视频:《团结的米饭》。
◎大米1小袋。
◎图片：煮米饭的过程的图片。
◎小布袋若干个，棉花适量，针线1套（现场缝制沙包用）。
◎成品大米沙包若干个。

低组	爆米花	侧重领域	※ 社交技能 ※ 粗大动作

有益经验

1. 认识粮食——干玉米粒，并了解爆米花的制作过程。
2. 能指认或说出海洋球的颜色：红色、绿色、蓝色。
3. 练习双脚原地向上跳，同时双手向上甩动彩虹伞。
4. 在集体游戏中学习理解游戏规则，形成遵守游戏规则的意识。

活动准备

◎干玉米粒1罐。
◎视频:《制作爆米花》。
◎海洋球适量，彩虹伞1把。
◎童谣:《爆米花》。
◎歌曲:《爆米花》。
◎即食爆米花1瓶。

活动过程
1. 观看视频 师：小朋友们，这里来了一群忙碌的小昆虫，我们一起来看看它们在忙什么？ （1）播放视频，请幼儿观看。 （2）老师请幼儿说说是什么小动物，它们在干什么。（小蚂蚁在搬豆豆） 2. 认认图片 师：原来是小蚂蚁在勤快地搬运粮食，我们来看看都有什么粮食需要搬呢？ （1）播放课件，展示各种粮食，请幼儿指认或说出常见粮食的名称。 （2）引导幼儿试说说不同粮食的食用方法。 3. 搬运“粮食” 师：你们看，那里堆放了好多“粮食”，大家快来帮忙搬一搬！ （1）向幼儿介绍不同的“粮食”，请幼儿注意看纸箱上的示意图进行辨别。 （2）老师邀请一名幼儿合作，把一箱“粮食”搬到5米外的指定位置。 （3）向幼儿说明要求：把××（如玉米）搬到桌子的上面，把××（如马铃薯）搬到桌子的下面。 （4）请幼儿集体分组接力搬运“粮食”，速度最快且正确将纸箱堆放到指定位置的组获胜，每获胜一次可得到贴纸代币一枚。 （5）重复游戏，比比哪一组的贴纸代币最多，

活动过程
1. 观看视频 师：小朋友们，米饭是我们每天都要吃的主食，我们来了解一下吧！ 播放视频，请幼儿观看。 2. 认识大米 师：多吃米饭身体棒，大家知道米饭是用什么煮出来的吗？ （1）出示大米，请幼儿摸一摸、闻一闻。 （2）出示图片，让幼儿了解大米煮成米饭的过程。 3. 制作沙包 师：小朋友们，我们还可以用大米制作成好玩的沙包哦！ （1）出示制作沙包的材料：大米、布袋、针线、棉花等，请幼儿认识各种材料。 （2）示范如何将大米、棉花等填充进袋子并缝好，请幼儿了解大米沙包的制作方法。 4. 玩“丢沙包” 师：大米沙包制作好啦，我们可以玩“丢沙包”的游戏啦！ （1）老师请两名幼儿配合玩“丢沙包”：示范如何“扔”及如何“躲避”的动作。 （2）老师说明游戏规则：两头各站一人，中间站一人；两头的人负责轮流投掷沙包，中间的人负责躲避；中间的人被沙包砸到则要替换成为沙包投手；提醒幼儿注意游戏的安全。

活动过程
1. 认识干玉米粒 师：今天老师带来一种粮食，请大家猜猜是什么？ （1）摇动罐子发出声响，请幼儿猜猜，说出名称。 （2）展示干玉米粒，引导幼儿通过观察认识玉米粒的颜色，通过触摸感知玉米粒的硬度。 2. 观看制作视频 师：玉米粒能做成好吃的爆米花，我们来看一看吧！ （1）播放视频，请幼儿观看。 （2）老师引导幼儿说出制作爆米花的声音“嘭”。 3. 玩“爆米花”游戏 师：现在我们来玩一个好玩的游戏，就叫作“爆米花”。 （1）出示彩虹伞和海洋球，并引导幼儿指认或说出海洋球的颜色：红色、绿色、蓝色。 （2）边说明边请幼儿参与演示“爆米花”的玩法：老师请幼儿两手抓好彩虹伞边缘，彩虹伞中间放置海洋球，边念唱童谣边顺时针行走；听到“嘭”的时候双脚原地向上跳并把彩虹伞举高过头顶再放下；大家合力捡拾所有的海洋球放到平铺的彩虹伞中间，重复进行游戏。 （3）老师请幼儿集体参与游戏。 （4）播放歌曲，引导幼儿在不同的音乐段落

给获得代币最多的组颁发奖杯。

4. 分享食品

师：小朋友们搬“粮食”很累，肚子一定饿了，快来分享用粮食做成的美味零食吧！

（1）向幼儿简单介绍各种零食是用什么粮食制成的。

（2）邀请幼儿上前指出或者说出自己喜欢的食品。

（3）请幼儿共享零食。

活动延伸

在餐点时间引导幼儿认识各种不同的粮食，说说它们的味道。

附材料

粮食纸箱

（3）引导幼儿分为3人一组，并帮助他们分配角色（两人投掷、一人躲避）进行“丢沙包”游戏。

5. 收拾沙包

师：小朋友们玩累了，需要休息一下。请大家把大米沙包收拾好吧。

（1）请幼儿将沙包收拾到篮子里。

（2）请幼儿排队洗干净手，结束活动。

活动延伸

在手工或区角活动中投放沙包制作材料，鼓励幼儿将米、棉花等塞进沙包（可用魔术贴封口），尝试进行填充工作。

附材料

大米沙包

走动和抛起“爆米花”。

4. 齐品尝爆米花

师：玩了很久，大家肚子饿了吧，快来尝点爆米花吧。

（1）请幼儿洗净手等待。

（2）请幼儿领取并分享爆米花，结束活动。

活动延伸

在户外活动中可使用彩虹伞组织进行相似的集体游戏，让幼儿练习双脚跳，提高幼儿的进阶移动能力。

附材料

童谣《爆米花》

大米粒，小米粒，抱一起。
挤一挤，转一转，滚一滚，
“嘭”的一声炒好了！

活动领域	科学	周主题三	丰收的粮食	月主题三	秋天来了

高组	种豆芽	侧重领域	※ 认知 ※ 精细动作

有益经验

1. 能认识常见的4种豆子，并能说出豆子的颜色。
2. 认识豆芽的外形特征，了解豆芽的生长过程，并能依照顺序排列豆芽生长过程的图卡。
3. 能使用园丁铲、花洒等工具完成挖土、种植、盖土、浇水的工作。
4. 在种豆芽的活动中体验劳动的乐趣。

活动准备

◎黄豆、绿豆、红豆、黑豆适量并分别装进容器。
◎视频:《豆芽的生长过程》。
◎课件：豆芽的生长过程。
◎豆芽生长过程图卡(大开张纸印制)。
◎种植箱(盆)、土壤、园丁铲、花洒等种植用具。
◎童谣:《小豆芽》。

中组	数豆豆	侧重领域	※ 认知 ※ 精细动作

有益经验

1. 认识大红豆、黄豆、绿豆等豆类，能辨认红、黄、绿等颜色。
2. 能使用宽口镊子夹取豆子，边夹边数数(5以内)。
3. 感受夹取工作的乐趣，同时能加深初步形成的数的概念意识。

活动准备

◎童谣:《数豆豆》。
◎大红豆、黄豆、绿豆的图片。
◎大红豆、黄豆、绿豆适量。
◎宽口镊子、小味碟若干。
◎炒熟的黄豆适量。

低组	豆宝宝找家	侧重领域	※ 认知 ※ 精细动作

有益经验

1. 了解常见豆类，如红豆、绿豆，知道豆子的名称，感知红色和绿色。
2. 能用前二指或前三指捏取豆子，根据豆子的颜色分类放到窄口瓶里。
3. 在玩装豆子、摇豆子的过程中感受动手操作的乐趣。

活动准备

◎视频:《彩色豆子》。
◎红豆、绿豆适量。
◎空的矿泉水瓶(透明)若干个。
◎歌曲:《小雨沙沙》。

活动过程

1. 认识豆子

师：请小朋友们听一听，这是什么东西在响？

（1）摇动装豆子的容器吸引幼儿注意力，逐一出示黄豆、绿豆、红豆、黑豆。

（2）请幼儿说一说这些豆子的名称、颜色。

2. 观看视频

师：小朋友们，你们知道吗，豆子可以变成好吃的豆芽哦！我们来看看豆芽是怎么生长的。

（1）播放视频，老师辅以必要的说明，帮助幼儿了解豆芽及其外形特征。

（2）播放课件，让幼儿回顾豆芽的生长过程，引导幼儿说出豆芽的生长过程：泡水、冒芽、长高。

（3）出示豆芽生长过程图卡，请幼儿尝试排列顺序。

3. 试种豆芽

师：小朋友们知道了豆芽是怎么生长的，现在我们来尝试去种豆芽吧！

（1）请幼儿排队前往种植园。

（2）引导幼儿对豆子进行分类，稍后要将不同豆类种在不同区域。

（3）老师示范种豆芽，请幼儿仔细观看。

（4）请幼儿完成种豆芽、浇水的活动。

4. 扮演豆芽

师：我们一起来扮演小豆芽吧！

活动过程

1. 手指游戏

师：小朋友们喜欢吃豆豆吗？我们来玩一个关于豆子的手指游戏，叫“数豆豆”。

（1）老师示范，边念童谣边做手指游戏。

（2）请幼儿跟随老师，模仿做手指游戏。

2. 认识豆子

师：小朋友们做得真棒，看看老师带来了什么有趣的图片？

（1）先后出示3种豆子的图片，向幼儿介绍豆子的名称及颜色。

（2）请幼儿说说豆子的名称，指认豆子的颜色。

3. 数数豆子

师：小朋友们，“豆宝宝”找不到朋友了，我们来帮帮它们吧！

（1）出示混合了3种豆子的碟子，请幼儿说说里面都有哪些豆子。

（2）老师示范使用镊子将不同的豆子夹到不同的味碟，边夹边数数。

（3）请个别幼儿上前尝试做一做、数一数。

（4）分发材料，请幼儿将豆子按颜色分类放到不同的味碟，同时进行数数。

（5）请幼儿点一点、说一说，分别夹了几颗大红豆、黄豆、绿豆。

4. 品尝豆子

师：小朋友们真能干，老师要请大家吃好吃的炒豆子啦！

活动过程

1. 观看视频

师：小朋友们，彩色的“豆宝宝”来了，我们一起看看吧！

（1）播放视频，请幼儿观看。

（2）向幼儿介绍豆子的颜色。

2. 摸摸豆子

师：老师今天把“豆宝宝”带来了，一起来认识一下它们。

（1）请幼儿摸一摸豆子，尝试说出豆子的名称。

（2）使幼儿了解豆子的颜色：红豆是红色的，绿豆是绿色的。

3. 装好豆子

师：“豆宝宝”住在瓶子里，我们来帮忙把它们送回家。

（1）老师示范用手指捏取豆子，放到瓶子里。

（2）分发材料，注意瓶子里需事先放些豆子以稳定瓶子。

（3）请幼儿尝试用手指捏取豆子，将豆子放到瓶子里。

4. 豆子沙沙

师：小朋友们，你们装好的豆子还会“唱歌”哦，我们一起来听一听吧！

（1）老师举起装有豆子的瓶子，轻轻摇动。

（2）请幼儿试试摇动瓶子，使之发出声响。

（3）播放歌曲，请幼儿摇动瓶子模仿下雨的沙沙声。

（1）老师边念童谣边示范小豆芽发芽的动作。
（2）老师邀请幼儿扮演小豆芽，边念童谣边用身体做有趣的动作，表现豆芽钻出泥土的过程。
（3）夸赞幼儿的行为表现。

活动延伸

将种好的豆芽放置到避光处，定时在区角活动时间请幼儿观察豆芽的生长情况。

附材料

童谣《小豆芽》
小豆豆，种地下（十指交叉握拳）；
发了芽，钻泥巴（双手合掌）；
钻一下（双手合掌往上钻），
动一下（双手合掌左右扭动），
钻呀钻呀钻得快（双手合掌左右扭动），
露出两片小芽芽（双手打开变成两片小芽芽）。

（1）请幼儿排队洗手。
（2）请幼儿共同品尝炒豆子。

活动延伸

活动结束后可引导幼儿将豆子放在水中浸泡至涨大，观察并比较干湿不同的豆子的外形特征。

附材料

童谣《数豆豆》
红豆豆，绿豆豆，黄豆豆，奶奶教我数豆豆。
一粒豆，两粒豆，三粒豆，豆豆数得乐悠悠。

活动延伸

在家居训练中，提供碗、豆子等材料，让幼儿练习捏取不同的豆子，进一步提高前三指的运用能力。

附材料

豆瓶示意图

活动领域	艺术	周主题三	丰收的粮食	月主题三	秋天来了

高组　向日葵豆贴画

侧重领域：※ 精细动作　※ 语言

有益经验

1. 认识植物——向日葵，知道它的名称、形态特征等。
2. 了解玉米、黑豆、绿豆等五谷杂粮。
3. 将胶水涂抹在简笔画的指定区域上，并能将玉米粒、黑豆、绿豆等粮食较为准确地粘贴在相应的位置。
4. 体验艺术创作的快乐。

活动准备

◎课件：向日葵高清图片 1 批。
◎向日葵豆贴画成品图 1 幅。
◎向日葵简笔画（使用硬质纸便于粘贴）、胶水每人 1 份。
◎玉米粒、黑豆、绿豆适量。

活动过程

1. 认识向日葵

师：小朋友们，今天我要请大家看一朵美丽的花，猜猜它是什么花呢?

中组　小白兔米粒画

侧重领域：※ 精细动作　※ 认知

有益经验

1. 认识常见动物——兔子，并了解它的外形特征。
2. 能说出常见粮食的名称（大米、大红豆），或按名称正确指认出相对应的粮食。
3. 能撕开底板画的双面胶，并将豆子和大米粘贴牢固。
4. 愿意向别人展示自己的作品，乐于获取他人的赞赏。

活动准备

◎歌曲:《小兔子乖乖》。
◎小白兔玩偶 1 个。
◎兔子简笔画（提前按轮廓粘贴好双面胶）每人 1 份。
◎大米、大红豆适量。

活动过程

1. 音乐律动

师：有一种小动物毛茸茸的、耳朵长长的，你们猜猜它是谁?

低组　玉米笔筒

侧重领域：※ 精细动作　※ 认知

有益经验

1. 能通过看、摸、闻、品尝等方式认识玉米，感知黄、绿等颜色。
2. 能尝试挤压胶水瓶涂抹纸筒，并将较大颗的干玉米粒粘贴上去。
3. 感受手工制作的乐趣。

活动准备

◎生玉米棒（带叶）1 个。
◎玉米笔筒成品 1 个。
◎干玉米粒适量。
◎卷筒纸芯、胶水每人 1 份，绿色皱纹纸裁剪的“玉米叶”若干片。
◎切段的熟玉米棒适量。

活动过程

1. 认识玉米

师：小朋友们，老师这里有一种很好吃的食品，请大家来看一看。

(1)播放课件，请幼儿仔细观察向日葵的图片。
(2)引导幼儿了解并说出向日葵的籽儿是黑色的、花瓣是黄色的、叶子是绿色的。

2. 说说“向日葵”

师：今天老师带来了一幅画，你们看漂亮吗?这幅画和平时我们看到的画有什么不一样?
(1)老师出示向日葵豆贴画，向幼儿介绍贴画的制作材料和制作办法。
(2)请幼儿说一说向日葵豆贴画所需材料黑豆、玉米粒、绿豆的颜色、形态特征等。
(3)请幼儿说一说向日葵的籽儿、花瓣、叶子分别是由什么粘贴的。

3. 制作“向日葵”

师：现在我们一起来制作美丽的“向日葵”，先请小朋友们看一看，老师是怎么做的?
(1)老师示范“向日葵”的制作步骤：在简笔画底板涂上胶水，将玉米粒、黑豆、绿豆等先后粘至向日葵的花瓣、花盘、叶子等位置。
(2)分发材料，请幼儿制作豆贴画。

4. 分享豆贴画

师：小朋友们的“向日葵”做得真漂亮，请你们贴到作品栏给大家欣赏吧!
(1)请幼儿展示自己的作品，鼓励他们逐一介绍自己的作品。
(2)表扬及肯定幼儿的手工创作。

(1)播放一小段歌曲，请幼儿聆听。
(2)老师边唱歌边请幼儿跟随做律动。

2. 观察小白兔

师：小朋友们做得真棒，让我们来认识一下歌曲里的小动物吧!
(1)出示玩偶，向幼儿介绍小白兔的名称和外形特征。
(2)引导幼儿说出小白兔的外形特征：白色的毛、红眼睛、长耳朵，请幼儿模仿兔子跳一跳。

3. 制作“小白兔”

师：小白兔这么可爱，我们来动手做一只吧!
(1)讲解制作“小白兔”所需材料：兔子简笔画、大米、大红豆，并请幼儿说出粮食的名称或指认粮食。
(2)老师示范“小白兔”的制作方法：撕开双面胶，先将大红豆贴在眼睛的位置上，再撒上大米，将大米按压粘实。
(3)分发简笔画底板，请幼儿撕开双面胶(将双面胶提前掀起一角)。
(4)分发大红豆和大米，请幼儿先后粘贴至底板。

4. 展示“小白兔”

师：大家太能干了，贴好了可爱的小白兔。我们来看看谁贴的兔子最漂亮?
(1)请幼儿展示粘贴好的“兔子”，并分享自己的想法。
(2)齐表扬展示作品的幼儿。

(1)出示生玉米棒，并引导幼儿说出名称。
(2)请幼儿摸一摸、闻一闻玉米棒，说说玉米棒、玉米叶的颜色。

2. 认识笔筒

师：玉米除了可以吃，还可以制作成漂亮的文具哦!
(1)出示玉米笔筒，向幼儿介绍并展示玉米笔筒的功能。
(2)了解玉米笔筒的制作材料：玉米粒、胶水、卷筒纸芯等。

3. 制作笔筒

师：小朋友们，快来尝试做一个属于自己的玉米笔筒吧!
(1)老师示范制作玉米笔筒：给卷筒纸芯涂上胶水，再将干玉米粒粘贴上去，最后将“玉米叶”粘在纸筒底部。
(2)分发纸筒、胶水、干玉米粒等材料。
(3)幼儿操作手工，老师巡回指导及辅助。

4. 品尝玉米

师：小朋友们认真制作了笔筒，玉米棒也煮好了，我们一起来尝尝吧!
(1)引导幼儿排队洗干净手。
(2)请幼儿共同品尝玉米棒。

活动延伸

在午点时安排豆类甜粥，请幼儿品尝豆类食品，通过味觉、嗅觉的感知增进对豆类的认识。

附材料

向日葵豆贴画

活动延伸

在运动训练活动中请幼儿扮演小兔子，模仿兔子“跳”的动作，提高他们双脚向前跳跃的能力。

附材料

小白兔米粒画

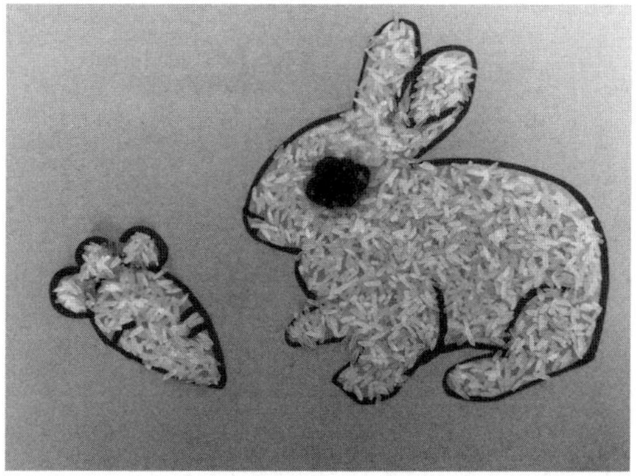

活动延伸

请幼儿将制作好的玉米笔筒放置到文具陈列区，在收拾笔类文具的时候引导幼儿使用笔筒。

附材料

玉米笔筒

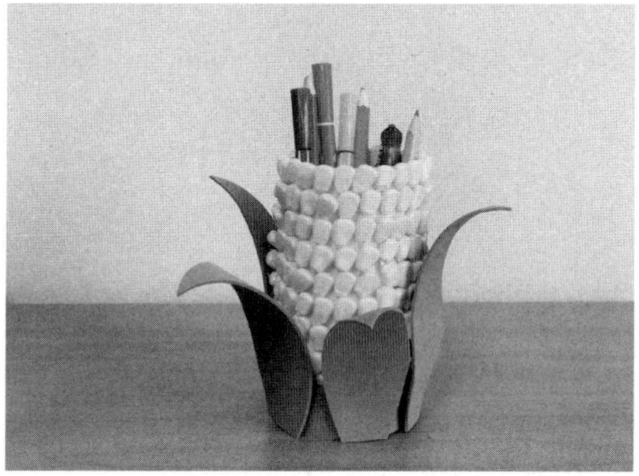

活动领域 | 健康	周主题四 | 秋天的果实	月主题三 | 秋天来了

高组	缤纷果汁	侧重领域	※ 生活自理 ※ 精细动作

有益经验

1. 认识常见的水果7—8种，知道它们的名称、颜色等。
2. 能根据颜色和味道分辨不同的水果饮料。
3. 能用儿童安全刀具切开较软的水果。
4. 在参与切水果、榨果汁的过程中感受自己制作美食的乐趣。

活动准备

◎视频:《水果汁》。
◎可榨汁的水果适量(7—8种)。
◎杯子、切板、儿童安全刀具(圆刀尖、未开刃)每组1份。
◎榨汁机1—2台，透明玻璃凉水壶3—4个(分组使用)。

活动过程

1. 观看视频
师：小朋友们，水果汁真好喝，我们一起来看看水果汁是怎么做成的?
(1)播放视频，请幼儿仔细看一看。

中组	水果沙拉	侧重领域	※ 生活自理 ※ 精细动作

有益经验

1. 能认识常见的水果5—6种，并指认或者说出名称。
2. 知道水果有多种吃法，了解如何将水果做成水果沙拉。
3. 可使用不同餐具完成叉、舀、夹水果的动作。
4. 体验劳动、分享的乐趣与成功的满足感。

活动准备

◎歌曲:《水果歌》。
◎课件：制作水果沙拉的流程。
◎各式水果适量。
◎果酱、沙拉酱各1瓶。
◎勺子、碟子、沙拉碗(透明)、餐刀、叉子等餐具每人1份。

活动过程

1. 音乐律动
师：美味水果有营养，小朋友们一起唱歌、跳舞，欢迎“水果宝宝”的到来吧。
播放《水果歌》，请幼儿跟随老师进行律动。

低组	水果拼盘	侧重领域	※ 生活自理 ※ 精细动作

有益经验

1. 认识常见的水果：香蕉、西瓜、橘子、苹果。
2. 能剥掉软的水果外皮，如香蕉、橘子等。
3. 能将水果块摆放在纸盘里，按自己的想法制作拼盘。
4. 体验与同伴一起制作和分享水果拼盘的快乐。

活动准备

◎香蕉、西瓜、柿子、苹果的水果模型各1个。
◎课件：各式水果拼盘的图片。
◎拼好的水果拼盘1份。
◎香蕉、橘子(带皮)；圣女果、西瓜、苹果(切片)；其他装饰的蔬果。
◎大号纸盘、塑料刀、叉子、切板等工具每人1份。

活动过程

1. 认识多种水果
师：秋天有很多美味的水果，小朋友们爱吃水果吗?
(1)老师用变魔术的方式逐一出示水果模型：

（2）引导幼儿根据果汁的颜色，猜猜水果饮料的名称。

2. 认识水果

师：今天老师带来了很多水果，可以做出漂亮的彩色果汁哦！

（1）出示水果，请幼儿摸一摸、闻一闻水果。

（2）请幼儿说一说水果的名称、颜色和味道。

3. 动动小手

师：小朋友们很厉害，认识那么多水果，那我们来看看榨果汁之前要做什么准备吧！

（1）老师出示切板、儿童安全刀具，示范剥、切水果。

（2）给幼儿分发用具和材料，请他们动手操作剥、切水果。

4. 学榨果汁

师：水果都准备好了，现在我们来榨果汁吧！

（1）老师示范：把切好的水果放入榨汁机，加入适量水；打开榨汁机的开关，完成后重复打一次，同时强调榨汁机的使用安全（须有大人陪同使用）。

（2）请幼儿两人一组，挑选不同的水果做原料。

（3）请幼儿轮流操作放水果、榨果汁的步骤，将榨好的果汁倒入水壶。

（4）请幼儿比比看，大家榨出的果汁有什么不同（颜色、味道）。

5. 分享果汁

师：水果汁榨好了，尝尝你们做的水果汁好喝吗？

（1）请幼儿坐好，分发杯子，将水壶依次传递。

2. 了解水果沙拉

师：小朋友们做得真棒，来看看水果能做成什么美食呢？

（1）播放课件，引导幼儿了解水果沙拉的制作过程。

（2）出示水果，让幼儿通过看、摸、闻加深对水果的认识，并指认或说出水果的名称。

3. 学做水果沙拉

师：现在先请小朋友们看一看，水果沙拉是怎么做的。

（1）出示制作水果沙拉的材料、工具，向幼儿介绍材料的做法，示范工具的正确使用方法。

（2）老师示范制作水果沙拉，过程中进行必要的步骤讲解。

（3）请幼儿根据水果实物，选择并说出自己想吃的水果。若是较软的水果，可提供餐刀给幼儿自行切块；若是较硬的水果，则向幼儿提供切好块的水果。

（4）幼儿领取材料与工具，尝试制作水果沙拉；提示幼儿将水果块与酱料小心地搅拌均匀。

4. 品尝水果沙拉

师：大家太能干了，和小伙伴一起制作了水果沙拉。我们来看看谁做的最好吃？

（1）请幼儿说说自己制作的水果沙拉里都用到了哪些水果。

（2）引导幼儿互相品尝水果沙拉，通过看、说、尝不同的水果沙拉，共同分享劳动带来的快乐。

变变变，这是什么？

（2）引导幼儿认一认、说一说水果名称。

2. 欣赏水果拼盘

师：水果可以做成漂亮的水果拼盘呢，我们一起来看看吧！

（1）播放课件，引导幼儿欣赏水果拼盘图。

（2）出示拼好的水果拼盘，请幼儿说说拼盘里有哪些水果。

3. 制作水果拼盘

师：小朋友们，我们也来学一学，做个漂亮的水果拼盘吧！

（1）老师示范切水果，将切好的水果摆在纸盘里。

（2）老师请幼儿自己动手练习剥香蕉、橘子，引导幼儿将剥好的橘子、香蕉与切好的水果及装饰的蔬果做成水果拼盘。

4. 品尝水果拼盘

师：小朋友们都很厉害，让我们来看看谁的水果拼盘拼得最漂亮！

（1）请幼儿上前展示自己的水果拼盘。

（2）将水果拼盘摆放成一列，以自助餐的形式请幼儿与同伴一起分享水果拼盘。

（2）请幼儿自行将水果汁从水壶倒进杯子里，品尝水果汁。

活动延伸

在家居生活中，请家长带领幼儿到超市挑选自己喜爱的水果，尝试在家中制作水果汁。

附材料

榨好的水果汁

活动延伸

活动结束后，提示幼儿将果皮收集起来并投放至垃圾桶或指定处，增强幼儿的居家清洁意识。

附材料

水果沙拉制作步骤

将所需水果洗净，切成大小合适的块状，放进大碗中；依据个人口味倒入适量的沙拉酱、果酱等，将水果与酱料搅拌均匀；将水果沙拉分装后即可食用。

活动延伸

在家居训练中，家长可让幼儿练习用塑料刀切开软的食物（如蛋糕），提高幼儿的手眼协调能力。

附材料

水果拼盘

活动领域 | 语言　　周主题四 | 秋天的果实　　月主题三 | 秋天来了

高组	七个阿姨来摘果	侧重领域	※ 语言理解 ※ 语言表达

有益经验

1. 认识水果——苹果、桃子、石榴、柿子、李子、栗子、梨，并能用简短的句子大致形容水果的外形特征。
2. 能理解童谣的内容，在老师的示范下尝试连贯地念唱童谣。
3. 在念唱游戏中感受语言的韵律之美。

活动准备

◎课件：各种各样的水果图片（与水果教具一致）。
◎视频：《七个阿姨来摘果》。
◎童谣：《七个阿姨来摘果》。
◎头巾、围裙、篮子等7套。
◎仿真水果1批（7种以上不同的水果）。
◎苹果等水果若干。

活动过程

1. 观看课件

师：秋天到了，果园里的果子成熟了，我们

中组	树上许多红苹果	侧重领域	※ 语言理解 ※ 粗大动作

有益经验

1. 认识苹果的名称和外形特征，了解苹果的营养价值。
2. 能理解儿歌的内容，并大胆发挥想象力，用肢体动作表现歌曲的内容。
3. 尝试用常见的水果名称替换原歌词，并唱出来。
4. 愿意参与儿歌仿编游戏，增强开口表达的意愿。

活动准备

◎歌曲：《树上许多红苹果》。
◎视频：《苹果的营养》。
◎图片：各种水果的图片。

活动过程

1. 欣赏歌曲

师：甜甜的苹果真好吃，我们一起来听一首

低组	毛毛虫啃苹果	侧重领域	※ 语言表达 ※ 粗大动作

有益经验

1. 认识毛毛虫和苹果，并能正确指认或说出名称。
2. 尝试模仿说出“咔哧咔哧”的拟声词。
3. 能手、膝着地灵活地向前爬行3米。
4. 学习遵守游戏规则，体验拟声游戏的乐趣。

活动准备

◎图片：毛毛虫吃苹果的图片。
◎歌曲：《啃苹果》。
◎苹果若干个。
◎仿真苹果1批。
◎大号爬行垫（尽可能大，增加幼儿爬行范围）4块。

活动过程

1. 观看图片

师：今天老师请来了一个小动物，大家看看

一起去果园看一看吧！

（1）播放课件，请幼儿说出各种水果的名称。

（2）引导幼儿描述各种水果的外形特征，如圆圆的、红色的苹果。

2. 欣赏视频

师：我们一起来看看果园里有谁，她在做什么呢?

（1）请幼儿观看视频，老师进行简要的讲解。

（2）引导幼儿说出视频场景，如“阿姨在摘果”。

（3）请幼儿点数视频中出现的阿姨，引出数量词“七个”。

3. 学念童谣

师：视频里有一首好听的童谣，我们一起来学一学吧！

（1）老师边有节奏地拍手边示范念唱童谣。

（2）老师念一句，请幼儿跟念唱一句童谣。

（3）请幼儿一边有节奏地拍手，一边跟随老师念唱童谣。

4. 念唱游戏

师：小朋友们念得真好听，我们也来学阿姨摘果子吧！

（1）邀请7名幼儿戴上头巾、围裙，挎上篮子扮演阿姨，从左到右列队站好。

（2）请其余幼儿挑选7种不同的仿真水果分别放到“阿姨”的篮子里。

（3）老师站到“阿姨”后面念唱童谣；念到水果的名称时，逐个摸摸“阿姨”的头，摸

关于苹果的歌曲吧！

（1）播放歌曲，请幼儿注意聆听。

（2）请幼儿轻轻拍手，熟悉歌曲的节奏。

2. 了解苹果

师：小朋友们知道吗，苹果是对身体有益的水果，能给我们带来丰富的营养。

（1）播放视频，请幼儿观看。

（2）老师进行必要的讲述，帮助幼儿了解多吃水果的益处。

3. 理解儿歌

师：苹果营养多，小朋友们要多吃，可是我们要怎么把它从树上摘下来呢?

（1）老师示范边念唱歌词边做动作。

（2）请幼儿跟随老师的念唱，做出相应的动作。

（3）播放歌曲，引导幼儿随歌曲节奏做摘苹果的动作。

4. 创编儿歌

师：除了苹果，小朋友们还喜欢吃什么水果?我们也把它唱出来吧！

（1）老师示范用其他水果名称替换原歌词，如：将原歌词中的“红苹果”替换成“大西瓜”，摘水果的动作也同时进行相应的变换。

（2）出示水果图片作为提示，引导幼儿在进行儿歌念唱时尝试替换水果名称。

（3）引导幼儿想象不同水果的采摘方式，并且用肢体动作表现出来。

它是谁呀?

（1）展示图片，请幼儿看一看，毛毛虫在做什么（吃苹果）。

（2）引导幼儿说出或指认毛毛虫的名称。

2. 聆听音乐

师：毛毛虫是怎么吃苹果的呢?我们快来听一听吧！

（1）播放歌曲，请幼儿仔细倾听。

（2）向幼儿强调毛毛虫吃苹果的声音：咔哧咔哧。

（3）请幼儿模仿发出“咔哧咔哧”的声音。

3. 认识苹果

师：毛毛虫吃得这么香，苹果一定很好吃，这里有很多苹果！

（1）出示苹果，请幼儿感知苹果的形状、颜色，并说出苹果的名称和颜色等。

（2）出示仿真苹果，请幼儿帮忙将仿真苹果四处散放到铺好的垫子上。

4. 毛毛虫爬

师：下面请大家来扮演毛毛虫爬一爬，去找苹果尝尝。

（1）播放歌曲，老师示范毛毛虫爬：音乐响起时开始在垫子上爬，歌曲唱到“咔哧咔哧”时则捡起“苹果”，发出“咔哧咔哧”的声音，模仿吃苹果。

（2）请幼儿一起到垫子上参与爬行游戏，并鼓励他们模仿发出“咔哧咔哧”的声音。

到谁的头，就请大家说出这名“阿姨”所拿的仿真水果的名称。

(4)轮换角色，每次选取不同的水果，重复进行童谣念唱的游戏。

5. 分享水果

师：小朋友们太能干了，摘了那么多果子，现在我们一起来品尝美味的水果吧!

(1)请幼儿洗手，回位置等待。

(2)分发水果，请幼儿品尝。

活动延伸

在午点准备水果，引导幼儿说出自己爱吃的水果的名称，并提出要求“我要吃××”。

附材料

童谣《七个阿姨来摘果》

一二三四五六七，七六五四三二一；

七个阿姨来摘果，七个花篮手中提。

七个果子摆七样，苹果、桃子、石榴、柿子、李子、栗子、梨。(可更换水果名称)

5. 儿歌表演

师：小朋友们做得可真棒，有谁愿意来给大家表演吗?

(1)邀请幼儿上前边念唱儿歌边做动作表演。

(2)表扬及鼓励幼儿的表演。

活动延伸

在家居生活中，鼓励幼儿品尝各种水果，培养幼儿爱吃水果、不挑食的良好饮食习惯。

附材料

歌曲《树上许多红苹果》

树上许多红苹果(伸出左手，食指指向“苹果树”)，

一个一个摘下来(右手举高，转动手腕做“摘”的动作)。

我们喜欢吃苹果(双手轻拍自己的胸口)，

多吃苹果身体好(双手伸出大拇指)。

5. 品尝苹果

师：“毛毛虫”爬累了，快来休息一下吧。

(1)请幼儿自由躺在垫子上休息片刻，引导他们排队洗手。

(2)老师将苹果切成小片，请幼儿品尝。

活动延伸

社区情景游戏活动中，在娃娃家投放仿真水果供幼儿游戏使用，加深对各种水果的认识。

附材料

歌曲《啃苹果》

小小的苹果，小小咬一口，咔哧咔哧咔哧咔哧咔哧；大大的苹果，大大咬一口，咔哧咔哧咔哧咔哧咔哧；红红的苹果，一大口、一小口，咔哧咔哧咔哧咔哧咔；绿绿的苹果，一小口、一大口，咔哧咔哧咔哧咔哧咔。

活动领域	社会	周主题四	秋天的果实	月主题三	秋天来了

高组	水果蹲	侧重领域	※ 社交技能 ※ 语言

有益经验

1. 认识各种水果，了解水果的外形特征。
2. 能用三词句子说出水果的颜色，如：苹果是红色的。
3. 能遵守“按水果名称做出下蹲动作”的游戏规则，掌握游戏的玩法。
4. 在听名称与做动作的游戏中体验反应性游戏的乐趣。

活动准备

◎课件：有关各种水果的图片。
◎视频：“水果蹲”游戏的玩耍场景。
◎水果头饰每人1个。
◎歌曲:《水果歌》。

中组	猴子运水果	侧重领域	※ 社交技能 ※ 粗大动作

有益经验

1. 认识常见的动物——猴子，了解它的形态特征。
2. 能理解动词“抬”和“推”，并做出相应的动作。
3. 能拉动绑着绳子的纸箱绕过障碍物2次。
4. 能与同伴想办法合作搬运较大件的物品(纸箱)，增强合作意识与解决问题的能力。

活动准备

◎童谣:《猴子荡秋千》。
◎猴子头饰每人1个。
◎课件：推、拉物品的图片。
◎大号纸箱(外侧贴上不同水果的图片)若干个。
◎水果若干。

低组	摘水果	侧重领域	※ 社交技能 ※ 粗大动作

有益经验

1. 感知常见水果的颜色，说出水果的名称。
2. 能向前跪走3米，并钻过3个钻圈，同时能在高度约10厘米的平衡木上向前走动2米。
3. 在趣味游戏中锻炼身体协调性，感受运动探索的愉悦情绪。

活动准备

◎视频:《水果丰收》。
◎课件：各种水果的图片。
◎喜羊羊钻圈3个，平衡木1组，爬行垫2张。
◎大篮子1个。
◎场地布置：自制2棵果树，用魔术贴贴上水果模型作为“水果”，设置在终点处的墙面处；从起点处依次摆放爬行垫、喜羊羊钻圈、平衡木等器材。

活动过程
1. 看图说话 师：小朋友们喜欢吃水果吗？都喜欢吃哪些水果呢？ （1）播放课件，请幼儿仔细看一看，说出水果名称。 （2）引导幼儿运用三词句形容水果的颜色：苹果是红色的，香蕉是黄色的。 2. 观看视频 师：今天“水果宝宝”被邀请来跟小朋友们玩游戏，我们来看看是怎么玩的？ （1）播放视频，请幼儿观看。 （2）老师讲解游戏规则：每人扮演一种水果，说到哪种水果名称那个人就下蹲。 3. 角色扮演 师：小朋友们，我们也来扮演“水果宝宝”，玩“水果蹲”的游戏吧。 （1）请2名幼儿上前挑选头饰，各扮演一种水果。 （2）老师说“××（水果名称）蹲，××蹲完××蹲”，引导幼儿根据念到的水果名称做下蹲的动作。 （3）给幼儿分发水果头饰，请幼儿面对面站成两排（便于看清同伴的头饰）。 （4）引导幼儿轮流发出指令，集体玩游戏。 4. 音乐律动 师：小朋友们玩游戏很累了，来做做律动放松一下吧！

活动过程
1. 手指游戏 师：今天天气真好，小猴子要来和小朋友们一起做游戏！ （1）提示幼儿伸出小手准备好。 （2）老师念唱童谣，带领幼儿做手指游戏。 2. 认识猴子 师：小朋友们做得真棒，你们知道猴子长什么样吗？ （1）出示头饰，引导幼儿认识猴子。 （2）请幼儿说一说猴子的外形特征，模仿猴子的动作。 3. 搬运“水果” 师：秋天到了，水果成熟了，小猴子要去果园里搬运水果，它们要怎么做呢？ （1）播放课件，引导幼儿指认或说出动词名称：推、抬。 （2）老师请幼儿帮忙进行场地的布置：设置搬运的起点和终点，中间摆放2个障碍物。 （3）老师邀请一名幼儿上前，两人戴上头饰扮演猴子；从起点开始，两人合作采用推纸箱、抬纸箱的方式搬运“水果”，绕过障碍物到达终点。 （4）分发头饰，请所有的幼儿扮演猴子，并寻找一名好朋友与自己合作搬“水果”。 （5）请幼儿两两组合，合作搬运“水果”，运得多的组获胜。

活动过程
1. 看视频 师：秋天的果园里结满了水果，请小朋友们一起去看看。 （1）引导幼儿观看视频。 （2）播放课件，老师引导幼儿指认水果图片。 （3）请幼儿观察水果的颜色，说出水果的名称。 （4）请幼儿结合生活经验说一说自己喜欢吃的水果。 2. 摘水果 师：小朋友们喜欢吃的水果，果园里都有，现在我们一起去果园摘果吧！ （1）老师示范摘“水果”：在爬行垫上跪走，钻过钻圈，走过平衡木，到果树前摘取“水果”后从铺设的器材旁边返回，将“水果”投入起点处的篮子。 （2）请幼儿排好队，依次通过障碍物摘“水果”，鼓励幼儿快速通过、快速返回。 （3）游戏过程中提示幼儿遵守排队、轮候的规则。 3. 数水果 师：小朋友们好厉害，合力摘了好多“水果”，一起来数数看有多少“水果”？ （1）拿出篮子里的“水果”，引导幼儿进行5以内的点数和唱数。 （2）表扬和肯定幼儿的表现。

（1）播放歌曲，老师跟随音乐示范做拍手、拍腿、拍肩、跺脚的动作。
（2）请幼儿模仿老师跟随音乐做动作，曲毕结束活动。

活动延伸

在课间可将水果头饰换成各种常见的小动物头饰，引导幼儿继续玩游戏。

附材料

水果头饰

4. 分享水果
师：小朋友们很能干，搬运了很多“水果”，快来吃点水果解解渴吧！
（1）请幼儿洗净手坐好，老师分发水果。
（2）请幼儿分享水果，结束活动。

活动延伸

在晨间的自由活动时间投放纸箱，引导幼儿探索多种搬运方法（推、拉、抬），增强幼儿的动词理解能力。

附材料

童谣《猴子荡秋千》
五只猴子荡秋千，嘲笑鳄鱼被水淹。鳄鱼来了，鳄鱼来了，嗷嗷嗷（缩起一根手指，寓意吃掉猴子）。
四只猴子荡秋千，嘲笑鳄鱼被水淹。鳄鱼来了，鳄鱼来了，嗷嗷嗷（再缩起一根手指）。
三只猴子荡秋千，嘲笑鳄鱼被水淹。鳄鱼来了，鳄鱼来了，嗷嗷嗷（再缩起一根手指）。
两只猴子荡秋千，嘲笑鳄鱼被水淹。鳄鱼来了，鳄鱼来了，嗷嗷嗷（再缩起一根手指）。
一只猴子荡秋千，嘲笑鳄鱼被水淹。鳄鱼来了，鳄鱼来了，嗷嗷嗷（再缩起一根手指，寓意猴子被吃完了）。

4. 吃水果
师：小朋友们，接下来我们一起来品尝摘回来的水果吧！
（1）请幼儿排队洗手。
（2）请幼儿共同品尝水果。

活动延伸

餐点时间安排简短的水果认知环节，巩固幼儿对水果名称、外形特征的认识。

附材料

自制果树

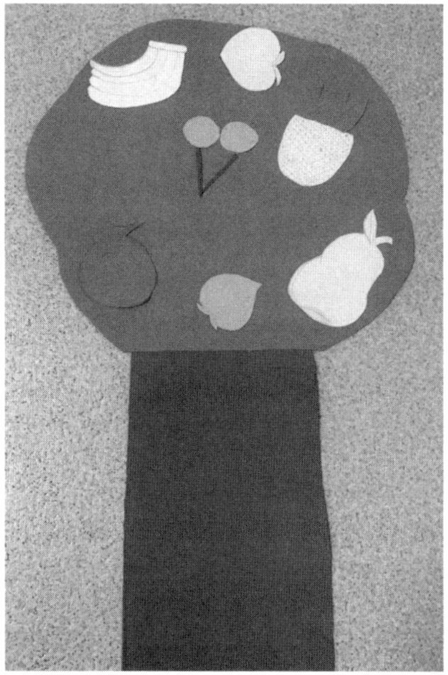

活动领域 | 科学	周主题四 | 秋天的果实	月主题三 | 秋天来了

高组	水果列车	侧重领域	※ 认知 ※ 语言理解

有益经验

1. 认识常见的水果，说出它们的名称，区别它们的外形特征（颜色、触感等）。
2. 能进行5以内的点数与计数，并说出一共有多少。
3. 能说出物品排序的“第一”和“最后”。
4. 能在“坐列车”的游戏中，结合对数量概念的理解，感受想象游戏的乐趣。

活动准备

◎课件：《丰收的果园》。
◎3—4种水果各1个。
◎歌曲：《火车开了》。
◎自制教具：水果列车5节，1—5的数字贴纸各1张。
◎1—5的数字卡片每人1张。

活动过程

1. 认识水果
师：秋天来了，水果丰收了，我们一起去看看都有哪些水果吧！
（1）播放课件，请幼儿说出水果的名称、颜

中组	谁多，谁少？	侧重领域	※ 认知 ※ 社交技能

有益经验

1. 认识并说出水果的名称、颜色等。
2. 能尝试进行“多”和“少”的比较：比较不同数量的水果，说出或挑选出哪个多、哪个少。
3. 在趣味主题游戏中激发对数学的兴趣，形成“多”和“少”的数学概念。

活动准备

◎课件：各种水果的图片。
◎仿真水果模型1批。
◎喜羊羊钻圈6个，跨栏4个，篮子2个。
◎水果适量。

活动过程

1. 观看图片
师：小朋友们喜欢吃水果吗？你们喜欢吃什么水果呢？
（1）老师播放课件，请幼儿观看水果图片，

低组	猜水果	侧重领域	※ 认知 ※ 社交技能

有益经验

1. 通过触觉、视觉、味觉等感官知觉，感知水果的外形特征和味道。
2. 能将水果皮与水果肉进行匹配。
3. 能自行剥开软的水果的果皮。
4. 乐于参与果皮与果肉的图片匹配活动，萌发配对的概念与意识。

活动准备

◎纸箱（内装适量水果）1个。
◎课件：剥开的水果的图片。
◎黑板1块。
◎照片：果肉、果皮照片若干张。
◎火龙果、香蕉、橘子适量。

活动过程

1. 猜一猜
师：老师这里有一个神秘的箱子，请小朋友们摸一摸，猜猜里面有什么？
（1）请幼儿摸箱子里的水果，感知水果形状，

色。

（2）出示水果，请幼儿看一看、摸一摸，引导幼儿说说水果之间有什么不同。

2. 出示“列车”

师：水果太多啦！小朋友们想一想，用什么来运水果呢？

（1）播放歌曲，出示“水果列车”教具，引起幼儿的兴趣。

（2）请幼儿分别数一数每节车厢上的水果一共有几个。

（3）请幼儿帮忙将“列车”粘好，数一数有几节车厢。

3. 车厢排序

师：小朋友们都数对了，谁能告诉老师第一节车厢在哪里？

（1）老师示范将列车车厢按顺序贴上1—2的数字贴纸。

（2）请幼儿帮忙将其余数字贴纸按顺序贴到车厢上。

（3）老师向幼儿说明：挨着火车头的是第一节车厢，离火车头最远的是最后一节车厢。

（4）老师引导幼儿进行指认，并说出“××水果车厢排在第一，××水果车厢排在最后”。

（5）调换水果车厢的顺序，请幼儿对车厢顺序进行“第一”和“最后”的辨别与指认。

4. 乘坐“列车”

师：小朋友们，老师会变魔术，我会把你们同时指认或说出各种水果的名称。

（2）请幼儿说一说自己喜欢吃什么水果，喜欢吃的水果是什么颜色的。

2. 比较多少

师：今天老师带来了很多水果宝宝，我们把它们请出来吧！

（1）老师每次出示两篮种类相同、数量不同的仿真水果模型，引导幼儿比一比“多”和“少”，并正确说出（指认）。

（2）将仿真水果模型全部摆放出来，请幼儿进行看一看、摸一摸的自主探索，感知“多”和“少”。

3. 搬运比赛

师：现在我们来比赛运“水果”，看看哪一组运的多。

（1）老师邀请一名幼儿上前示范游戏：从起点拿两个仿真水果，依次钻过三个喜羊羊钻圈，跨过两个跨栏，将水果放到对面篮子，返回后跟本组幼儿击掌，并排到队伍后面。

（2）引导幼儿分成两组，在规定时间内运送“水果”数量最多的组获胜。

（3）请幼儿比较两篮水果的数量，说出“多”和“少”。

4. 品尝水果

师：小朋友们运“水果”很累了吧？我们一起来吃水果吧！

（1）请幼儿排队洗净手，回教室坐好。

（2）分发水果，请幼儿品尝水果。

猜猜里面是什么。

（2）引导幼儿取出水果，听名称指认水果，或说出水果名称。

2. 认一认

师：小朋友们，你们知道水果里面是什么样的吗？

（1）播放课件，请幼儿观察剥开的水果。

（2）剥开几种水果，引导幼儿观察水果的果皮与果肉是什么样的。

3. 找一找

师：“果皮妈妈”找不到“果肉宝宝”了，请小朋友们帮一帮“果皮妈妈”吧！

（1）老师示范将一种水果的果皮照片贴在黑板上，并将相对应的果肉照片贴在果皮照片上。

（2）出示另一种水果的果皮和果肉照片，引导幼儿进行操作，将果皮照片与果肉照片进行配对。

（3）请幼儿依照示范，将各种水果的果皮与果肉的照片进行配对。

4. 尝一尝

师：小朋友们很能干，帮“果皮妈妈”找到了“果肉宝宝”，我们一起来吃水果吧！

（1）请幼儿自由挑选自己喜欢吃的水果。

（2）请幼儿尝试剥开软的水果外皮，品尝水果。

变成水果宝宝，然后坐上“列车”出去玩！

（1）请幼儿将凳子排成一列，并向幼儿分发数字卡片。

（2）请幼儿根据自己拿到的数字卡片按顺序坐上“列车”，请坐在第一排和最后一排的幼儿站起来举手示意。

（3）播放歌曲，“列车”出发；曲毕，请幼儿下“车”，互相告别，结束活动。

活动延伸

在排队时，老师可提问“谁排第一请举手，谁排最后跳一跳”，让幼儿巩固对“第一”“最后”的顺序概念的认识。

附材料

水果列车示意图

活动延伸

让幼儿在领取午点时，比较水果或者其他点心的数量，辨别出“多”和“少”。

附材料

喜羊羊钻圈

活动延伸

在日常生活中，家长可带幼儿去超市水果区挑选和购买水果，巩固幼儿对水果名称、颜色的认知。

附材料

果皮与果肉照片

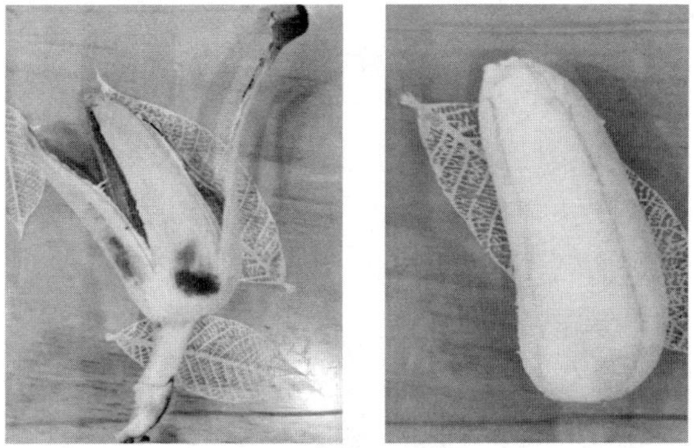

活动领域	艺术	周主题四	秋天的果实	月主题三	秋天来了

高组	猴子吃香蕉	侧重领域	※ 认知 ※ 粗大动作

有益经验

1. 认识常见动物——猴子，知道猴子的外形特征，了解猴子的进食喜好。
2. 手口一致地进行5以内的点数，并说出相应的数量。
3. 能在音乐游戏中感受快、慢的节奏并遵守规则，同时体验游戏乐趣。

活动准备

◎视频:《猴子吃香蕉》。
◎课件：香蕉树、猴子的图片（将5只猴子的图片设置为逐一点击出现完毕后，再逐一点击消失）。
◎歌曲:《五只猴子吃香蕉》。
◎猴子头饰5个，小呼啦圈5个。
◎乐曲:《快与慢》。
◎小篮子每人1个。
◎香蕉适量。
◎场地布置：在摘“香蕉”环节，将仿真香蕉用魔术贴贴到教室墙面、柜子等不同地方。

中组	木瓜恰恰恰	侧重领域	※ 粗大动作 ※ 社交技能

有益经验

1. 认识常见水果5种，知道水果的颜色、味道及形状，了解常见水果的吃法及相关营养常识。
2. 能跟随音乐节奏进行声势动作模仿，并尝试自由展现声势动作。
3. 在碰触身体的活动环节中感受同伴互动的积极情绪体验。

活动准备

◎课件：各种水果（歌曲《木瓜恰恰恰》当中出现的水果）图片。
◎歌曲:《木瓜恰恰恰》。
◎水果头饰1批。
◎篮子若干个（分类使用）。

低组	水果沙沙	侧重领域	※ 粗大动作 ※ 认知

有益经验

1. 认识常见水果3种，并能说出水果的名称，或根据名称正确指认水果。
2. 能手握水果沙锤并摇动使之发出声响。
3. 尝试跟随音乐节奏，形成初步的乐感意识，感受使用乐器进行演奏的快乐。

活动准备

◎各种水果适量（歌曲《水果歌》中出现的水果，放到不透明的大口袋里）。
◎歌曲:《水果歌》。
◎水果沙锤1批。

活动过程

1. 看视频
师：小朋友们，你们知道小猴子喜欢吃什么水果吗？
（1）播放视频，引导幼儿仔细观看。
（2）请幼儿讲述猴子的外形特征，模仿猴子的动作。
2. 数猴子
师：小猴子现在要去一个好玩的地方，我们一起来看看这是哪里呢？
（1）播放课件，展示香蕉树。
（2）播放歌曲，唱到“现在有几只”时暂停音乐，询问幼儿有几只猴子，随后点击课件，出现两只猴子。
（3）重复以上步骤，引导幼儿逐句理解歌词里的数量关系。
3. 扮猴子
师：现在请小朋友扮演小猴子，和老师一起玩游戏吧！
（1）请幼儿围成一圈站好，在场地的中央位置摆放呼啦圈，分发头饰，每次请5名幼儿扮演猴子。
（2）播放歌曲A段（猴子数量增加），请幼儿边拍手边跟唱；老师边引导“小猴子”跳进呼啦圈边请幼儿数数，直至数量为五。
（3）播放歌曲B段（猴子数量减少），老师边引导“小猴子”跳出呼啦圈边请幼儿数数，直至数量为零。

活动过程

1. 观看图片
师：秋天到了，果园里的水果成熟了，都有哪些水果呢？
（1）播放课件，引导幼儿观察并说说水果的颜色、形状、味道等。
（2）介绍水果的营养常识，引导幼儿说出各种水果是怎么吃的。
2. 感知音乐
师：大家真能干，认识好多水果，下面我们来听一首关于水果的歌曲吧！
（1）播放歌曲，引导幼儿跟随音乐节奏拍手，感知歌曲的节奏。
（2）提醒幼儿仔细听一听歌曲里重复出现的部分——“恰恰恰”。
3. 声势动作
师：原来是水果们跳起了恰恰舞！我们也来试一试吧。
（1）老师示范拍手、拍腿、跺脚、弹舌等动作，请幼儿模仿老师做声势动作。
（2）请幼儿想一想并做一做，哪些身体部位用哪些方法可以发出声音，鼓励幼儿用动作展示出来。
4. 配乐舞蹈
师：现在请小朋友们扮演一种你喜欢的水果，一起来开“水果舞会”吧！
（1）请幼儿挑选喜欢的水果头饰并佩戴好。
（2）老师示范跟随音乐随意摆动身体，边拍

活动过程

1. 认识水果
师：老师的袋子里有一些好吃的水果，请小朋友们摸一摸、猜一猜！
（1）请幼儿伸手摸一摸，尝试说出水果的名称或根据名称指认。
（2）请幼儿逐一摸出不同的水果，看一看、闻一闻。
2. 音乐律动
师：小朋友们说了很多水果的名字，老师教大家唱一首《水果歌》吧。
（1）播放歌曲，老师示范边唱歌边轻拍腿部打节奏。
（2）请幼儿跟随老师进行动作模仿，熟悉音乐节奏。
3. 乐器演奏
师：有一种乐器，它长得像水果，还能发出奇妙的声音，不信你们听听？
（1）老师出示水果沙锤，示范晃动它，使之发出声响。
（2）分发乐器，请幼儿尝试使用水果沙锤。
（3）播放歌曲，在老师的示范下，请幼儿跟随音乐节奏晃动水果沙锤。
（4）请幼儿尝试使水果沙锤发出声音的不同方法：两个沙锤轻碰敲击、高高举起挥动、轻轻敲击地面等。
（5）引导幼儿按拿到的不同外形的水果沙锤分组（苹果组、桃子组等）进行演奏。

（4）重新邀请其他幼儿扮演猴子，轮流进行跳圈、数数的环节，游戏继续进行。

4. 摘“香蕉”

师：请“小猴子”们坐到地上休息一下，我们要准备去摘“香蕉”啦。

（1）向幼儿说明摘“香蕉”的规则：边走边摘“香蕉”，听到乐曲节奏快则快快走，听到乐曲节奏慢则慢慢走。

（2）播放乐曲，请幼儿遵循快、慢的规则自由走动，寻找并摘下“香蕉”，放到小篮子里。

（3）请幼儿出示小篮子，比一比谁摘的“香蕉”多。

5. 吃香蕉

师：小朋友们摘了很多“香蕉”，现在来尝一尝吧！

（1）请幼儿洗手，回座位等待。

（2）分发香蕉，请幼儿共同品尝香蕉。

活动延伸

在物品归置练习中，让幼儿在整理玩具的同时手口一致地点数玩具，并说出总数（1—10）。

手（拍腿、跺脚）边说“恰恰恰”。

（3）请幼儿跟随音乐，自由表现“恰恰恰”的动作。

5. 互动舞蹈

师：小朋友们，我们找个“水果”朋友来跳舞吧！

（1）老师与一名幼儿示范两人互动，歌曲唱到“恰恰恰”的时候，双手击掌或进行轻碰额头、臀部等身体接触。

（2）请幼儿寻找“水果”朋友，自由进行同伴互动。

6. “水果”分类

师：“水果宝宝”跳累了，请大家把一样的“水果”放在一起，送它们回家。

（1）引导幼儿将自己的水果头饰分类放到篮子里。

（2）表扬及肯定幼儿的行为。

活动延伸

在早操活动时选取有明显规律性重复段落的歌曲，鼓励幼儿将不同的声势动作带入律动中。

4. 整理乐器

师：小朋友们演奏得真棒！现在请大家把水果沙锤放回篮子里。

请幼儿协力将水果沙锤收拾到指定位置。

5. 品尝水果

师：小朋友们帮忙收拾好乐器，肚子都饿了吧？我们一起来吃水果吧！

（1）请幼儿洗手，回位置等待。

（2）分发水果，请幼儿品尝。

活动延伸

在社区生活训练中，带幼儿到超市购买水果，巩固幼儿对常见水果的认知。

月主题四

生活真方便

主题网络推导

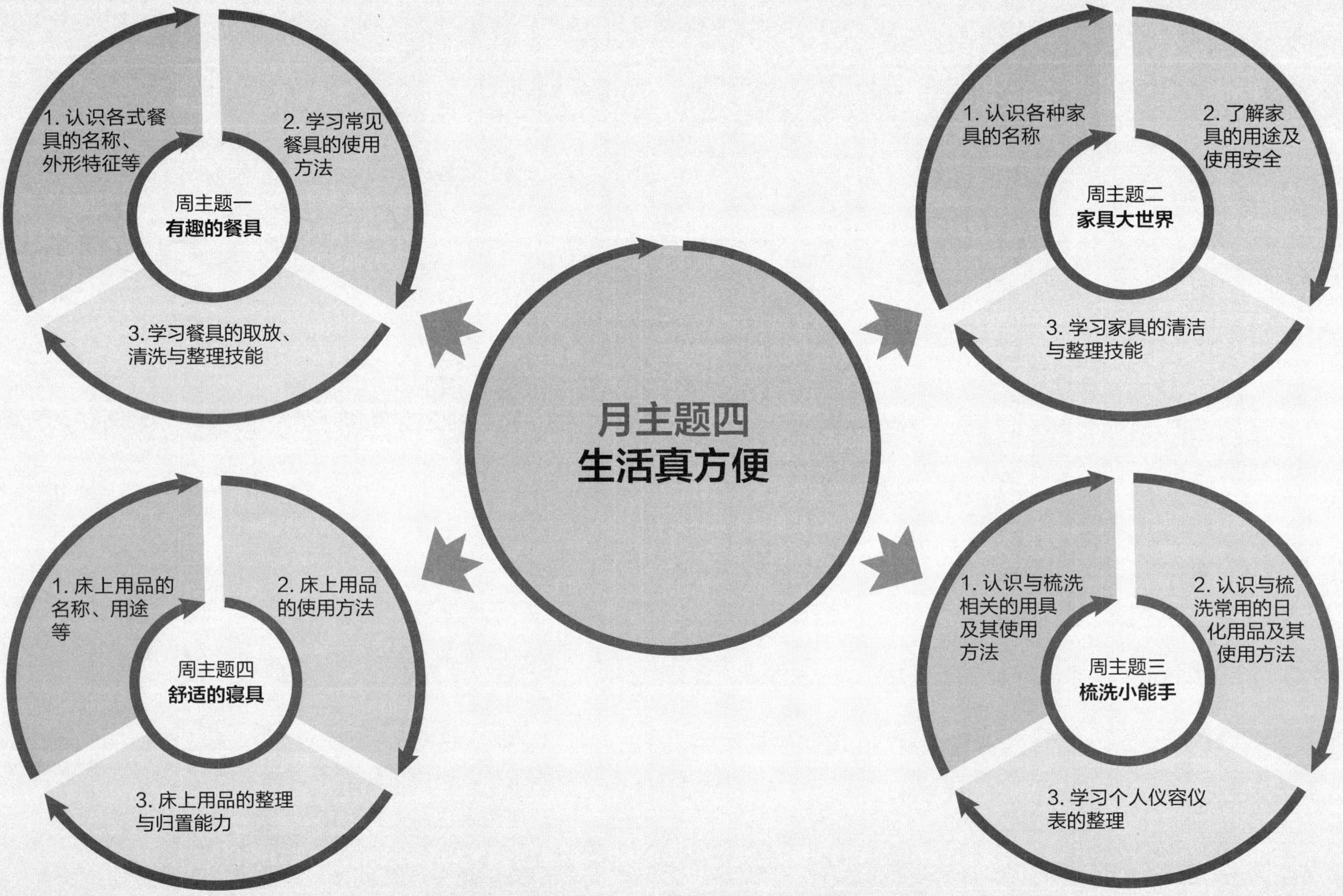

月主题四
生活真方便
周主题一
有趣的餐具
1. 认识各式餐具的名称、外形特征等
2. 学习常见餐具的使用方法
3. 学习餐具的取放、清洗与整理技能
周主题二
家具大世界
1. 认识各种家具的名称
2. 了解家具的用途及使用安全
3. 学习家具的清洁与整理技能
周主题三
梳洗小能手
1. 认识与梳洗相关的用具及其使用方法
2. 认识与梳洗常用的日化用品及其使用方法
3. 学习个人仪容仪表的整理
周主题四
舒适的寝具
1. 床上用品的名称、用途等
2. 床上用品的使用方法
3. 床上用品的整理与归置能力

活动领域 | **健康**　　周主题一 | **有趣的餐具**　　月主题四 | **生活真方便**

高组	餐具大用处	侧重领域	※ 生活自理 ※ 语言表达

有益经验

1. 认识各种常见的餐具，并说出它们的材质和用途。
2. 能灵活地用筷子夹食物、用勺子吃饭，并大致保持餐桌清洁。
3. 学习简单地清洗餐具。
4. 在取餐时能轮流等候，有遵守用餐文明礼仪的意识。

活动准备

◎童谣：《餐具宝宝》。
◎课件：筷子、勺子、叉子、碗、盘子等餐具的图片。
◎用于进餐的筷子、勺子、叉子、碗、盘子等餐具1批。
◎炒饭1碗，蛋糕1个（切成小块），炒豆子1盘，面条1碗，水果沙拉1碗。
◎餐具收纳篮4个，百洁布若干条。

活动过程

1. 欣赏童谣
师：小朋友们，我们每天吃饭都会用到不同

中组	餐具找朋友	侧重领域	※ 生活自理 ※ 认知

有益经验

1. 认识常见餐具，能说出名称，且知道这些餐具的使用方法。
2. 能用恰当的语句表达餐具的使用方法，如：用叉子叉，用筷子夹。
3. 能依据常识将食物与适用的餐具进行配对。
4. 乐于尝试使用各种餐具，品尝美味食品。

活动准备

◎餐具（筷子、勺子、叉子、碗）1批。
◎餐具（叉子、勺子、筷子等）、美食（蛋糕、米饭、糖水、面条、饺子等）的头饰1批。
◎甜汤1碗，蛋糕1个（切成小块），饺子1盘。
◎餐具收纳篮4个。

活动过程

1. 说说餐具
师：小朋友们，吃饭的时候我们常常会用到

低组	餐具大转盘	侧重领域	※ 生活自理 ※ 认知

有益经验

1. 认识常见的餐具，了解餐具的使用方法。
2. 能将餐具的图片与实物进行配对。
3. 能较好地使用勺子进食。
4. 能参与转盘游戏，体验集体游戏的乐趣。

活动准备

◎视频：《好看的餐具》（早教儿歌视频）。
◎餐具1批（碗、勺子、筷子、叉子等）。
◎自制的大转盘2个（大盘分成若干格，贴上不同餐具图片）。
◎玉米糖水适量。

活动过程

1. 观看视频
师：小朋友们，“餐具宝宝”要唱歌，我们

的餐具，你们知道“餐具宝宝”有哪些本领吗?

（1）老师念唱童谣，请幼儿注意听听不同餐具的用途。

（2）请幼儿说一说童谣中提到的各种餐具的用途。

2. 说说餐具

师：哇，“餐具宝宝”真能干，个个本领大，现在我们一起来说说它们吧。

（1）播放课件，引导幼儿说出餐具的名称和使用方法。

（2）出示餐具，让幼儿看一看、摸一摸，说出餐具的材质。

3. 自助取食

师：这里有很多美食，快来挑选自己喜欢的美食吧!

（1）老师将食品在桌面上“一”字排开，并在旁边放上筷子、勺子、叉子等公用取食餐具，备好碗和盘子。

（2）老师示范挑选合适的容器，使用不同的取食餐具将食物盛装好，如米饭用勺子装到碗里、蛋糕用叉子装到盘子里。

（3）引导幼儿采用自助的形式，用合适的餐具将喜欢的美食装好。

（4）提示幼儿在取餐过程中耐心等候，学习排队轮流取食。

4. 文明用餐

师：小朋友们都挑选了自己喜欢的美食，一哪些餐具呢?

（1）出示餐具，请幼儿说出名称。

（2）请幼儿上前用动作模拟的方式展示餐具的使用方法。

2. 找“好朋友”

师：今天“餐具宝宝”和“美食宝宝”都来了，我们来帮助它们找到合适的好朋友吧!

（1）出示头饰，请幼儿说一说餐具和美食的名称。

（2）逐一出示美食的头饰，请幼儿想想不同的食物分别用什么餐具去取食比较合适。

（3）将幼儿分成两组，分别戴上相应的头饰：一组扮演叉子、勺子、筷子等餐具；另一组扮演蛋糕、米饭、糖水、面条、饺子等食品。

（4）当老师说“餐具餐具，找找朋友”时，扮演食品的幼儿在原地踏步，扮演餐具的幼儿边拍手边到相应的“食品”身边，拉起他（她）的手。

（5）可请幼儿互换角色与头饰进行游戏。

3. 使用餐具

师：小朋友们真棒，都知道餐具是怎么使用的了，一起来试试吧。

（1）展示美食，老师示范使用餐具并讲解餐具的使用方法。

（2）请幼儿说说餐具的使用方法，并使其知道不同的食品可以用不同的餐具来取食。

（3）引导幼儿用合适的餐具取食自己想吃的食物。

快来听一听吧!

（1）播放视频，请幼儿欣赏。

（2）老师引导幼儿说出视频中餐具的名称或根据名称进行指认。

2. 学用餐具

师：今天老师把“餐具宝宝”也请到班上来了，我们应该怎么使用餐具呢?

（1）逐一出示餐具，讲解并演示正确使用餐具的方法。

（2）请幼儿上前体验餐具的使用。

3. 转盘游戏

师：“餐具宝宝”很开心，它们还想跟小朋友们一起玩游戏呢。

（1）出示大转盘，引导幼儿根据图片说说转盘上都有什么餐具。

（2）请幼儿上前尝试转动大转盘，指针停止后引导幼儿观察指向的是什么餐具。

（3）老师边讲解游戏规则边示范游戏：转动转盘，指针指向什么餐具，就找到相对应的实物餐具，并向大家展示餐具的使用方法。

（4）请一名幼儿上前转动大转盘，其余幼儿观察并说出转到的餐具名称，然后该幼儿拿起相应的餐具做出使用的动作。

（5）请幼儿分两组分别围成一圈坐好，中间放置1个转盘进行转盘游戏，老师巡回指导。

4. 品尝美食

师：小朋友们玩了这么久，肚子饿了吧，一起来吃好吃的吧!

起来分享美食吧！
（1）老师引导幼儿领取进食的餐具，回到位置上坐好。
（2）一起品尝美食，同时老师提示幼儿注意用餐礼仪（不大声说话、保持餐桌清洁等）。
5. 清洗餐具
师：小朋友们都吃好了，一起把餐具收拾好，清洗干净吧！
（1）请幼儿将餐具分类收拾好。
（2）引导幼儿合力将餐具收纳篮搬到备餐间。
（3）请幼儿使用百洁布简单擦洗餐具，并用清水冲洗干净。

活动延伸

在餐点时间，大人鼓励幼儿尝试使用各种各样的餐具取食、装盛不同的食物，并参与力所能及的餐具清洁工作，养成爱劳动的好习惯。

附材料

童谣《餐具宝宝》
餐具宝宝真能干，
个个本领都很强，
筷子能夹起美食，
叉子能叉取食物，
碗儿能装饭和汤。

4. 收拾餐具
师：小朋友们吃饱了，“餐具宝宝”找不到“家”了，我们一起帮帮它们吧！
（1）老师示范将同种餐具放入篮子内。
（2）请幼儿将餐具分类摆放好。

活动延伸

在社区情境室投放仿真食物模型及餐具，组织幼儿开展“小饭馆”游戏，加深对各种餐具的认识。

附材料

仿真菜品头饰

（1）拿出玉米糖水，老师讲解握勺喝糖水的方法。
（2）分发勺子、碗，引导幼儿正确握勺进食。

活动延伸

在午餐时间提供蛋糕，让幼儿使用叉子吃蛋糕，为幼儿提供多样性餐具的使用机会，提高幼儿的进食技能。

附材料

自制餐具大转盘

活动领域 | **语言**　　周主题一 | **有趣的餐具**　　月主题四 | **生活真方便**

高组	餐具总动员	侧重领域	※语言表达 ※精细动作

有益经验

1. 认识常用餐具的名称并了解用途。
2. 能用恰当的动词短语说出餐具的使用方法。
3. 尝试跟随老师一起进行儿歌念唱。
4. 感受规律性重复的语言游戏的快乐。

活动准备

◎餐具：勺子、筷子、刀、碟子、碗。
◎课件：米饭、汤、炒好的各式菜品的图片。
◎餐具收纳篮若干个。

活动过程

1. 说一说各种餐具

师：小朋友们，厨房里面有各式各样的餐具，你们都认识吗？

（1）出示餐具，请幼儿说出餐具的名称。

（2）请幼儿上前说一说并拿起餐具展示各种餐具的使用方法。

2. 餐具食物对对碰

师：小朋友们说得真好！老师这里有许多食

中组	餐具大集合	侧重领域	※语言表达 ※精细动作

有益经验

1. 能认识常用餐具并进行命名（这是××）。
2. 能根据食物挑选合适的餐具盛装。
3. 能说出与餐具使用相关的动词，如“夹”“舀”“勺”等。
4. 体验与同伴一起分享美食的乐趣。

活动准备

◎课件：各种餐具的图片。
◎筷子、碟子、碗、勺子每人1套。
◎各式点心适量。
◎餐具收纳篮若干个。

活动过程

1. 看图片认餐具

师：小朋友们看看，图片里有哪些餐具？

（1）播放课件，老师引导幼儿对筷子、碟子、碗、勺子等餐具进行命名（这是××）。

（2）老师进行简单的说明，帮助幼儿了解餐具的用途：盛米饭、舀粥、夹菜等。

2. 说餐具的用法

师：你们真棒，认识了那么多餐具，下面我

低组	小小茶壶	侧重领域	※语言表达 ※精细动作

有益经验

1. 认识茶壶，了解茶壶的外形特征。
2. 尝试模仿发出“咕噜”“哗啦”的声音。
3. 能把水从小茶壶里倒进杯子里且不洒出来。
4. 在熟悉歌曲旋律后，尝试展示自己并乐于参与表演。

活动准备

◎小茶壶2个。
◎歌曲：《我是一只小茶壶》。
◎视频：用茶壶倒水的视频。
◎杯子每人1个。

活动过程

1. 认识茶壶

师：小朋友们，今天有个客人来做客，看看它是谁呀？

（1）出示茶壶，引导幼儿说出茶壶的名称，并观察它的外形。

（2）让幼儿看一看、摸一摸，了解茶壶的外形特征和组成部分（盖子、把手、壶嘴）。

物的照片，请你们看一看。

（1）播放课件，展示各种食物的图片。

（2）请幼儿说一说这些做好的食物应该使用哪些餐具装盛，或使用哪些餐具品尝。

（3）引导幼儿用恰当的词句表达餐具的使用方法：用筷子夹菜、用勺子舀汤、用碗盛米饭、用碟子盛菜等。

3. 玩儿歌唱编游戏

师：接下来，我们给餐具编一首儿歌吧！

（1）老师将碗、勺子、碟子、筷子从左到右摆在桌上，手指相应餐具示范念唱儿歌："小碗小碗吃饭用；勺子勺子舀汤用；碟子碟子盛菜用；筷子筷子夹菜用；餐具是吃饭的好帮手。"

（2）老师引导幼儿根据老师指到的餐具，学习念唱儿歌（说出用途）。

（3）请幼儿挑选一件餐具，围成一圈坐好；老师扮演指挥家，摸到谁的头，谁就说出关于自己手上所拿的餐具的儿歌歌词。

（4）可以请幼儿互相交换餐具，也可轮流上前当"指挥家"，重复进行儿歌念唱的游戏。

4. 将餐具分类整理

师：餐具朋友要"回家"了，请小朋友们一起把它们归位放好。

（1）老师拿出篮子，示范把餐具分类放在篮子里。

（2）引导幼儿仿照老师将餐具归类放好。

们来看看餐具是怎么使用的吧！

（1）出示餐具实物，请幼儿观察。

（2）老师一边讲解各种餐具的使用方法，一边进行动作示范。

（3）请幼儿轮流上前，边做边说，向大家说明餐具的使用方法。

3. 用餐具吃点心

师：我们要用餐具来吃点心啦，小朋友们喜欢吃什么点心呢？

（1）出示各式点心放置在桌子上。

（2）请幼儿说一说自己喜欢的食物。

（3）请幼儿挑选自己喜欢的食物，并根据食物的不同，挑选并使用合适的餐具进行盛装及进食。

4. 餐后整理工作

师：小朋友们都吃好了，现在请把餐具收拾好吧！

（1）老师引导幼儿将餐具放至篮子里。

（2）请幼儿协助老师完成桌面的清理工作。

2. 歌舞表演

师：小朋友们，小茶壶不仅可爱，它还能唱歌哦，我们一起来听一听吧！

（1）播放歌曲，引导幼儿跟着节奏拍手，感知音乐。

（2）老师根据歌词，用动作表现茶壶的各种形态，并邀请幼儿一起模仿做动作。

3. 扮演茶壶

师：小朋友们做得真棒，你们知道小茶壶倒水的时候会发出什么声音吗？

（1）播放视频，请幼儿仔细观察。

（2）老师用动作模仿茶壶倒水并发出"咕噜""哗啦"的声音。

（3）请幼儿边"倒水"边模仿发出"咕噜""哗啦"的声音。

4. 学习倒水

师：小朋友们玩得真开心，大家都口渴了吧？我们赶快用小茶壶倒杯水喝吧。

（1）拿出茶壶，老师示范如何倒水。

（2）请幼儿自行将水从茶壶倒到自己的杯子里并喝水。

活动延伸	活动延伸	活动延伸
在家及幼儿园，鼓励幼儿参与餐后收拾桌面的工作，学习将餐具归类整理，放至指定的地方。	在家居生活及幼儿园用餐时，引导幼儿使用筷子进餐，准备易夹取的食物供幼儿练习。	在蒙台梭利教室投放茶具，让幼儿练习使用茶壶进行取水、倒水的工作。

活动领域	社会	周主题一	有趣的餐具	月主题	生活真方便

高组	有趣的碗	侧重领域	※ 社交技能 ※ 语言表达

有益经验

1. 感知并分辨不同材质的碗，能依据碗的材质进行物品命名，如塑料碗等。
2. 能依照游戏规则将碗灵活地向左、右方的同伴传递。
3. 能与同伴合作进行搭建游戏。
4. 在合作游戏中留心观察同伴的行动，调整自己的做法，形成良好的协同合作意识。

活动准备

◎塑料碗、玻璃碗、不锈钢碗1批。
◎歌曲:《小宝贝》。
◎叠碗的示意图1张。
◎哨子1个。
◎奖牌榜1张，奖牌若干枚。
◎收纳篮3个。

活动过程

1. 不同材质的碗
师：今天老师带来了许多碗，大家看看它们有什么不同?
(1)出示碗，请幼儿说出碗的名称和用途。

中组	餐具大营救	侧重领域	※ 社交技能 ※ 认知

有益经验

1. 认识常见餐具，知道餐具的名称和使用方法。
2. 理解竞赛式游戏的规则，并遵守游戏规则。
3. 能使用勺子舀水，并且不泼洒出来。
4. 能积极参与集体游戏，体验合作游戏的快乐。

活动准备

◎筷子、汤勺、碗、杯子等餐具1批。
◎视频：乒乓球从盛满水的杯子掉出的过程。
◎乐曲:《进行曲》。
◎乒乓球、小水盆等游戏道具每人1份。
◎清水适量。
◎各式小食适量(用各种餐具取食)。

活动过程

1. 认识餐具
师：小朋友们，吃饭的时候我们会用到哪些餐具呢?
(1)逐一出示各种餐具，请幼儿说说餐具的

低组	有用的勺子	侧重领域	※ 精细动作 ※ 社交技能

有益经验

1. 认识碗、勺子的名称并了解使用方法。
2. 能用勺子将大红豆舀起并放到另一个碗里。
3. 能自己使用勺子喝红豆糖水。
4. 在集体游戏中学习排队轮候，同时能感受游戏的趣味性。

活动准备

◎视频:《自己吃饭真香》。
◎装有大红豆的碗、空碗、勺子各3个，收纳篮1个。
◎红豆糖水适量(备大勺子1个)。
◎就餐餐具每人1份。

活动过程

1. 观看视频
师：小朋友们，吃饭时我们应该怎么做? 一起来看看吧!
(1)播放视频，请幼儿观看。

(2) 出示各种材质的碗，请幼儿看一看、摸一摸。

(3) 引导幼儿根据碗的材质进行命名，如塑料碗、玻璃碗、不锈钢碗。

2. 碗的传递游戏

师：现在我们用碗来玩传递的游戏，你们想挑选什么材质的碗来玩游戏呢?

(1) 请幼儿讨论并挑选玩游戏用的碗，再说说理由。

(2) 引导幼儿并排坐在地面上，间距适中。

(3) 播放歌曲，老师示范有节奏地拍肩、拍头，再将碗传递到左边的幼儿手里；请幼儿模仿做出以上动作。

(4) 播放歌曲，引导幼儿跟随音乐节奏传递碗；将碗传至队伍末端时，可以以同样的方式反向传回来。

3. 碗的堆叠游戏

师：碗还可以用来玩堆叠的游戏，这回我们要选什么材质的碗呢?

(1) 请幼儿讨论并挑选玩游戏用的碗，再说说理由。

(2) 老师示范叠碗，并向幼儿说明需选择相同材质、相同大小的碗进行堆叠才会搭得又高又稳。

(3) 请幼儿参照示意图，探索碗的多种叠法，将碗逐层搭高成金字塔形状。

(4) 将幼儿按2—3名分为一组，并向幼儿说明游戏规则：每组碗的数量相等，且在规定名称。

(2) 请幼儿拿起餐具，展示餐具的使用方法。

2. 想想办法

师："餐具宝宝"和"球宝宝"一起玩游戏，但是"球宝宝"不小心掉进杯子里了，"餐具宝宝"们有什么好办法呢?

(1) 出示一个装有乒乓球的杯子，告知幼儿不能用倒的方式"救"出乒乓球，而是要使用餐具"救"出乒乓球。

(2) 引导幼儿想一想解决的办法，并鼓励幼儿上前尝试自己的办法(用筷子夹、勺子舀等)。

(3) 播放视频，引导幼儿讨论并说出乒乓球为什么从杯子里掉出来了。(杯子里的水满了)

3. 舀水比赛

师：原来这个巧妙的方法可以"救"出乒乓球，让我们一起来比赛，看谁能先把乒乓球"救"出来。

(1) 老师将装有乒乓球的杯子、勺子、小水盆(杯子置于水盆中，防止水泼洒出来)等分发给幼儿。

(2) 乐曲响起，请幼儿开始用勺子将水舀进杯子里，球最先掉出杯子的幼儿为获胜者。

(3) 把游戏道具杯子换成碗，将幼儿分为两两一组，合力用勺子舀水，最先完成的组为获胜组。

4. 品尝美食

师：营救工作结束了，小朋友们的肚子也饿

(2) 带领幼儿跟随视频的音乐节奏拍拍手。

2. 认识餐具

师：视频里出现了哪些餐具，小朋友们看清楚了吗?

(1) 出示勺子和碗，让幼儿看一看、摸一摸，感知餐具的材质和形状。

(2) 请幼儿说说餐具的名称，并用动作来表示碗和勺子的功能。

3. 舀大红豆

师：勺子除了用来吃饭，还可以用来玩好玩的游戏哦!

(1) 将1个装有大红豆的碗、1个空碗、1个勺子放在桌面上，并邀请3名幼儿上前排纵队，准备做游戏示范。

(2) 引导排在第一位的幼儿走到桌子前，将一颗大红豆舀到空碗里，然后回队伍末尾排好，后面的幼儿重复以上环节。

(3) 将幼儿分成三组进行比赛，规定时间内舀到大红豆数量最多的组为获胜组。

(4) 比赛结束后，请幼儿将使用过的勺子、碗放置到收纳篮里。

4. 品尝糖水

师：小朋友们真能干，舀了很多大红豆。我们一起来尝尝红豆糖水吧!

(1) 出示糖水，请幼儿排队准备取食。

(2) 引导幼儿先用大勺子把糖水盛到碗中，回到位置上再用小勺进食。

的时间内最先完成的一组为获胜者。
(5)吹响哨子，请幼儿开始比赛，最先完成的一组幼儿举手示意老师。游戏可重复多次，小组每获胜一次可以在奖牌榜上贴上奖牌一枚。
(6)游戏结束，比比看哪组获得的奖牌多。

4. 碗的分类收纳

师：游戏结束了，请小朋友们把碗按材质分类收拾好吧！
(1)出示收纳篮，请幼儿说说应该如何进行分类与收拾。(按材质进行分类)
(2)请幼儿将碗分类放置，结束活动。

活动延伸

将一次性纸杯投放到区角建构区，引导幼儿合作玩杯子堆叠游戏，加强幼儿的精细动作及同伴合作能力。

啦，一起来品尝美食吧。
(1)拿出各式小食，请幼儿挑选自己喜欢的食物，并选用合适的餐具取食、进餐。
(2)吃完后请幼儿将餐具分类收拾好，结束活动。

活动延伸

在日常生活中鼓励幼儿尝试使用不同的餐具取食、进餐，提高进餐、进饮的技能。

活动延伸

在餐点时间引导幼儿使用勺子独立进餐，用正确的方法握勺，手眼协调地将自己想吃的食物送入口中。

活动领域	科学	周主题一	有趣的餐具	月主题四	生活真方便

高组	奇妙的声音	侧重领域	※ 认知 ※ 语言表达

有益经验

1. 能认识常见餐具，并能说出餐具的名称和用途。
2. 能辨听不同材质餐具发出的声音，并与餐具实物进行配对。
3. 能以适当的力道准确敲击目标物，使之发出声音。
4. 感受演奏打击乐的乐趣。

活动准备

◎课件：有关餐具的图片。
◎陶瓷碗、不锈钢碗、木筷子每人1份。
◎能遮挡视线的纸箱（留4个面，纸箱的上面及背面裁掉）1个。
◎乐曲：《餐具交响曲》。

活动过程

1. 说说餐具

师：小朋友们，你们认识哪些餐具朋友呢?

中组	小筷子，本领大	侧重领域	※ 认知 ※ 精细动作

有益经验

1. 认识筷子，知道筷子的名称和使用方法。
2. 能使用筷子夹取小件物品放到盘子里。
3. 能使用筷子模仿做搅拌的动作，调制果珍饮料。
4. 乐于参与对筷子用法的探索活动，体验动手操作的乐趣。

活动准备

◎谜语：《筷子》。
◎筷子的图片。
◎视频：使用筷子的视频。
◎筷子、小盘子每人1份。
◎小件、易用筷子夹起的物品1批。
◎果珍粉、温水适量。
◎装有温水的一次性杯子每人1个。
◎乐曲：《草原英雄小姐妹》。

活动过程

1. 猜猜谜语

师：小朋友们，今天老师给你们出一个谜语，

低组	大碗和小碗	侧重领域	※ 认知 ※ 精细动作

有益经验

1. 认识碗，了解碗的使用方法。
2. 能按碗的大小将碗与盖子进行配对。
3. 能比较碗的尺寸并指认或说出“大”和“小”。
4. 在盖碗盖、变大小圈的环节中体验游戏的快乐。

活动准备

◎课件：盛装各种食物的碗的图片。
◎大小不同的圆形套碗（配简易盖子）若干组。
◎收纳篮1个。
◎歌曲：《吹泡泡》。

活动过程

1. 观看图片

师：小朋友们，碗可以用来装很多好吃的东

一起来说一说吧。
(1) 播放课件，请幼儿观察各种餐具的图片。
(2) 请幼儿说一说餐具的名称。
(3) 引导幼儿结合生活经验，说说各种餐具的用法。

2. 听听声响

师：餐具是吃饭用的，它们还能发出奇妙的声音，我们来听一听！
(1) 老师用木筷子分别敲击陶瓷碗、不锈钢碗，请幼儿说出碗的不同材质（陶瓷、不锈钢），并引导幼儿注意辨听不同材质的碗发出的声音有什么不同。
(2) 老师敲击纸箱内的餐具，请幼儿辨听声音，并上前挑选出相应的碗敲一敲，比比声音是否一致。
(3) 老师逐一敲击纸箱里的陶瓷碗（“叮叮”）、不锈钢碗（“当当”），请幼儿听声音并说一说是什么材质的餐具发出的声音。

3. 敲敲餐具

师：餐具朋友还会演奏呢，老师可以用筷子、碗来敲出好听的歌曲。
(1) 老师示范用木筷子有节奏地敲击不同的餐具。
(2) 请幼儿尝试跟随老师的节奏敲击餐具，同时提示幼儿不可用力过猛地敲击。
(3) 播放乐曲，幼儿模仿老师跟随音乐节奏敲击餐具。

4. 分类整理

师：演奏会结束了，我们要把餐具收拾好，

看看谁能猜出来？
(1) 老师说出谜面，请幼儿猜一猜。
(2) 出示筷子的图片，引导幼儿说出筷子的名称。

2. 筷子游戏

师：小筷子本领大，它能用来做什么呢，一起来看看吧。
(1) 播放视频，请幼儿观看。
(2) 老师示范、讲解筷子的使用方法，并示范用筷子夹起小物品。
(3) 分发材料，请幼儿在限定的时间内夹取物品放到小盘子里，比一比谁夹得多。

3. 调制饮料

师：筷子除了可以用来夹东西，它还有什么本领呢？
(1) 出示果珍粉，请幼儿看一看颜色、闻一闻味道。
(2) 出示装有温水的一次性杯子，老师示范将果珍粉倒入杯子并用筷子进行搅拌，同时讲解用筷子搅拌可以加速果珍粉的溶化。
(3) 分发材料，请幼儿搅拌调制果珍饮料，并品尝饮料。

4. 跳筷子舞

师：我们的筷子除了夹东西、用来搅拌饮料，它还可以用来跳好看的筷子舞哦！
(1) 播放乐曲，老师示范跳筷子舞。
(2) 请幼儿跟随老师跳筷子舞，曲毕结束活动。

西，大家一起来看看吧。
(1) 播放课件，请幼儿观察各种各样的碗，帮助幼儿了解碗的用途。
(2) 老师引导幼儿对图片中的碗进行命名。

2. 认识大小

师：我们看到图片中有大碗、小碗，谁能告诉我，这些碗哪个大、哪个小呢？
(1) 请幼儿围成一圈坐好，出示大小不同的碗。
(2) 引导幼儿辨别大碗、小碗。
(3) 拿出碗盖，引导幼儿辨别盖子的大和小。
(4) 请幼儿上前将套碗从大到小叠放起来。

3. 大小配对

师：大碗、小碗都找不到盖子，我们来帮帮它们吧！
(1) 老师示范盖碗盖：大盖子盖大碗，小盖子盖小碗。
(2) 请幼儿上前尝试给碗找到大小合适的盖子。
(3) 所有的碗都找到盖子后，请幼儿将碗放到指定的收纳篮里。

4. 音乐游戏

师：小朋友们真聪明，认识了“大”和“小”。现在我们来玩一个变大圈、变小圈的游戏吧！
(1) 请幼儿手拉手围成一圈站好。
(2) 播放歌曲，引导幼儿根据唱词玩变大圈、变小圈的游戏。

请把相同的餐具放在一起。

（1）引导幼儿将餐具分类放好。

（2）表扬幼儿的做法，结束活动。

活动延伸

在家中请家长引导幼儿在饭后参与餐具收拾、餐具清洁的工作，并将餐具分类摆放至指定位置。

附材料

能遮挡视线的纸箱

活动延伸

老师及家长在餐点时间提供筷子让幼儿练习，在进餐时让幼儿使用筷子，逐步掌握筷子的用法。

附材料

谜语《筷子》

两根小棍子，

个头一样高。

天天在一起，

吃饭都用它。

活动延伸

大人引导幼儿比较身边常见物品的大小，例如大汤勺和小汤勺、大皮球和小皮球等，加深幼儿对大、小概念的理解与认识。

附材料

大小不同的套碗（款式、形状、颜色相同）

活动领域	艺术	周主题一	有趣的餐具	月主题四	生活真方便

高组	热带鱼	侧重领域	※ 精细动作 ※ 认知

有益经验

1. 能将碟子的特征与谜语描述的特征结合起来理解，知道碟子的名称和用途。
2. 能剪开不同质地的卡纸。
3. 能完成剪纸、折纸、粘贴等手工制作程序。
4. 在图片及手工作品的启发下展开想象并进行手工制作，感受手工制作的成就感。

活动准备

◎谜语:《碟子》。
◎用于展示的圆形、方形的纸碟各1个。
◎课件：色彩斑斓的热带鱼图片。
◎“热带鱼”手工作品1份。
◎剪好的三角形纸片、圆形纸片、纸碟、剪刀、胶水每人1份。

活动过程

1. 认识碟子
师：小朋友们，老师有一个有趣的谜语，请大家来猜一猜。
（1）老师念谜面，让幼儿猜一猜。
（2）出示纸碟，引导幼儿说出谜底：碟子。

中组	彩泥筷子	侧重领域	※ 精细动作 ※ 认知

有益经验

1. 认识常见餐具，了解餐具的用途。
2. 能说出4种以上的颜色的名称。
3. 能完成将彩泥搓圆、搓条等动作。
4. 感受彩泥的特殊触感，体验捏制彩泥的乐趣。

活动准备

◎课件：各种餐具的图片。
◎神秘袋（内装筷子）1个。
◎彩泥筷子手工成品1双。
◎彩泥、玩具塑料刀具每人1份。
◎彩泥餐具作品1份。

活动过程

1. 认一认餐具
师：今天有一些好朋友来我们班做客，一起来看看都有谁。
（1）播放课件，请幼儿说说餐具的名称。
（2）引导幼儿依据图片说说餐具的使用方法。

低组	大碗面	侧重领域	※ 精细动作 ※ 认知

有益经验

1. 感知碗的外形特征，知道碗的名称。
2. 能剪断3厘米宽的彩纸条，会使用固体胶进行粘贴。
3. 能将纸条粘贴在简笔画指定的位置上。
4. 有安全使用剪刀的意识。

活动准备

◎碗每人1个。
◎课件：装有各种食物的碗的图片。
◎画有一个大碗的简笔画每人1张。
◎固体胶、剪刀、彩纸条（3厘米宽）等材料每人1份。

活动过程

1. 认一认碗
师：小朋友们，什么餐具既能装饭又能盛汤，你们知道吗?
（1）出示碗，引导幼儿指认碗或说出碗的名称。

（3）请幼儿说说碟子的外形特征（圆圆的、方形的、扁扁的）。

（4）请幼儿结合生活经验，说说碟子的主要用途（可以装多种食物）。

2. 图片欣赏

师：大海里生活着许多的热带鱼，它们五颜六色的，可漂亮了！

（1）播放课件，展示热带鱼的图片，引导幼儿欣赏。

（2）请幼儿自由发言，说一说自己喜欢哪种鱼，为什么。

3. 制作手工

师：老师用纸碟做了一条可爱的“热带鱼”，一起来看看它是怎么做成的呢？

（1）展示手工作品，简单讲解作品的制作方法。

（2）老师示范制作“热带鱼”：在纸碟上沿线剪出一个缺口做鱼嘴，贴上圆形纸片做鱼眼睛，将三角形纸片粘在纸盘边缘做鱼尾，将圆形纸片对折贴在“鱼”身上做鱼鳞。

（3）分发材料，请幼儿制作“热带鱼”，老师巡回指导。

4. 分享作品

师：小朋友们的手真巧，做好了漂亮的“热带鱼”。我们来看看谁做的“热带鱼”最漂亮。

（1）请幼儿上前展示“热带鱼”，鼓励他们逐一介绍自己的作品。

（2）表扬展示作品的幼儿。

2. 摸一摸筷子

师：老师这里有一个神秘袋，谁来摸一摸神秘袋里面有什么？

（1）出示神秘袋，让幼儿摸一摸，说说自己摸到了什么。

（2）出示筷子，请幼儿说说筷子的名称和用途。

（3）请幼儿观察筷子的特征：一头粗，一头细。

3. 学习做“筷子”

师：我们可以用彩泥做出彩色的筷子哦，一起来试试吧。

（1）出示手工成品，引导幼儿说出筷子的特征（长长的、细细的）。

（2）老师讲解并示范制作步骤：取出两团大小相等的彩泥，将彩泥搓成长条；将条状物的一头搓得更细一些，搓出筷子的形状。

4. 搓一搓“筷子”

师：接下来请小朋友们一起来做“筷子”吧！

（1）出示颜色不同的彩泥，请幼儿说说颜色的名称。

（2）请幼儿依据自己喜欢的颜色挑选彩泥，制作“筷子”，老师巡回指导。

（3）引导幼儿将“筷子”两两一组地放好，并请幼儿数数自己做了几双“筷子”。

5. 说一说“筷子”

师：彩色的“筷子”真漂亮，你们都做了什么颜色的“筷子”？

（2）请幼儿摸一摸碗，感知碗的材质和形状。

2. 碗的用途

师：小朋友，碗能用来装很多好吃的东西，一起来看看吧！

（1）播放课件，老师引导幼儿观察。

（2）请幼儿指认或说出碗里装的食物的名称，如米饭、面条。

3. 做“大碗面”

师：老师这里有一个“大碗”，今天我们来动手做个“大碗面”吧。

（1）出示简笔画，引导幼儿说出“碗”，并告知幼儿“碗”要用来装面条。

（2）出示剪刀、彩纸条、固体胶等材料，向幼儿简单说明材料的使用方法。

（3）老师示范使用剪刀将3厘米宽的彩纸条剪断（强调剪刀使用安全），在简笔画上涂固体胶，将剪断的纸条贴到“大碗”里。

（4）分发材料，引导幼儿做剪、贴的工作，完成手工。

4. 张贴作品

师：“大碗面”做好了，我们把它贴起来，看看谁的面条做得最好？

（1）请幼儿在作品背面涂上固体胶，把自己的作品贴到作品栏的指定位置。

（2）引导幼儿欣赏他人的作品。

活动延伸

在区角活动区域提供一次性纸杯、碗、盘子等手工材料，鼓励幼儿自由制作手工，提供创作的机会，提高幼儿物品使用的能力。

附材料

1. 谜语《碟子》

有圆也有方，敲敲响叮当。

闲时叠罗汉，有菜他先尝。

2. 手工作品《热带鱼》

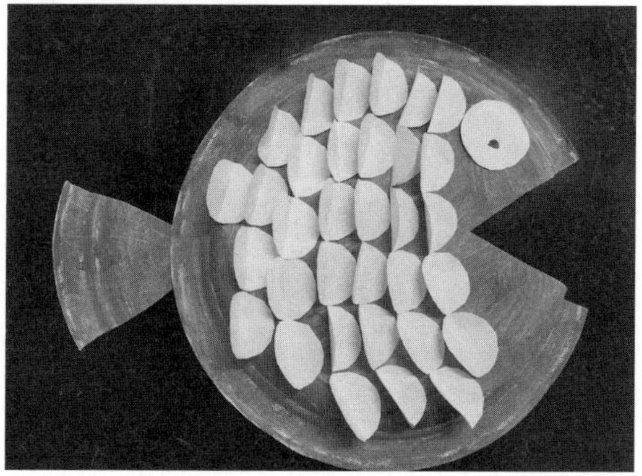

(1) 请幼儿展示自己的“筷子”，说说“筷子”的颜色和制作方法。

(2) 表扬及肯定幼儿的做法。

活动延伸

午餐后的自由玩耍时间，可引导幼儿用彩泥制作饼子、馒头、面条、碟子等“食物”或“餐具”，锻炼手部精细动作。

附材料

“筷子”制作步骤图

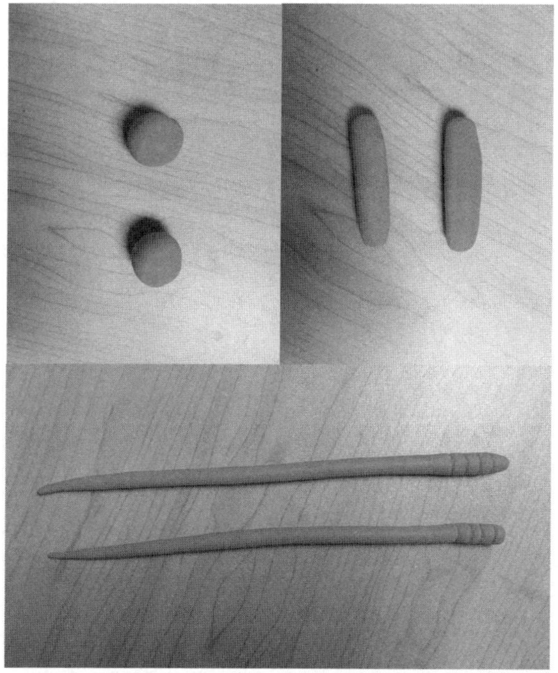

活动延伸

在日常的居家训练中，家长可让幼儿随意剪纸（在家长监督下使用剪刀），提高幼儿工具使用能力。

附材料

手工作品《大碗面》

活动领域	健康	周主题二	家具大世界	月主题四	生活真方便

高组	整洁的衣柜	侧重领域	※ 生活自理 ※ 精细动作

有益经验

1. 通过图片的观察和比较，能分辨整洁和凌乱的状态，有整齐美观的概念。
2. 了解整理衣物的步骤，能将裤子、上衣大致折叠整齐。
3. 能把自己的衣物分类放进柜子。
4. 形成整理衣柜的意识和习惯。

活动准备

◎视频：《宝宝爱整理》。
◎课件：整洁的衣柜、凌乱的衣柜的图片。
◎衣柜整理的步骤图2套。
◎有分隔的“衣柜”（用纸箱拼搭或用大号触觉探索塑料积木拼插而成）若干个。
◎上衣、裤子等各式衣物1批。

活动过程

1. 观看视频

师：小熊猫是个爱干净的宝宝，我们来看看，它在忙着做什么呢?

（1）播放视频，请幼儿观看。
（2）老师做简要的讲解，使幼儿明白物品保

中组	干净的桌椅	侧重领域	※ 生活自理 ※ 精细动作

有益经验

1. 理解故事内容，了解擦洗桌椅的步骤和方法。
2. 学习使用抹布、水桶等清洁工具，大致将桌子、椅子面擦干净。
3. 有参与简单家务劳动的意识，乐于去做力所能及的劳动工作。

活动准备

◎音频：哭声。
◎故事：《谁在哭》。
◎桌子、椅子的照片各1张。
◎抹布、小水桶每人1套。
◎歌曲：《“谢谢”“不客气”》。

活动过程

1. 聆听故事

师：咦，这是什么声音？大家仔细听听是谁在哭?

（1）播放哭声的音频，引起幼儿关注。
（2）出示照片，老师讲述故事《谁在哭》。

低组	整齐的椅子	侧重领域	※ 粗大动作 ※ 生活自理

有益经验

1. 认识常用家具——椅子，知道椅子的名称，了解椅子的用途。
2. 学会搬动椅子，并能将椅子大致摆放整齐。
3. 在搬椅子、玩椅子游戏的过程中萌发独立工作意识，体验游戏乐趣。

活动准备

◎视频：《小桌椅》《开火车》。
◎歌曲：《开火车》。

活动过程

1. 认识椅子

师：小朋友们，椅子是我们经常用到的家具，一起来看看它的故事吧。

（1）播放视频《小桌椅》，请幼儿观看。
（2）老师引导幼儿指认视频中的椅子，简要

持整洁才是美观的，以及整理工作的重要性。

2. 图片比较

师：整齐的衣柜和凌乱的衣柜有什么不同?我们一起来看看吧。

(1) 播放课件，引导幼儿观察、比较整洁和凌乱衣柜的图片。

(2) 请幼儿说说哪张图片中的衣柜是整洁的，哪张是凌乱的，自己喜欢什么样的衣柜。

3. 图片排序

师：小朋友们，我们应该怎么做，才能把衣柜收拾整齐?

(1) 出示衣柜整理的步骤图，边将图片按步骤排序边引导幼儿进行观察，帮助幼儿了解整理工作的顺序。

(2) 请部分幼儿轮流上前，参照老师排好的步骤图，对另一套相同的图进行排序。

(3) 请部分幼儿说一说图片的顺序和内容。

4. 整理“衣柜”

师：哎呀，“衣柜”里的衣服好乱啊！我们快想办法收拾收拾吧。

(1) 老师打开“衣柜”，请幼儿说说“衣柜”的状态。

(2) 老师示范衣柜整理的步骤：将上衣、裤子等衣物分别折叠；将普通衣物分类摆放；将内裤、内衣等小件衣物分类收纳。

(3) 请幼儿上前体验衣柜整理工作，老师予以指导。

(4) 将幼儿分为若干小组，每组负责整理一

(3) 请幼儿想一想：桌子和椅子为什么哭了?(桌子、椅子太脏了)

2. 学擦桌椅

师：原来是因为身上太脏，桌子和椅子都哭了，我们快来想想办法吧。

(1) 请幼儿说一说：应该怎么帮助桌子和椅子?（擦干净）

(2) 出示抹布和水桶，向幼儿说明清洁工具的使用方法。

(3) 老师示范擦桌子、椅子的方法和步骤。

(4) 请幼儿上前体验擦桌子、椅子的步骤与方法。

(5) 请幼儿分头去检查教室里的桌子和椅子，发现有不干净的地方则请幼儿举手说明。

3. 分组劳动

师：小朋友们，现在我们一起来劳动，把教室里的桌椅都擦干净吧！

(1) 请幼儿领取清洁工具，并引导他们分为2—3人一组。

(2) 以小组为单位，每组幼儿负责擦一定数量的桌椅。

(3) 清洁工作完成后，请幼儿将清洁工具收拾好，放到指定位置。

(4) 引导幼儿到洗手间洗净小手。

4. 音乐律动

师：大家的小手真能干，把桌子、椅子的身体清洁干净了，它们要对小朋友们说“谢谢”。

(1) 播放歌曲，老师带领幼儿做音乐律动。

介绍椅子的用途(供人坐着工作和休息)。

2. 找找椅子

师：我们的教室里有椅子吗? 请大家一起来找找看。

(1) 请幼儿找一找教室里的椅子。

(2) 引导幼儿说出椅子的名称或指认椅子。

(3) 引导幼儿说出或用肢体动作表示椅子的用途。

3. 椅子游戏

师：椅子可以用来玩好玩的游戏，我们来搬一搬椅子吧！

(1) 请幼儿观看视频《开火车》，并告知幼儿随后要一起玩开火车的游戏。

(2) 老师示范搬椅子：一只手抓住椅面边缘、另一只手抓住椅背，将椅子轻轻地抬起，小心走至目的地，将椅子放置在地面。

(3) 请幼儿模仿老师的做法搬椅子，将椅子搬到教室中央并排成一列。

(4) 老师将一张椅子摆放在最前面，告诉幼儿这是火车头，需要一名“火车司机”来开车。

(5) 引导幼儿分配好角色，请“司机”和“乘客”就位；播放歌曲《开火车》，玩开火车的游戏。

(6) 轮换“司机”及“车头”的方向，重复游戏。

4. 椅子归位

师：“火车”到站，游戏结束了，请大家帮忙

个“衣柜”。

5. 展示“衣柜”

师：小朋友们真能干！现在我们来看看，谁的“衣柜”收拾得最整洁呢?

（1）请各组幼儿展示整理好的“衣柜”，并分别说一说是如何整理的。（折叠、分类整理）

（2）肯定幼儿的做法，并引导幼儿表扬自己。

活动延伸

请家长引导幼儿在家中折叠自己的衣物，并尝试整理放置个人衣物的衣柜。

附材料

大型塑料插片做成的“衣柜”

（2）曲毕，老师对幼儿的表现进行总结，并表扬幼儿。

活动延伸

在早、中、晚餐后，请幼儿协助大人收拾碗筷，同时引导幼儿将桌面大致清洁干净，增强家居技能。

附材料

故事《谁在哭》

放学了，可教室里传来了一阵哭声。“呜……”，是谁在哭？小朋友们都吓了一大跳。大家从教室的窗户偷偷向里看。咦，竟连个人影都没有！到底是谁在哭呢?

桌子叹一口气，哭着说：“我的小主人们一点也不爱惜我，用笔在我的脸上画来画去，把我画得跟小花猫似的！”说完，又大哭起来。

椅子听了，也哭了起来：“小主人们在我的身上踩来踩去，我的身上也是沾满了脏东西，又疼又难看，我原本干净的身体变得脏兮兮的。”小椅子哭得伤心极了。

把椅子摆放整齐。

（1）请幼儿将椅子搬至指定位置，并摆放整齐。

（2）请幼儿观察整齐摆放的椅子，表扬幼儿的做法。

活动延伸

尽量引导幼儿自行搬动椅子，来应对活动中发生的位置转移；课后要求幼儿将椅子摆放整齐，提高幼儿粗大动作的能力，增强其独立意识。

附材料

排列“火车”

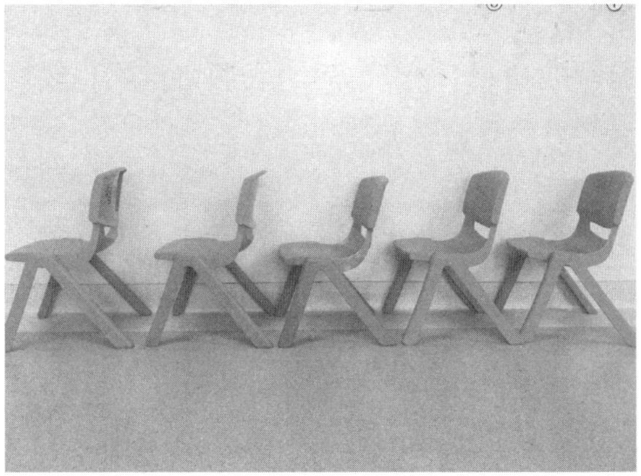

活动领域 | 语言	周主题二 | 家具大世界	月主题四 | 生活真方便

高组	娃娃家	侧重领域	※ 语言表达 ※ 生活自理

有益经验

1. 熟悉家庭不同功能分区的环境，了解不同区域和家具摆放之间的关系。
2. 能够说出客厅、餐厅、卧室、厨房、卫生间的名称及功用。
3. 在动手布置娃娃家的活动中，感受活动空间变化带来的乐趣。

活动准备

◎课件一：房子基本布局的图片（客厅、餐厅、卧室、厨房、卫生间等区域）。
◎课件二：家具图片（卧室的床；客厅的沙发、电视柜、茶几；餐厅的餐桌等）。
◎大开张纸的手绘家庭分区平面图若干张。
◎家具模型1批。

活动过程

1. 认识娃娃家
师：娃娃最近住进了新房子，我们一起去参观娃娃的家吧！

中组	神奇的橱柜	侧重领域	※ 语言表达 ※ 生活自理

有益经验

1. 认识橱柜，了解橱柜的用途。
2. 能说出橱柜的名称以及筷子、碟子、碗等餐具的名称。
3. 能在口头提示下将餐具放置到橱柜的正确位置。
4. 在尝试进行橱柜整理的工作过程中养成收纳整理意识。

活动准备

◎视频:《厨房》。
◎各类餐具若干。
◎图片：橱柜使用方法示意图（照片）。

活动过程

1. 认识橱柜
师：小朋友们，这里有一个有趣的视频，请大家来看看。

低组	舒适的床	侧重领域	※ 语言理解 ※ 认知

有益经验

1. 认识床，知道床的名称及床的用途。
2. 了解多种小动物的习性，能将小动物与其相关联的环境进行匹配，完成配对粘贴。
3. 在对床的认知过程中了解睡觉的概念，享受休息的温馨感和舒适感。

活动准备

◎图片：床的图片1张。
◎课件：动物睡觉的图片（小鸟在鸟窝里、毛毛虫在树叶上、考拉在树杈上等）。
◎动物卡片（按轮廓剪边）各1张；鸟窝、树杈、树叶等图片（A4纸大小）各1张。
◎黑板1块。
◎乐曲:《摇篮曲》。

活动过程

1. 认识床铺
师：小朋友们，图片上有一样我们每天都会用到的东西，它是什么?

（1）播放课件一，引导幼儿了解娃娃家的不同分区，说出客厅、餐厅、卧室、厨房、卫生间等区域名称。
（2）播放课件二，请幼儿仔细观察不同区域里的家具，并根据图片的内容说一说：卧室里有床；客厅里有沙发、电视柜；餐厅里有餐桌；厨房里有橱柜等。

2. 说说娃娃家

师：娃娃家真漂亮呀，你们来说说娃娃家是怎么布置的呢？
（1）老师请幼儿回想，不同的功能区域应摆放什么家具，并请幼儿说一说相应的家具名称。
（2）引导幼儿结合对家庭不同分区及对家具的认识，说说不同分区的功能（卧室是用来睡觉的、厨房是用来煮饭的）。

3. 布置娃娃家

师：这里还有许多家具，我们一起来把娃娃家布置得更漂亮吧！
（1）引导幼儿分组，2—3人一组围桌坐好。
（2）每组幼儿分发一张家庭分区平面图、适量家具模型。
（3）请幼儿在不同区域合作摆放相应的家具模型。

4. 介绍娃娃家

师：娃娃家都已经布置好了，我们一起去参观一下吧。
（1）以组为单位，请幼儿逐一介绍自己布置

（1）播放视频，引导幼儿了解厨房的相关设施及物品。
（2）引导幼儿认识橱柜，了解橱柜的主要用途是收纳物品。
（3）请幼儿说出橱柜名称。

2. 参观橱柜

师：现在我们去厨房参观一下，看看神奇的橱柜里都有些什么东西呢？
（1）请幼儿排好纵队去厨房。
（2）请幼儿找到并指认橱柜。
（3）打开橱柜，请幼儿指认橱柜里的物品并说出名称。
（4）引导幼儿了解橱柜的不同分区及分别放置的不同物品。

3. 整理橱柜

师：台面上还有很多没有收纳好的物品，请大家来帮忙整理整理吧！
（1）老师示范双手拿起餐具，轻轻地把碟子、碗、筷子等餐具分类叠放整齐。
（2）说明橱柜的使用安全：正确开关门，防止夹手。
（3）帮助幼儿分组，将餐具放进橱柜并整理好。
（4）餐具叠放完毕，引导幼儿将橱柜门关闭好。

4. 说说橱柜

师：小朋友们真能干，把橱柜整理好了。说说刚才你是怎么整理的呢？

（1）出示图片，请幼儿说出床的名称。
（2）引导幼儿说出或用动作表示床的功用：床是用来睡觉的。

2. 动物的床

师：小朋友们都有自己的床，那么小动物要睡在什么地方呢？
（1）播放课件，请幼儿指认或说出小动物的名称。
（2）向幼儿介绍小动物栖息的习性，如引导幼儿了解小鸟睡在鸟窝里，毛毛虫睡在树叶上。
（3）老师向幼儿提出问题，如“×××的床是什么”等的问句，引导幼儿用“是×××”来回答。

3. 动物“睡觉”

师：小动物们很困了，请小朋友们帮它们找到床睡觉吧！
（1）逐一出示鸟窝、树杈、树叶等图片，每出示一张即向幼儿提问：这是什么？待幼儿回答后将图片贴到小黑板上。
（2）逐一出示动物的卡片，请幼儿说出动物的名称。
（3）老师提出问题“×××（动物）在哪里睡觉”，并请幼儿将动物卡片贴到相应的图片上。

4. 集体休息

师：小动物们都睡觉了，我们也闭上眼睛睡一会吧。

的娃娃家：在什么地方放置了什么家具、用来做什么。
(2) 请幼儿与自己布置的娃娃家合影。

活动延伸

在日常生活中，帮助幼儿了解家具的使用方法，在使用的过程中让幼儿掌握家具的使用技能，提高幼儿的居家生活技能。

(1) 引导幼儿说出橱柜的功能——收纳厨房用具。
(2) 出示图片，提示幼儿说说整理橱柜的过程：打开橱柜门—将物品放入—将物品摆放整齐—关上橱柜门。
(3) 表扬及肯定幼儿的行为。

活动延伸

在家居生活中，鼓励幼儿参与力所能及的整理收纳工作，提高生活自理能力。

(1) 关灯、拉上窗帘，播放乐曲。
(2) 请幼儿伴随舒缓的音乐闭上眼睛休息一会，结束活动。

活动延伸

在自理活动中引导幼儿认识常见床上用品，了解枕头、被子等床上用品的摆放位置，培养幼儿生活自理意识。

活动领域 | 社会	周主题二 | 家具大世界	月主题四 | 生活真方便

高组	搬家公司	侧重领域	※ 社交技能 ※ 粗大动作

有益经验

1. 认识各种常见家具，并能说出家具的名称及功用。
2. 利用仿真玩具模拟出日常生活场景并进行角色扮演，如搬家。
3. 能扮演一些生活中常见的人物，如司机、搬运工，与他人进行合作游戏。
4. 在合作“搬家”的过程中，体验与同伴积极交往、友好合作的乐趣。

活动准备

◎视频:《搬家》。
◎角色名牌：司机名牌2张、搬运工名牌8张（内容由职业图片和文字名称组成）。
◎贴有家具图片（衣柜、沙发、床、桌子、椅子等）的纸箱若干个，内放适当重量的物品。
◎3个连起来的滑板车1列。
◎游戏纸币1批。
◎各式零食适量。

中组	鲨鱼来了	侧重领域	※ 社交技能 ※ 粗大动作

有益经验

1. 观察教室内摆放的家具，并说出家具的名称。
2. 感知桌子、椅子、柜子的空间位置，并以此为依据说出自己的方位，如“我在桌子的下面”。
3. 能根据游戏情境灵活进行动作的转换，如跳、蹲、站、抬等。
4. 通过场景的想象，感受角色模仿游戏的趣味性。

活动准备

◎歌曲:《游泳》。
◎鲨鱼动态图片1张。
◎鲨鱼头饰2个。
◎蓝色波浪线若干条（贴在游戏场地作“海水”）。
◎椅子、桌子若干。

低组	好玩的桌椅	侧重领域	※ 社交技能 ※ 粗大动作

有益经验

1. 认识桌子、椅子的名称，了解它们的用途，并主动探索桌子、椅子的各种玩法。
2. 能把椅子、桌子当作火车、山洞等，与同伴玩简单的想象游戏。
3. 能以四点爬的方式爬行3—5米。
4. 在趣味游戏中体验运动的挑战与快乐。

活动准备

◎儿童椅每人1张。
◎长方形桌子4张。
◎课件：有关使用桌子、椅子的图片。
◎歌曲:《开火车》。
◎平衡木1组。

活动过程

1. 了解搬家工作

师：今天老师要请小朋友们来看一个有趣的视频。

（1）老师播放视频，请幼儿说说视频里的人在做什么。

（2）请幼儿谈谈搬家应该怎么做，并对幼儿的发言予以必要的引导。

2. 认识工作角色

师：今天我们班要成立“××搬家公司”，需要招募很多工作人员哦！

（1）出示角色名牌，向幼儿介绍搬家公司需要的工作人员：司机、搬运工，并介绍他们的工作内容与职责。

（2）请幼儿说出想要扮演的角色，上前挑选名牌贴好并说出自己的“工作职责”。

3. 学习搬运物品

师：大家看一看需要搬的家具都有哪些呢？

（1）出示贴有家具图片的纸箱，引导幼儿说出家具的名称及用处。

（2）老师引导幼儿想办法，并说一说搬运方法。

（3）请幼儿两两合作上前抬一抬、抱一抱，感知“家具”的重量和体积。

4. 协同进行“搬家”

师：现在我们开始干活啦，请“工作人员”准备好吧！

（1）老师请“搬运工”两两合作将箱子搬到

活动过程

1. 做热身操

师：今天天气真好，我们一起去“大海”里游泳吧！先来做个热身操。

（1）引导幼儿随着歌曲进入活动场地并做热身操。

（2）老师请幼儿观察活动场地周围有什么家具，并说出名称。

2.“鲨鱼”来了

师：小朋友们，快来看一看，有可怕的动物来了，它是谁？

（1）出示鲨鱼的动态图，告知幼儿这是鲨鱼。

（2）引导幼儿联系周围所有的家具，说说躲避鲨鱼的办法：站到椅子上，蹲到桌子下面。

3. 躲避“鲨鱼”

师：“鲨鱼”游过来啦，我们快想办法躲起来！

（1）老师快速站到椅子上，引导幼儿也利用椅子、桌子等家具躲避“鲨鱼”。

（2）等待幼儿都站定后，请幼儿说出自己的方位，如我站在椅子上面、我蹲在桌子下面，分享自己躲避的方法。

（3）请1—2名幼儿戴上头饰扮演鲨鱼，待“鲨鱼”游过身边时，引导其他幼儿用站在椅子上、坐在椅子上抬脚、躲到桌子下面等多种方式躲避“鲨鱼”。

（4）边玩边引导幼儿理解游戏规则：“鲨鱼”不可以抓已经找到家具躲避起来的幼儿；躲

活动过程

1. 认识椅子

师：老师带来了两件好玩的家具，小朋友们来看看是什么？

（1）老师将椅子和桌子放在幼儿的前面，引导幼儿说出名称。

（2）播放课件，向幼儿说明家具的用处。

2. 排列“火车”

师：桌子、椅子是我们的好朋友，我们怎么和桌椅朋友一起玩耍呢？

（1）老师示范将两张椅子前后放好，请幼儿参照老师的摆放方式将自己的椅子排成一列。

（2）老师向幼儿介绍：“这是一列火车。”

3. 坐上“火车”

师：小朋友们真能干！让我们坐上“火车”，出发去玩吧！

（1）播放歌曲，选出一名“司机”，并请其他幼儿坐上“火车”。

（2）歌曲播放完毕，请幼儿“下车”。

4. 爬过“山洞”

师：前面有“山洞”，我们要怎么通过呢？

（1）老师将桌子排成一排放好，并在一端地面放置平衡木。

（2）老师示范爬过“山洞”（桌底）。

（3）请幼儿先后爬过“山洞”。

5. 走平衡木

师：小朋友们加加油，再走过一条小桥，我们就到达目的地啦！

滑板车上，再请另外两名“搬运工”在车上将物件整齐叠放，“司机”进行巡查的工作。

(2)纸箱放好后，请“司机”开车(拉动滑板车)到指定地点。

(3)请“搬运工”将纸箱搬下来放到指定位置。

(4)引导幼儿变换角色、重复游戏环节，直至所有纸箱都搬至指定位置。

5.给“员工”发“工资”

师：你们的工作完成了，请来领取你们的“工资”吧!

(1)给幼儿发放游戏纸币作为代币。

(2)请幼儿使用代币换取自己想要的零食。

活动延伸

进行场地转移或场地布置时，请幼儿通过互相合作的方式，协助老师完成搬桌子、搬椅子等工作，增强幼儿对协同工作的理解。

避不及的幼儿被抓住则需要替换角色扮演“鲨鱼”，游戏继续进行。

4.“鲨鱼”睡了

师：“鲨鱼”累了，它现在要睡觉了，我们轻轻地游回家吧。

(1)老师引导扮演鲨鱼的幼儿躺下“睡觉”。

(2)请其他幼儿轻轻地“游”过“鲨鱼”的旁边，结束活动。

活动延伸

在日常生活中，可利用幼儿的生活常识与经验引导他们进行假想性游戏，激发幼儿的想象能力，提高游戏技巧。

(1)引导幼儿有序地走过平衡木。

(2)视幼儿体能情况重复游戏环节。

活动延伸

请幼儿在游戏结束后帮忙将椅子放回指定位置，培养物品归置的习惯。

活动领域 | **科学**　　周主题二 | **家具大世界**　　月主题四 | **生活真方便**

高组	家具用处大	侧重领域	※ 认知 ※ 语言表达

有益经验

1. 能认识不同材质的家具的图片，说出家具的名称及其用途。
2. 辨别不同的触觉刺激（光滑、粗糙）。
3. 能与同伴合力搬动较小巧的家具，布置绘本阅读区。
4. 通过欣赏各种造型、色彩、材料不同的家具，获得不同的审美体验。

活动准备

◎课件：不同材质、不同造型的家具的图片（高清）。
◎盖布2张。
◎实物：椅面为光滑或粗糙的不同材质的椅子各1把，也可用其他不同材质的家具代替。
◎儿童家具（桌子、椅子、小书架等）1批。
◎绘本若干本。

中组	家具小工匠	侧重领域	※ 认知 ※ 精细动作

有益经验

1. 能认识并说出三种基本形状的名称（圆形、三角形、长方形）。
2. 能通过比较来配对相同形状的物品。
3. 能使用泡沫胶、卷筒纸芯、硬卡纸等材料，尝试制作“桌子”。
4. 乐于探索，并在动手制作的过程中体验成功的快乐。

活动准备

◎图片：圆形、三角形、长方形桌面的桌子的图片各1张。
◎圆形、三角形、长方形形状卡各1张。
◎视频:《形状变变变》。
◎手工制作的纸桌子成品1份。
◎硬卡纸裁成的圆形、三角形、长方形1批，泡沫胶等材料1批。
◎卷筒纸芯（一端剪开几个小口，将边缘向外翻折，便于粘贴）1批。

低组	高和矮	侧重领域	※ 认知 ※ 社交技能

有益经验

1. 感知椅子（外观相近）的高矮，加深对物品属性（相关形容词）的理解。
2. 尝试将2—3把椅子按高矮进行排序。
3. 在理解“高”“矮”概念的基础上，体验站立走变蹲走、蹲走变站立走等体态转换游戏的乐趣。

活动准备

◎视频:《高和矮》。
◎外观相同或相近、高矮不同的椅子和桌子若干。
◎乐曲:《高人走矮人走》。

活动过程

1. 观看图片

师：家具城有各式各样的家具，我们一起去看一看。

(1) 播放课件，请幼儿说出不同家具的名称。

(2) 引导幼儿了解家具可以由皮质、木质、布艺等不同材质制作而成。

(3) 请幼儿说说自己的想法：哪件家具好看？为什么觉得它好看？

2. 辨认材质

师：这里有两件神秘的家具，请大家先用小手摸一摸。

(1) 出示用布盖着的两张椅子（椅面分别是粗糙的和光滑的），请幼儿把手伸进布里触摸椅子的材质。

(2) 通过触摸，请幼儿比一比哪个是粗糙的，哪个是光滑的，并说出触觉感受。

(3) 请幼儿在教室寻找光滑的或粗糙的家具。

(4) 请幼儿分别说一说自己的发现，每名幼儿分享完后，老师引导其他幼儿一起去摸一摸说到的家具。

3. 了解用途

师：刚才小朋友们找了好多家具，现在请大家来说一说这些家具的使用方法吧。

(1) 引导幼儿说出桌子、椅子等家具的用处。

(2) 请幼儿再想想自己家里还有什么家具，再说说它们的用途。

4. 家具布置

师：小朋友们，我们一起用这些漂亮的家具

活动过程

1. 观察不同的桌子

师：小朋友们看看，这三张桌子有什么不一样的地方呢？

(1) 出示桌子的图片，引导幼儿说出桌子的名称。

(2) 请幼儿比比看有什么不同（桌面的形状不同），并说一说。

2. 认识不同的形状

师：原来这些桌子的不同，是桌面的形状不一样，桌面都有哪些形状呢？

(1) 老师出示形状卡，引导幼儿说出形状名称。

(2) 播放视频，加深幼儿对不同形状的认识。

3. 试做不同的“桌子”

师：大家认识了不同的形状，现在请你们来当能干的小工匠，做出各式各样的桌子吧。

(1) 出示纸桌子成品，请幼儿依次往下传递，了解“桌子”的组成部分。

(2) 示范“桌子”的制作步骤：取1张形状卡纸，在卡纸的背面贴上厚的泡沫胶，再把卷筒纸芯贴在卡纸的各个边角作为桌脚，完成1个立体的“桌子”。

(3) 请幼儿领取制作“桌子”所需的材料，鼓励幼儿参照成品，探索如何制作一个“桌子”。

4. 说说自己的“桌子”

师：小朋友们的手真巧，快来给大家看看你们做好的“桌子”吧。

活动过程

1. 认识高和矮

师：小朋友们，今天老师要请你们看一个有趣的视频。

(1) 播放视频，引导幼儿了解高和矮的比较方法。

(2) 老师暂停视频，请幼儿分别指认高和矮的物品。

(3) 请1名幼儿和老师比较身高，引导幼儿说出或指出老师是高的、小朋友是矮的。

2. 比较桌子的高矮

师：这里有两张桌子，我们一起来比一比，哪张高，哪张矮？

(1) 请幼儿协助搬外形相似、高矮不同的桌子，将桌子摆放在一起。

(2) 请幼儿比较两张桌子的高度，分别说出或指出高的、矮的桌子。

3. 比较椅子的高矮

师：教室里的椅子有高的、有矮的，请你们去找一找。

(1) 老师请两名幼儿去搬不一样高度的椅子，引导幼儿观察比较，哪张是高的椅子，哪张是矮的椅子。

(2) 请幼儿上前体验坐上高的椅子、矮的椅子，加深对“高”“矮”的概念的认识。

(3) 请幼儿搬来三张高矮不同的椅子，引导幼儿将椅子从高到矮进行排列。

4. 玩玩变高和变矮

师：我们的身体也可以变高、变矮哦，一起

来布置一个温馨的绘本阅读区吧！
（1）老师引导幼儿一同协助进行搬沙发、椅子等，摆放沙发、椅子等工作。
（2）请幼儿在布置好的区域与同伴分享绘本。

活动延伸

在日常生活中引导幼儿观察、感知不同材质的物品，提高幼儿感知觉能力，同时也可增强他们对形容词的运用能力。

（1）老师引导幼儿拿自己的“桌子”与其他幼儿的“桌子”进行比较，说说不同之处。
（2）鼓励幼儿与同伴协商，交换“桌子”留作纪念，结束活动。

活动延伸

在手工课中请幼儿尝试用两个或两个以上的图形进行简单图案的拼搭（如房子的图案），使其对图形的认知得到进一步巩固。

来玩这个好玩的游戏吧！
（1）播放乐曲，老师示范跟随音乐的变化转换站立走、蹲走的动作。
（2）引导幼儿伴随乐曲的节奏用站着、弯腰、蹲下的动作表现出高矮，以此结束活动。

活动延伸

在个别教学中，请幼儿比较不同物体的高矮，逐步由实物比较过渡到图片比较。

活动领域 | **艺术** 周主题二 | **家具大世界** 月主题四 | **生活真方便**

高组	小木匠与油漆匠	侧重领域	※ 语言理解 ※ 粗大动作

有益经验

1. 能寻找出使用木料和油漆制作的常见家具，如桌子、椅子、衣柜、鞋柜、书柜等物品，并说出名称。
2. 在熟悉歌曲节奏的基础上，理解“快”和“慢”，并做出相应的模拟动作：快快地钉钉子、慢慢地刷油漆。
3. 了解木匠的工作，并在模拟游戏中获得相关的职业体验。

活动准备

◎歌曲:《小木匠与油漆匠》。
◎图片：木匠钉钉子、油漆匠刷油漆的场景图片，各种木质家具的图片。
◎视频:《小木匠与油漆匠》。
◎小刷子、木锤子每人1把。
◎袖套、围裙、工作帽(报纸制作)每人1份。
◎乐器：双响筒、沙铃每人1份。

活动过程

1. 感知音乐

师：请小朋友们听一首欢快的歌曲，叫作

中组	沙发乐	侧重领域	※ 认知 ※ 粗大动作

有益经验

1. 能说出沙发的名称及用途，了解不同材料制作而成的沙发。
2. 尝试创编各种身体动作，模拟沙发形状。
3. 在熟悉乐曲节奏和旋律的基础上，体验模拟造型游戏的乐趣。

活动准备

◎童谣:《沙发》。
◎课件：不同材质、各式各样的沙发的图片。
◎歌曲:《沙发乐》。

活动过程

1. 认识沙发

师：老师今天带来一首好听的童谣，请大家

低组	擦桌子	侧重领域	※ 精细动作 ※ 认知

有益经验

1. 了解擦桌子的劳动，理解“擦”的动作。
2. 能伴随歌曲的节奏，模仿擦桌子的动作，并能较准确地敲击带架三角铁，使之发出声音。
3. 感受动作模仿与乐器演奏的快乐。

活动准备

◎视频:《擦桌子》。
◎抹布每人1条。
◎童谣:《擦桌子》(音频)。
◎带架三角铁2—3个。

活动过程

1. 观看视频

师：有一个小朋友在做家务，看看他在做什

《小木匠与油漆匠》。

（1）播放歌曲，请幼儿通过拍手、拍腿等动作感知音乐节奏。

（2）出示木匠钉钉子、油漆匠刷油漆的图片，引导幼儿根据歌曲的内容，回答“谁在做什么”的问题，帮助幼儿了解歌曲的大意。

2. 寻找家具

师：小朋友们真聪明呀！请你们看看周围，有什么家具是用木头和油漆制作的呢？

（1）老师引导幼儿在教室寻找有关木头和油漆做出来的家具，并说出名称。

（2）请幼儿想一想家里的木制家具（给予木质家具图片提示），并说出名称。

3. 动作模仿

师：我们找到了许多木头做的家具，家具是怎么被制作出来的呢？我们快来看一看吧。

（1）播放歌曲、视频，引导幼儿感知音乐节奏，了解钉钉子和刷油漆的动作。

（2）请幼儿说一说：钉钉子是快节奏，刷油漆是慢节奏，并用动作模拟出来。

（3）播放歌曲，请幼儿伴随节奏及歌词变化，用连贯动作模拟钉钉子和刷油漆的动作。

4. 角色体验

师：我们一起来体验小木匠和油漆匠的工作吧！

（1）请幼儿协作将桌子搬到适宜位置。

（2）请幼儿说说自己想做小木匠还是油漆匠的工作，随后分别领取刷子、木锤子、围裙来听一听。

（1）老师有韵律地念唱童谣。

（2）请幼儿说一说童谣里描述的是什么家具，并说出它的名称。

（3）播放课件，老师向幼儿介绍不同沙发的制作材料，并请幼儿说说沙发的颜色、外形特征（长的、短的、大的、小的）。

2. 摆摆造型

师：看了各种各样的沙发，大家也来想想办法，用你的身体来做一个沙发的造型吧！

（1）老师向幼儿展示：双脚并拢、弯曲半蹲、双手手臂架起、上身保持直立，模拟做出沙发的造型。

（2）鼓励幼儿模仿老师的动作，做出沙发的造型。

（3）请幼儿仔细观察沙发的图片，鼓励他们发挥想象，用自己的身体模拟摆出各种沙发造型。

3. 听听音乐

师：能变成“沙发”的身体真神奇，我们再来听一首关于沙发的歌曲，让神奇的身体动起来吧！

（1）播放歌曲，引导幼儿用拍手、摇头等动作感知音乐节奏。

（2）请幼儿两两一组，伴随歌曲节奏击掌，把握音乐节奏。

4. 跳圆圈舞

师：请小朋友们围成一个大圆圈站好，我们么家务呢？

（1）播放视频，请幼儿观看，引导幼儿认知擦桌子这项劳动。

（2）出示抹布，向幼儿示范擦桌子的动作。

2. 欣赏童谣

师：接下来要请小朋友们听一首童谣，名字就叫《擦桌子》。

（1）播放童谣，请幼儿注意聆听。

（2）再次播放童谣，老师拿出抹布，跟随童谣念读的节奏在桌子上做“擦”的动作。

3. 动作体验

师：擦完桌子，桌子变得真干净！小朋友们想不想来试一试呢？

（1）请幼儿上前，根据自己的意愿表演出“擦”的动作。

（2）分发抹布，鼓励幼儿模仿做“擦”的动作。

（3）老师以较慢的速度念唱童谣，帮助幼儿熟悉动作。

（4）播放童谣，引导幼儿跟随童谣念唱的节奏做擦桌子的动作。

4. 乐器演奏

师：我们在擦桌子的时候加上好听的乐器伴奏，劳动会变得更有趣呢！

（1）出示三角铁，帮助幼儿认识该乐器，了解其演奏方法。

（2）播放童谣，请幼儿注意听贯穿童谣的“叮叮”声。

等物品。

(3)引导幼儿分组(每组负责一张桌子),边听歌曲边进行敲敲桌子、刷刷油漆的游戏。

5. 乐器演奏

师:听听,老师手上的乐器是不是很像钉钉子和刷油漆的声音呢?

(1)出示乐器,老师分别介绍双响筒和沙铃的使用方法,并进行示范演奏。

(2)请幼儿想一想,哪种乐器的声音像钉钉子,哪种乐器的声音像刷油漆。

(3)请幼儿领取乐器,老师将幼儿分成两组。

(4)播放歌曲,请幼儿跟随歌曲演奏乐器。

(5)收拾乐器,结束活动。

活动延伸

在社区情境教学活动中,引导幼儿扮演不同职业的工作者,了解不同职业的工作内容。

附材料

双响筒和沙铃

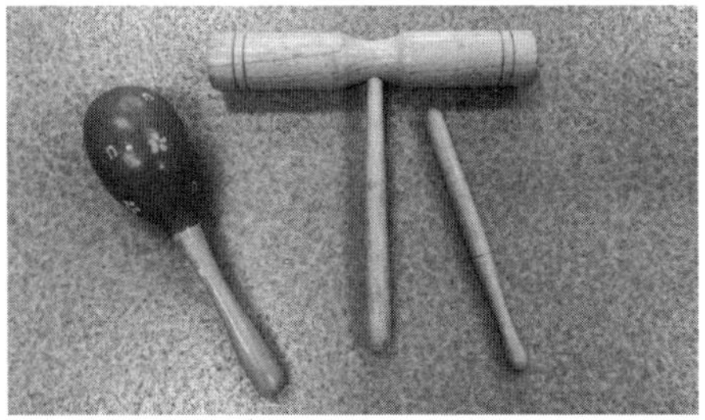

一起来跳个沙发的圆圈舞吧。

(1)老师请幼儿手拉手,播放音乐,并随音乐按顺时针方向走动。

(2)在音乐间奏老师发出指令"沙发",请幼儿做沙发的造型并保持定格;歌声响起,众人拉手继续走动。

(3)组织幼儿随音乐重复玩耍多次。

活动延伸

日常生活中可引导幼儿认识各式家具,知道家具的名称、了解家具的用途,以及家具正确的使用方式。

附材料

童谣《沙发》

小沙发,两头翘,妈妈一叫我就到。

叫我来,干啥呢?来给妈妈捶捶腰。

(3)老师示范根据童谣有节奏的"叮叮"的声音演奏三角铁。

(4)分发三角铁,请部分幼儿上前跟随童谣的节奏进行演奏,部分幼儿做擦桌子的动作;轮换角色重复游戏。

活动延伸

手工课后可请幼儿帮忙擦桌子,养成主动参与劳动的意识和良好的卫生习惯。

附材料

带架三角铁

活动领域	健康	周主题三	梳洗小能手	月主题四	生活真方便

高组	我爱洗澡	侧重领域	※ 生活自理 ※ 认知

有益经验

1. 了解洗澡的步骤和方法，知道洗澡用品的名称及用途。
2. 能大致按洗澡的步骤，模拟给仿真娃娃洗澡。
3. 能跟着音乐节奏，完成“洗澡”的动作模仿。
4. 能把在模拟游戏、音乐律动中学习到的知识经验迁移至生活当中，形成清洁身体的意识。

活动准备

◎视频:《宝宝洗澡》。
◎沐浴露、沐浴球、毛巾等洗澡用具每人1份。
◎课件：关于洗澡步骤的图片。
◎仿真婴儿娃娃(塑胶)若干个。
◎乐曲:《葡萄牙进行曲》。
◎童谣:《大家都睡了》。

中组	牙齿亮晶晶	侧重领域	※ 生活自理 ※ 精细动作

有益经验

1. 知道吃东西后会有食物的残渣留在牙齿上，必须通过刷牙来保护牙齿的生活常识。
2. 认识刷牙用具的名称，掌握牙刷、牙膏、漱口杯等用具的使用方法。
3. 知道刷牙的步骤与方法，并能粗略地完成刷牙的步骤。
4. 愿意自行完成刷牙的工作，养成良好的卫生习惯。

活动准备

◎视频:《牙齿被细菌“吃”了》。
◎镜子1面。
◎牙齿模具1个(在刷牙会接触到的部位沾上少许可水洗的颜料)。
◎牙刷、牙膏、水盆等用具1套(示范用)。
◎刷牙步骤图2套。
◎幼儿个人的牙刷、儿童牙膏(可吞咽)、漱口杯、小毛巾等用具(请家长提前备好)。

低组	洗小脸	侧重领域	※ 生活自理 ※ 精细动作

有益经验

1. 知道毛巾的名称及用途，初步了解洗脸的步骤和方法。
2. 尝试使用毛巾擦拭面部、颈部。
3. 在使用毛巾洗脸后，能将毛巾挂到固定位置。
4. 在自我清洁的过程中得到干净清爽的舒适体验。

活动准备

◎视频:《洗脸歌》。
◎课件：关于洗脸步骤的图片。
◎幼儿自备毛巾1条。
◎小脸盆每人1个。
◎仿真娃娃若干个。

活动过程

1. 学习洗澡

师：小朋友们，你们会自己洗澡吗？让我们一起来看看，洗澡要怎么做呢？

（1）播放视频，请幼儿观看动画内容。

（2）出示洗澡用具，请幼儿找出洗澡所需用到的物品，并说一说名称和使用方法。

（3）老师向幼儿说明洗澡的步骤和方法，同时请幼儿进行动作的演示。

（4）播放课件，展示洗澡步骤的图片，请幼儿按顺序说一说图片的内容。

2. 娃娃洗澡

师：小朋友们真聪明，都知道怎么洗澡了。这里有几个小娃娃，需要大家帮忙给它们洗洗澡。

（1）出示一个仿真娃娃，让幼儿摸摸娃娃的身体，回忆并说一说洗澡要洗到哪些身体部位。

（2）老师示范按步骤给娃娃洗澡。

（3）将幼儿分成若干组，准备合作给娃娃洗澡。

（4）出示洗澡用具，请幼儿上前挑选、领取。

（5）请幼儿参照洗澡的流程图给娃娃洗澡，老师辅以语言提示。

3. 表演洗澡

师：娃娃洗得真干净，谢谢小朋友们！现在我们也来给自己“洗洗澡”吧。

（1）播放乐曲，老师拿起毛巾、沐浴球，根据音乐的变化模拟搓洗自己身体的各个部位。

活动过程

1. 了解口腔的卫生

师：吃了东西，嘴巴里会留有食物的残渣，如果不刷牙会发生什么事呢？

（1）播放视频，老师辅以必要的讲述，告知幼儿不刷牙会产生的后果。

（2）老师拿出镜子，让幼儿照镜子检查自己的牙齿。

（3）出示牙齿模具，请幼儿观察模具上残留的“脏东西”，引导幼儿说出解决的办法：刷牙。

2. 学习刷牙的方法

师：刷牙有许多小窍门，让我们一起学习学习吧。

（1）老师逐一出示刷牙用具，介绍各种用具的名称及使用方法。

（2）引导幼儿说出用具的名称，并用口头语言或动作表示出各种用具的使用方法。

（3）出示刷牙步骤图，向幼儿讲解刷牙的步骤，并依次将图片进行排列。

（4）出示另一套图片，请幼儿参照已排好的步骤图，按照刷牙的正确步骤进行排列。

3. 给牙齿模具刷牙

师：大家已经知道怎么刷牙了，现在我们来给牙齿模具刷刷牙吧！

（1）老师准备好牙刷、水盆、牙齿模具等物品，挤好牙膏。

（2）再次请幼儿观察牙齿模具的污渍部位，

活动过程

1. 了解洗脸的工作

师：小朋友们，早上起床我们要做一件重要的事，是什么事呢？

（1）播放视频，请幼儿观看动画，老师做简单的讲解。

（2）老师告知幼儿，起床或脸蛋脏了的时候要洗脸。

2. 学习洗脸的方法

师：我们来动动脑筋，洗脸时应该怎么做？

（1）播放课件，老师向幼儿说明图片的内容，帮助幼儿了解洗脸的步骤。

（2）请幼儿说出（模拟）洗脸的步骤，加深对洗脸这项工作的认识。

3. 试给娃娃洗洗脸

师：老师要把娃娃的小脸洗干净，先请小朋友们看看老师是怎么做的。

（1）出示洗脸用的物品，向幼儿分别介绍脸盆、毛巾的名称及用途。

（2）拿出仿真娃娃，老师示范洗脸的过程。

（3）将幼儿分组，请幼儿按组别领取水盆及毛巾，尝试给娃娃洗脸。

（4）请幼儿轮流进行操作，在老师的言语提示下帮娃娃洗脸，老师给予幼儿相应的动作辅助，帮助幼儿完成洗脸的步骤。

4. 试给自己洗洗脸

师：小朋友们也来把自己的脸蛋洗干净吧！

（1）老师带领幼儿拿着脸盆到洗漱间，用脸

（2）请幼儿使用洗澡用具，在老师的口头提示下模拟搓洗身体的各个部位。
（3）再次播放乐曲，引导幼儿伴随音乐的变化用毛巾、沐浴球等用具“洗澡”。
4. 收拾物品
师：洗完澡真舒服呀！现在请小朋友们收拾好东西，好好休息休息！
（1）老师请幼儿收拾洗澡用具，把毛巾、香皂、沐浴露等物品放置到指定位置。
（2）请幼儿坐回椅子上，播放童谣，老师带领幼儿一起做手指游戏《大家都睡了》。

活动延伸

在晚间洗澡时，家长协助幼儿准备洗澡用具，让幼儿尝试粗略地完成洗澡的步骤。

附材料

童谣《大家都睡了》
爸爸睡觉了（弯起大拇指），
妈妈睡觉了（弯起食指），
哥哥睡觉了（弯起中指），
姐姐睡觉了（弯起无名指），
宝宝也睡了（弯起小指），
啊呜，大家都睡了（用手拍拍张开的嘴，双手交叠放到耳朵旁边做睡觉状）。

引导幼儿说说应该刷哪些部位。
（3）老师边说明边将牙齿模具刷干净。
4. 尝试自己刷刷牙
师：小朋友们真能干，现在我们到洗漱间，给自己刷刷牙吧！
（1）请幼儿排队到洗漱间。
（2）请幼儿领取自己的牙具。
（3）请幼儿尝试用挤有牙膏的牙刷进行刷牙，并使用漱口杯漱口（用温开水漱口以防吞咽）。
（4）老师请幼儿对着镜子查看自己的牙齿是否干净，并夸赞幼儿。

活动延伸

在日常生活中，家长在幼儿早上起床、晚上睡前提醒并协助幼儿完成刷牙的工作，养成良好的卫生习惯。

附材料

刷牙步骤图

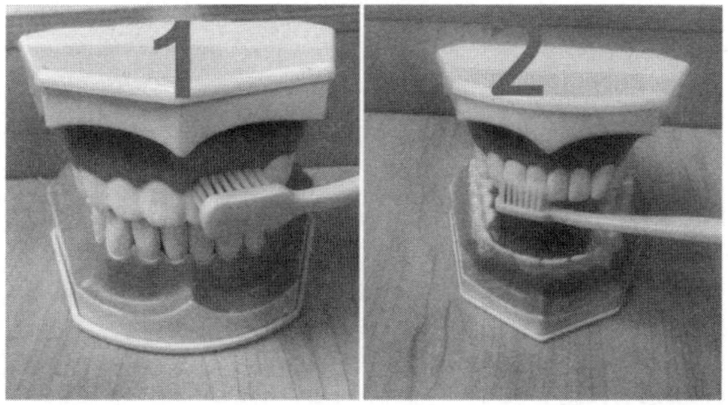

盆接水。
（2）引导幼儿粗略擦洗面部，再擦洗耳背及颈部。
（3）请幼儿将毛巾大致拧干，并挂到固定位置。
（4）表扬及肯定幼儿的行为。

活动延伸

午睡起床后，引导幼儿使用小毛巾给自己洗脸或在老师的协助下洗脸，逐步形成个人卫生清洁的意识。

附材料

洗脸步骤示意图

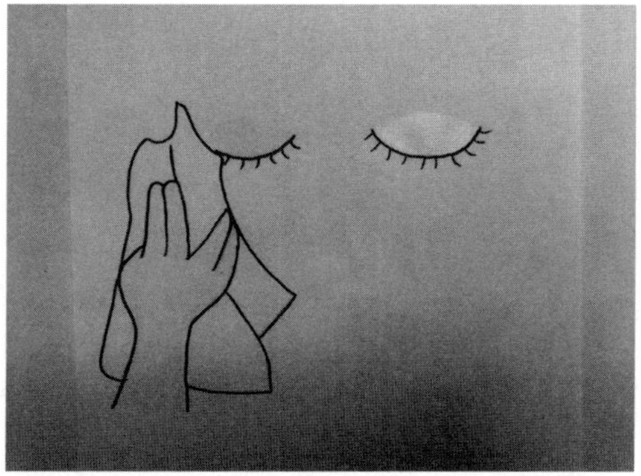

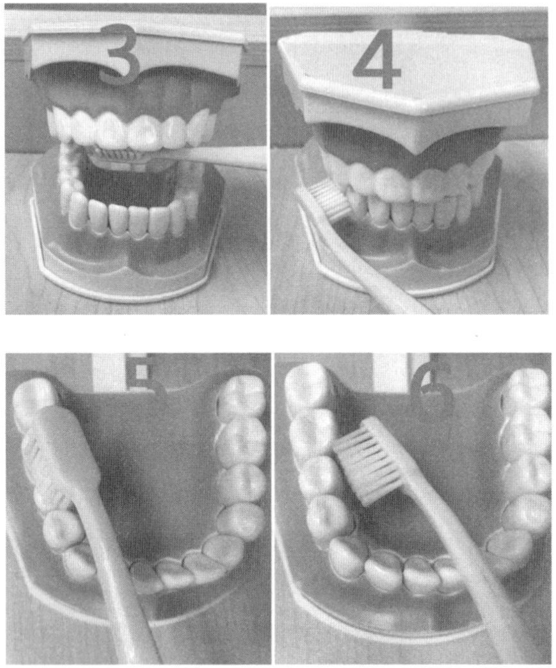
3
4

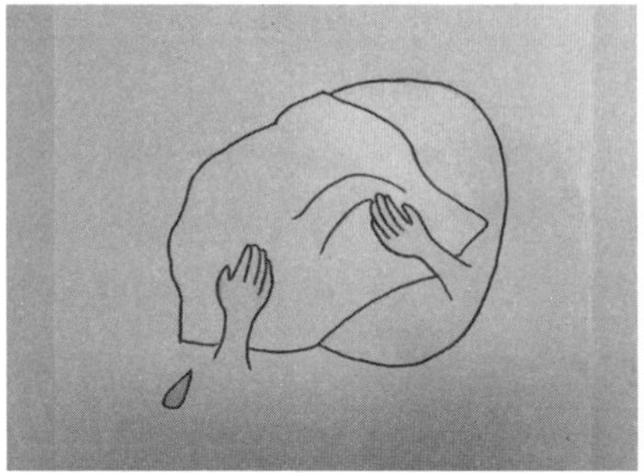

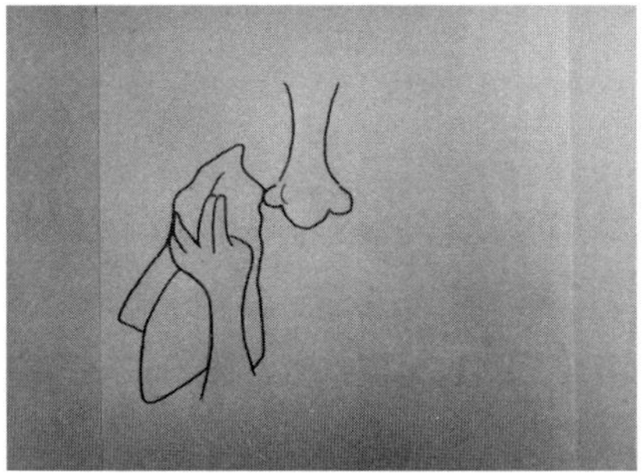

活动领域 | **语言**　　周主题三 | **梳洗小能手**　　月主题四 | **生活真方便**

高组	梳头发	侧重领域	※ 语言表达 ※ 生活自理

有益经验

1. 观察梳子的外形，用简单的言语进行描述，如：梳子弯弯的。
2. 能看图片说出三词句：姐姐在梳头，妹妹在梳头等。
3. 学习梳头的方法，能用梳子粗略地梳头。
4. 在梳头练习中了解到仪容整洁的重要性，形成整理自身仪容的意识。

活动准备

◎梳子每人1把。
◎课件：不同人物在梳头的图片8张。
◎童谣：《梳头歌》。
◎镜子1面。

活动过程

1. 认识梳子
师：弯弯的背，密密的齿。小朋友们看看，这是什么？

中组	抹香香	侧重领域	※ 语言表达 ※ 生活自理

有益经验

1. 了解简单的护肤常识，知道面霜的用途和使用方法。
2. 感知面霜的颜色、触感与气味等，并能简单形容自己的感觉，如：香香的、滑滑的。
3. 能边做动作边说出由动作和名词组成的双词短语，如：抹鼻子、抹额头等。
4. 通过涂面霜活动感受护肤的过程，萌发自我爱护的概念。

活动准备

◎香香屋（纸盒子里放置面霜）。
◎童谣：《抹香香》。
◎课件：在脸颊、鼻子、额头、下巴等位置抹香香的动作图片。
◎面霜每人1瓶。
◎镜子每人1面。

活动过程

1. 香香屋
师：今天老师带来了香香屋，小朋友们快来闻一闻吧！

低组	小毛巾	侧重领域	※ 语言理解 ※ 生活自理

有益经验

1. 认识毛巾的名称，能说出或用动作表示毛巾的用途。
2. 尝试跟随童谣说出五官的名称或者根据歌词提示指出自己的五官。
3. 能用毛巾粗略地洗脸，并有意识地清洗五官部位。
4. 形成自行洗脸的意识，体验面部清洁的清爽感。

活动准备

◎小毛巾每人1条。
◎课件：眼睛、鼻子、嘴巴、耳朵、脖子的图片。
◎歌曲：《小小毛巾爱玩水》。
◎小脸盆（内装适量清水）每人1个。

活动过程

1. 认识毛巾
师：小朋友们，你们平常是用什么洗脸的呢？

(1) 出示梳子，请幼儿观察梳子的外形，引导幼儿说说梳子的外形特征(弯弯的)。
(2) 老师使用梳子给幼儿梳头，请幼儿体验"梳"的感觉与动作。
(3) 请幼儿说说梳子的作用(梳头)。
2. 观看图片
师：小朋友们说得很好！下面请大家来看一些有趣的图片。
(1) 播放课件，引导幼儿仔细观察图片中的人物，说出人物名称。
(2) 请幼儿观察图片中不同人物所做的活动，用包含有副词"在"的三词句说出"姐姐在梳头""妹妹在梳头"。
3. 念唱童谣
师：今天老师还带来了一首好听的童谣，名字就叫《梳头歌》。
(1) 老师边念唱童谣边做动作。
(2) 请幼儿跟随老师边念唱童谣边做动作，重复数次，帮助幼儿熟悉童谣。
(3) 请幼儿上前表演童谣念唱。
4. 学梳头发
师：头发整齐惹人爱，我们也来把头发梳整齐吧！
(1) 请幼儿领取梳子，引导幼儿用梳子大致把头发梳理整齐。
(2) 请幼儿找一位好朋友，相互帮忙梳头发。
(3) 拿出镜子，请幼儿逐一上前看看自己梳好的头发，说说自己的想法。

(1) 拿出香香屋，逐个请幼儿闻一闻，并说说自己的感受(香香的)。
(2) 出示面霜，请幼儿观察它的颜色，同时向幼儿介绍面霜的作用：天气干燥时涂抹面霜可以保护皮肤。
(3) 将少量面霜涂抹到幼儿手背上，请他们边涂抹手背边感受面霜的质地和气味。
2. 学童谣
师：老师还带来了一个好玩的游戏，叫作"抹香香"。
(1) 老师边念唱童谣边做动作示范。
(2) 播放课件，帮助幼儿认识在面部涂抹面霜的位置，并说出相应的双词短语：点(抹)脸颊、点(抹)额头等。
(3) 请幼儿跟随老师边念唱童谣边做手指游戏。
3. 涂面霜
师：小朋友们真聪明，都学会涂面霜了，我们来给小脸蛋抹香香吧。
(1) 给幼儿分发镜子，请幼儿观察自己的面部，找一找需要涂抹面霜的位置。
(2) 分发面霜，老师念唱童谣，请幼儿跟着童谣念到的内容，对着镜子涂面霜。
4. 闻一闻
师：小朋友们涂好面霜了，老师来闻一闻你们香不香?
(1) 老师请幼儿相互闻一闻，并说一说感受。
(2) 老师逐个闻闻幼儿的小脸蛋，并亲亲幼

(1) 出示毛巾，请幼儿说出毛巾的名称。
(2) 请幼儿用动作表示毛巾的用法，或说出毛巾的功用。
2. 指认五官
师：我们来看一看，小毛巾要帮助我们清洁哪些地方呢?
(1) 播放课件，请幼儿辨别五官并说出名称。
(2) 请幼儿听指令指认自己的五官。
3. 模拟游戏
师：让我们跟着好听的歌曲一起来洗洗小脸吧！
(1) 播放歌曲，老师拿起毛巾，跟随歌词做动作。
(2) 给幼儿分发小毛巾。
(3) 老师边清唱歌曲边请幼儿跟着做动作，使幼儿理解洗脸的步骤，视幼儿掌握的情况重复数次。
(4) 播放歌曲，请幼儿跟着音乐节奏做模拟洗脸的游戏。
4. 练习洗脸
师：小朋友们做得可真棒！接下来我们要用水来把小脸洗干净。
(1) 分发小脸盆，请幼儿将毛巾打湿，并拧一拧。
(2) 播放歌曲，请幼儿边听歌曲边用毛巾清洗面部。
(3) 请幼儿把毛巾放到脸盆中搓洗，将毛巾

儿的脸。

活动延伸

早上、午休起床，请幼儿使用梳子梳头，并照镜子查看自己的仪容，养成梳洗的意识和习惯。

附材料

童谣《梳头歌》
不梳头，不洗脸，
人人见了闭上眼。
梳一梳，洗一洗，
人人见了都欢喜。

活动延伸

在日常生活中还可引导幼儿认识护手霜，了解护手霜的使用方法，练习涂抹的方法。

附材料

童谣《抹香香》
闻闻面霜香喷喷，
点额头，点鼻子，点脸颊，点下巴；
抹额头，抹鼻子，抹脸颊，抹下巴。
宝宝的脸蛋真是美。

大致拧干。
（4）引导幼儿将毛巾晾晒到固定的地方，结束活动。

活动延伸

在家居生活中，请家长引导幼儿用毛巾自行洗脸，并学习较为仔细地清洗五官部位，提高个人清洁能力。

附材料

歌曲《小小毛巾爱玩水》
小小毛巾爱玩水，
洗了眼睛、鼻子、嘴，
还跟耳朵亲亲嘴。

活动领域	社会	周主题三	梳洗小能手	月主题四	生活真方便

高组	理发店	侧重领域	※ 社交技能 ※ 语言表达

有益经验

1. 能看图片理解理发的场景，了解理发的过程。
2. 能在模拟情境中运用简单的社交语言进行沟通，如“你好”“欢迎光临”“谢谢”“再见”。
3. 能扮演理发师、收银员、顾客等角色，整个过程能较为顺利地与同伴玩角色扮演游戏。
4. 在社区情境模拟活动中萌生热爱生活、礼貌待人、善于与人互动的积极情绪行为。

活动准备

◎歌曲:《理发师》。
◎课件：正在理发的场景、理发店、理发师、收银员、顾客的图片。
◎桌椅3套，儿童美发玩具套装(包含儿童剪刀、吹风机、毛巾、梳子、镜子等物品)3套。
◎自制理发店的门面牌1张。
◎仿真收银机1台。
◎5角、5元、10元、20元面值的玩具钱币若干。
◎理发师、顾客、收银员的角色名牌(图片与文字相结合)3套。

中组	看牙医	侧重领域	※ 社交技能 ※ 语言理解

有益经验

1. 理解绘本的内容，了解牙医的职业，以及看牙的过程。
2. 能在老师的口头提示下分角色扮演“牙医”和“病人”，互相配合进行模拟游戏。
3. 有爱护牙齿的意识，明白牙疼要勇敢地去看牙医，及时做治疗的道理。

活动准备

◎图片：牙疼的鳄鱼的图片。
◎绘本:《鳄鱼怕怕　牙医怕怕》。
◎成人医生白大褂1件，儿童医生白大褂3件。
◎儿童医疗箱玩具3套。
◎长桌子(作“病人”躺椅)3张，小枕头3个。

低组	化装舞会	侧重领域	※ 社交技能 ※ 生活自理

有益经验

1. 了解简单的社交礼仪，如应该如何说或如何用肢体动作表示邀请、道别。
2. 知道不同的饰品穿戴在不同的身体部位，并能尝试进行穿戴搭配。
3. 体验穿戴饰品的乐趣，感受舞蹈律动的快乐。

活动准备

◎视频:《化装舞会》。
◎化装舞会饰品1批。
◎童谣:《化装舞会》。
◎大镜子1面。
◎梳子每人1把。
◎歌曲:《圆圈舞》《恰恰恰》。

活动过程

1. 欣赏歌曲

师：理发师在给顾客理发，小朋友们仔细听听，理发师是怎么理发的？

（1）播放歌曲，老师根据唱词做出相应的夸张动作吸引幼儿注意。

（2）老师引导幼儿简单描述歌曲大意（理发师在剪头发），同时徒手模仿做“剪”的动作。

2. 观看图片

师：小朋友们的头发长了，要去哪里理发？我们一起来看看。

（1）播放课件，向幼儿介绍理发的场所——理发店。

（2）引导幼儿观看课件，认识各种人物的角色并说出名称（理发师、收银员、顾客）。

（3）向幼儿描述理发师、收银员、顾客的活动场景与行为，如：理发师理发、顾客付钱、收银员收钱等。

（4）请幼儿尝试依据图片提示，说说理发的流程：顾客向理发师表达需求—理发师理发—顾客向收银员付款。

3. 场地布置

师：我们的阳光理发店要开张啦，大家一起来准备准备吧！

（1）拿出理发店门牌，请幼儿考虑放在哪里并帮忙放到合适的位置；请幼儿合力将3套桌椅搬到指定位置。

（2）出示儿童美发玩具套装，向幼儿介绍各

活动过程

1. 看鳄鱼的图片

师：今天，老师给小朋友们带来了一位特殊的客人，看看它是谁？

（1）出示鳄鱼的图片，请幼儿观察鳄鱼的动作表现。

（2）老师向幼儿提问“鳄鱼的牙齿怎么了，它为什么捂着嘴巴”，引导幼儿说出“鳄鱼牙疼”。

2. 聆听绘本故事

师：鳄鱼牙疼得受不了啦！鳄鱼要怎么办呢？

（1）展示绘本封面，并告知幼儿：鳄鱼要去看牙医。

（2）向幼儿介绍绘本名称，并着重介绍牙医的角色。

（3）老师逐页讲读绘本故事，使幼儿明白牙疼时要勇敢地去看牙医，请牙医及时做治疗。

3. 学习“检查”牙齿

师：小朋友们，你们的牙齿健康吗？快来检查一下吧！

（1）出示医疗箱玩具，老师向幼儿介绍多件医疗器械玩具的名称及用途。

（2）老师穿上白大褂扮演牙医，请一名幼儿扮演病人躺在长桌上，“牙医”使用医疗器械玩具给“病人”做检查。

（3）邀请两名幼儿上前，一人扮演牙医，一人扮演病人，两人合作体验角色扮演游戏

活动过程

1. 了解化装舞会

师：电视里的小伙伴要去参加一个有趣的舞会，我们快跟上去看一看。

（1）播放视频，请幼儿观看视频。

（2）老师向幼儿说明这是“化装舞会”，并介绍简单的社交礼仪，如邀请、道别用到的口语和动作。

（3）引导幼儿观察视频中人物的穿着打扮。

2. 认识各种饰品

师：人们在化装舞会里穿得可真漂亮，都有些什么衣服和饰品呢？

（1）老师逐一展示饰品，并介绍饰品的名称。

（2）请幼儿上前体验不同饰品的穿戴，了解头、肩、手、脖子、五官等不同身体部位分别适合戴什么饰品。

（3）念唱童谣《化装舞会》，引导幼儿跟随童谣内容做动作，在不同身体部位“穿戴”饰品。

3. 穿戴各种饰品

师：这些饰品真好看，我们来给自己好好打扮一番！

（1）老师请幼儿挑选自己喜欢的饰品。

（2）引导幼儿用挑选好的饰品进行正确的穿戴。

（3）请幼儿两两合作、互相帮忙，将不方便独自穿戴的饰品穿戴好，并引导他们帮助同伴整理仪容。

种物品的名称，帮助幼儿了解不同物品的功能。

（3）请幼儿将美发玩具分别摆放好。

4. 理发游戏

师：理发店需要理发师和收银员，谁愿意来扮演?

（1）邀请3名幼儿上前参与游戏，并帮助他们分配好角色：分别扮演顾客、理发师、收银员。

（2）引导幼儿示范游戏玩法："收银员"在入口处迎接顾客（您好，欢迎光临）、收银并与顾客道别（谢谢，欢迎再来）；"理发师"在剪发区使用各种工具剪发，注意向"顾客"询问需求；"顾客"进店理发，能与"理发师"简单表达自己的需求，并在理发结束后付款。

（3）老师出示角色名牌，请幼儿说说自己想要扮演的角色，并领取名牌粘贴至胸前。

（4）将幼儿按不同角色分为3组开展游戏，同时老师巡回指导，给予每组幼儿必要的引导与协助。

（5）请幼儿相互协商，交换角色重复游戏。

5. 展示发型

师：小朋友们理发后真是漂亮又神气，请站起来给大家展示一下吧!

（1）老师逐一引导幼儿面向同伴展示自己的发型。

（2）请幼儿集合并合影留念。

（老师在旁做适当引导），同时请其他幼儿注意观看。

4. 角色扮演游戏

师：我们需要更多的"牙医"给"病人"做检查，谁愿意当牙医?

（1）邀请3名幼儿扮演牙医，其余幼儿扮演病人。

（2）请扮演牙医的幼儿穿上白大褂，每人分发一套医疗箱玩具；扮演病人的幼儿则分成三组，排好队等候"牙医"检查。

（3）老师轮流指导各组的"牙医"使用医疗器械玩具，同时引导"病人"配合"牙医"做检查。

（4）老师引导各组幼儿互换角色，重复游戏。

5. 结束扮演游戏

师："牙医"给"病人"做完检查，要下班啦。小朋友们要常漱口、勤刷牙，爱护好自己的牙齿哦!

（1）请幼儿一起合作将医疗箱玩具收拾好。

（2）表扬幼儿的做法，结束活动。

（4）老师拿出镜子，请幼儿观察自己的穿着打扮，赞美他们的打扮。

4. 参加化装舞会

师：小朋友们都打扮好了，我们可以去参加舞会啦!

（1）请幼儿围成大圈站好，播放歌曲《圆圈舞》，引导幼儿跳圆圈舞。

（2）请幼儿邀请一位同伴面对面站好，播放歌曲《恰恰恰》，引导幼儿跳恰恰舞。

（3）曲毕，请幼儿互相道别，结束活动。

活动延伸
请家长带幼儿到社区理发店体验理发的过程，提高幼儿对社区生活的适应能力。

附材料
儿童理发玩具

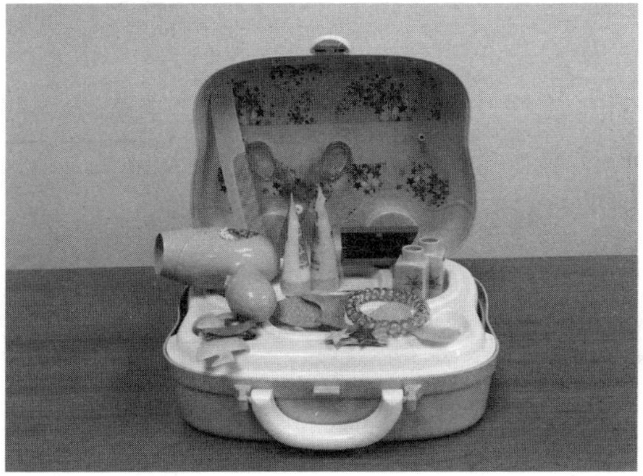

活动延伸
在社区情境室投放医生、护士职业服装及医疗玩具，鼓励幼儿进一步熟悉、拓展“看病”的角色扮演游戏，减轻幼儿对看病普遍存在的恐惧情绪。

附材料
儿童医疗箱玩具

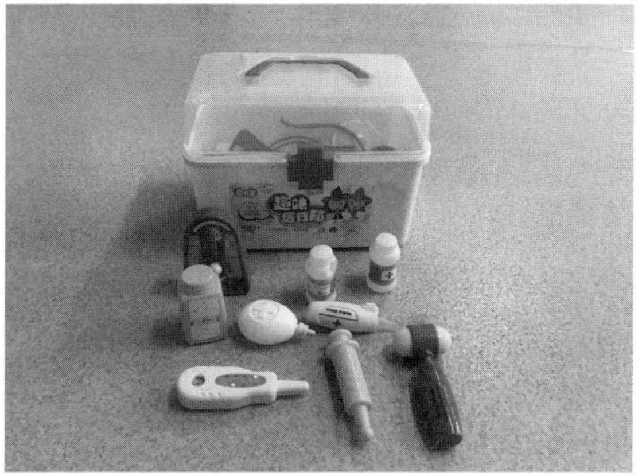

活动延伸
将活动中用过的饰品投放到区角，便于幼儿自由穿戴、玩耍，增强幼儿穿着打扮的意识。

附材料
童谣《化装舞会》 戴眼镜，戴耳环； 夹发夹，戴项链； 再捏一个大鬼脸。

活动领域	科学	周主题三	梳洗小能手	月主题四	生活真方便

高组	神奇的肥皂	侧重领域	※ 认知 ※ 生活自理

有益经验

1. 认识肥皂的多种功能，知道肥皂的使用方法，并能正确使用肥皂洗手帕。
2. 能辨别出冷水、热水。
3. 可以把热水从小水壶里倒到杯子里且不洒出来。
4. 观察肥皂在水中溶解的过程，对肥皂变小、肥皂水起泡等变化产生关注与兴趣。

活动准备

◎谜语：《肥皂》。
◎肥皂若干块。
◎图片：肥皂的各种用途的图片。
◎透明容器2个。
◎冷水、热水适量。
◎手帕每人1条。
◎小脸盆每人1个。

活动过程

1. 猜猜谜语
师：聪明的小朋友们，老师有一个谜语，你们能猜到谜底是什么吗?

中组	牙膏用处大	侧重领域	※ 认知 ※ 生活自理

有益经验

1. 认识牙膏，知道牙膏的名称，了解牙膏的作用与使用方法。
2. 能说出或辨认出干净的、脏的杯子。
3. 能挤出适量牙膏，同时使用杯刷完成涂抹、刷洗、冲洗等步骤，清洁有污垢的杯子。
4. 在趣味清洁工作中形成乐于参与家务劳动的意识。

活动准备

◎牙膏、牙刷1套。
◎视频：《牙膏的妙用》。
◎清洁干净的杯子1个，带有污渍的杯子每人1个。
◎杯刷每人1把。
◎杯架1—2个。

活动过程

1. 闻闻牙膏的气味
师：小朋友们，每天我们都要用到牙膏，你们喜欢什么味道的牙膏？

低组	有趣的泡沫	侧重领域	※ 认知 ※ 精细动作

有益经验

1. 认识生活中常见的日化用品的名称，如：沐浴露、洗发水，并了解它们的用途。
2. 尝试用沐浴露调制出泡泡水，练习搅拌的动作。
3. 感受搅拌水溶液的乐趣，体验自己动手制作泡泡水的快乐。

活动准备

◎歌曲：《吹泡泡》。
◎课件一：各种泡泡的图片。
◎洗发水、沐浴露适量。
◎课件二：洗头、洗澡等场景的图片。
◎泡泡水搅拌棒、透明塑料杯子等物品每人1份。
◎塑胶洋娃娃1个，盆1个。

活动过程

1. 齐玩音乐游戏
师：小朋友们，今天我们来听一首好听的歌曲，叫作《吹泡泡》。

（1）老师说出谜面，请幼儿猜猜是什么。
（2）老师拿出肥皂，向幼儿揭晓谜底。

2. 说说肥皂

师：肥皂是常见的生活用品，请小朋友们一起来看看肥皂有什么大作用呢?

（1）请幼儿看、闻、摸肥皂，并说出自己的感受（黄色的、方形的、硬硬的、香香的等）。
（2）老师提问“肥皂可以用来做什么”，请幼儿大胆说出自己的想法（说出洗手、洗澡、洗衣服等多种功用，老师可视情况给予图片提示）。

3. 了解肥皂

师：肥皂真有用，让我们看看肥皂有什么神奇的变化吧!

（1）请幼儿分别感知冷水、热水的温度，引导幼儿说出“冷”和“热”。
（2）老师切下两小块肥皂，分别放到装有冷水和热水的容器里。
（3）请幼儿搅拌后观察，肥皂发生了什么变化（溶化了），水发生了什么变化（起泡了）。
（4）帮助幼儿了解肥皂能溶化、使水起泡泡，而泡泡可以把衣物上的脏东西洗干净。
（5）请幼儿继续观察，哪个容器里的肥皂溶解得快。
（6）告知幼儿：肥皂在热水中溶解得更快，因此用温水洗衣服会更干净。

4. 使用肥皂

师：小小肥皂本领大，我们一起来使用肥皂把小手帕洗干净吧!

（1）请幼儿打开牙膏盖子，闻一闻牙膏。
（2）请幼儿说出牙膏的气味是什么样的（香香的）。

2. 说说牙膏的用处

师：牙膏可以用来做什么，哪位小朋友知道?

（1）请幼儿说说牙膏的用处（刷牙）。
（2）出示牙膏和牙刷，请个别幼儿上前展示牙膏的使用方法。

3. 认识牙膏的妙用

师：牙膏除了可以用来刷牙，还有什么用处呢? 我们来看一看吧。

（1）播放视频，老师进行简单的讲解。
（2）老师告知幼儿，牙膏碰到水会起泡泡，牙膏的泡泡可以起到清洁污渍的作用。
（3）请幼儿回忆视频内容并说一说牙膏还有哪些用处。

4. 用牙膏清洗茶杯

师：你们知道吗，牙膏还可以用来清洁茶杯哦!

（1）请幼儿排队转移到洗漱间。
（2）老师出示一个脏的、一个干净的杯子，请幼儿说出或辨别干净的、脏的杯子。
（3）老师示范清洗茶杯：将适量牙膏涂抹到杯子上，并用杯刷进行擦洗，随后用水冲洗干净。
（4）给幼儿分发杯子及牙膏、杯刷等物品。
（5）老师请幼儿挤出适量牙膏涂抹杯子，并跟随老师擦洗、冲洗杯子。

（1）播放歌曲，引导幼儿感知音乐节奏。
（2）老师请幼儿手拉手围成一个大圆圈，伴随歌词的变化，变大泡泡（大圈）、变小泡泡（小圈）。

2. 认识日化用品

师：圆圆的泡泡真可爱，你们知道这些泡泡是用什么做成的吗?

（1）播放课件一，向幼儿展示美丽的泡泡。
（2）出示沐浴露、洗发水等日化用品，向幼儿介绍它们的名称。
（3）请幼儿用闻、少量触摸的方式感知沐浴露，并说出自己的感受，如“香香的”“滑滑的”。
（4）播放课件二，展示使用沐浴露、洗发水的图片，帮助幼儿了解它们的用途是洗身体、洗头。

3. 学习搅拌泡泡

师：我们来试试用沐浴露能不能搅拌出有趣的泡泡呢?

（1）老师示范在装有清水的杯子里倒入少量的沐浴露，用棒子搅拌出泡泡。
（2）分发用具，请幼儿参照老师的做法进行实际操作：练习搅拌的动作，搅拌出泡泡。

4. 给洋娃娃洗澡

师：我们一起来想想，这些泡泡水可以用来做什么？

（1）出示洋娃娃，提示幼儿泡泡水可以用来给洋娃娃泡澡。
（2）请幼儿把搅拌好的泡泡水倒入稍大的盆

（1）出示脏的小手帕，告知幼儿清洗手帕。
（2）老师示范如何使用肥皂洗手帕。
（3）请幼儿排队至洗漱间，并向幼儿分发小脸盆、肥皂、手帕等物品。
（4）引导幼儿使用肥皂洗手帕。
（5）请幼儿向大家展示洗干净的手帕。
（6）表扬幼儿的行为。

活动延伸

生活自理活动中引导幼儿使用肥皂洗袜子、毛巾等小物件，提高幼儿清洗个人物品的生活自理能力。

附材料

谜语《肥皂》
方脸膛，
黄又黄，
用它洗手洗衣裳。

（6）请幼儿对比擦洗前后的杯子，说说变化（变亮了、变干净了）。

5. 将物品收拾干净

师：小朋友们真能干，把杯子刷得真干净！现在请大家帮忙把东西收拾好。
（1）请幼儿把杯子统一倒放在杯架上晾干。
（2）请幼儿将牙膏放到指定位置，结束活动。

活动延伸

早、晚间鼓励幼儿练习将适量的牙膏挤到牙刷上，并能粗略地刷牙，增强幼儿梳洗能力。

附材料

牙膏及需清洗的茶杯图

中，老师放入洋娃娃，模拟洗澡的过程。

5. 娃娃“感谢”幼儿

师：谢谢大家准备好的洗澡水，让洋娃娃泡了一个舒服的澡。
（1）老师操纵洋娃娃向幼儿表示感谢。
（2）引导幼儿说出“不用谢”或摆摆手表示不客气。

活动延伸

户外活动安排吹泡泡的游戏，请幼儿注意观察泡泡的形状、颜色等，体验游戏的乐趣。

附材料

搅拌泡泡水示意图

活动领域 | **艺术**　　周主题三 | **梳洗小能手**　　月主题四 | **生活真方便**

高组	好看的纸杯	侧重领域	※ 精细动作 ※ 认知

有益经验

1. 认识一次性环保纸杯及纸杯的使用方法，了解用过的杯子可做成手工作品。
2. 能使用彩色笔在一次性纸杯上涂色。
3. 能画出较小的常见图形，并使用剪刀沿着线条剪出小图形，使用胶水粘贴图形。
4. 在创作活动中通过涂色、贴画等方式进行大胆的想象。

活动准备

◎一次性环保纸杯（白底、无过多图案为佳）每人1个。
◎饮用水1壶。
◎课件：关于一次性纸杯的造型图片。
◎白纸、胶水、剪刀、彩色笔每人1份。
◎歌曲：《小宝贝》。

中组	漂亮的毛巾	侧重领域	※ 精细动作 ※ 语言表达

有益经验

1. 能明白毛巾所属（这是我的），并说出毛巾的用途。
2. 能在A4纸上沿虚线画出较大的长方形（毛巾的形状），并能在长方形内画上直线、波浪线等花纹装饰。
3. 能使用胶水，将小片的装饰图案纸贴在指定范围内。
4. 在画线条画、创意贴画的过程中感受自主创作的趣味性。

活动准备

◎不透明的塑料袋（装有毛巾）1个。
◎幼儿自备毛巾1条。
◎歌曲：《小小毛巾爱玩水》。
◎ A4纸（印有虚线长方形图案）每人1张，彩色笔每人1盒，胶水每人1管。
◎课件：不同花色的毛巾的图片。
◎小动物、花朵、基本图形等图案的小片装饰图案纸（用各种颜色的彩纸剪好）1批。

低组	牙膏盒房子	侧重领域	※ 精细动作 ※ 认知

有益经验

1. 认识住宅区，了解小区常见景物，如楼房、花、树等。
2. 能通过观察发现图画中缺少的部分（楼房）。
3. 能用手指蘸取糨糊，较均匀地涂抹在牙膏盒的一面，并把牙膏盒子粘贴在底板上。
4. 体验与伙伴合作制作手工的乐趣，增强集体活动意识。

活动准备

◎课件：住宅区及楼房的图片。
◎牙膏包装盒1批。
◎住宅区楼房手工半成品1张（全开纸，缺少楼房）。
◎糨糊若干瓶（大口径包装）。
◎画有花、树等景物的底板画2—3张（全开纸）。
◎歌曲：《盖房子》。

活动过程

1. 认识环保纸杯

师：小朋友们，今天老师带来一种方便的杯子，不可以重复使用，但是可以废物利用。

（1）出示纸杯，向幼儿介绍一次性环保纸杯的使用特点，以及在什么情况下会使用一次性纸杯。

（2）给幼儿分发杯子，并出示水壶，请有需要的幼儿自行倒水、喝水，体验一次性纸杯的使用。

（3）喝完水后，老师再次提醒幼儿一次性纸杯不能重复使用，但是可以废物利用，请幼儿想一想可以用它来做什么。

（4）播放课件，让幼儿了解纸杯可做成漂亮的手工作品，同时引导他们观察不同纸杯的各种颜色和造型。

2. 学做纸杯手工

师：先请小朋友们来看看老师是怎么做的？

（1）出示纸杯，老师示范给杯子涂上颜色。

（2）在白纸上画出小小的圆形、三角形、正方形等图形，并剪下来。

（3）告知幼儿可发挥想象，将图形粘贴到合适的位置，做纸杯的五官、手等部位。

3. 制作纸杯手工

师：小朋友们想把纸杯做成什么样的手工作品呢？现在请你们来试一试吧！

（1）分发材料，请幼儿自由进行手工制作。

（2）老师巡回察看，并为幼儿提供必要的个别指导。

活动过程

1. 认识毛巾

师：小朋友们，你们猜猜老师的袋子里面装有什么？

（1）老师将塑料袋弄出声响，吸引幼儿注意。

（2）请幼儿把手伸进袋子，凭触觉感受柔软的毛巾，并尝试说出物品名称（毛巾）。

（3）打开袋子出示毛巾，请幼儿辨认自己的毛巾，运用包含人称代词的句式表达毛巾所属（这是我的）。

（4）请幼儿拿取自己的毛巾。

2. 使用毛巾

师：毛巾是用来做什么的呢？哪位小朋友知道，快来说一说。

（1）请幼儿带着毛巾上前说一说、做一做，展示毛巾的使用方法。

（2）播放歌曲，老师示范用毛巾“洗澡”。

（3）再次播放歌曲，请幼儿跟随老师做音乐模仿游戏。

3. 画出毛巾

师：彩色的毛巾真漂亮，我们来试试把漂亮的毛巾画出来吧！

（1）老师示范在A4纸上画出大的长方形，并在长方形内画出直线、波浪线等花纹。

（2）老师给幼儿发放纸张和彩色笔，引导幼儿画出长方形（毛巾的边框），再添画上线条。

4. 装饰毛巾

师：毛巾画好了，可是它看起来还缺了点什么。

活动过程

1. 认识小区与楼房

师：小朋友们，这里有一些有趣的图片，请大家看一看。

（1）播放课件，老师引导幼儿观看图片中住宅区的楼房、花草树木等景物。

（2）请幼儿上前指认不同的景物。

2. 感知牙膏包装盒

师：小朋友们，这里还有一些有趣的盒子，也请大家来看一看。

（1）老师出示牙膏包装盒，请幼儿看一看、摸一摸。

（2）引导幼儿认一认、指一指牙膏包装盒的颜色。

3. 学习粘贴的方法

师：大家看看，这里也有一个住宅小区，但是小区的楼房还没有建好。

（1）出示手工半成品请幼儿观察，并请他们指认或说出不同图案的名称。

（2）引导幼儿发现图画中缺少了“楼房”。

（3）出示牙膏包装盒，告知幼儿可以用盒子来给“小区”建“楼房”。

（4）老师示范用手指蘸取糨糊，均匀地涂在牙膏盒子的一个面上，并将盒子贴在手工半成品上作“房子”。

（5）请一名幼儿上前体验盒子的粘贴，老师再次对粘贴方法进行着重的解释和说明。

4. 粘贴牙膏包装盒

师：老师建了一座“楼房”，还有许多的“楼

（3）请幼儿将做好的手工作品交给老师。

4. 观赏手工作品

师：小朋友们用纸杯做的手工作品可真漂亮啊！我们传递给小伙伴，互相看一看吧。

（1）老师引导幼儿围坐在桌子旁边。

（2）播放歌曲，伴随节奏，老师逐一将纸杯手工作品传递给幼儿。

（3）曲毕，请幼儿欣赏手中拿到的手工作品，并将纸杯展示给大家，说说它的颜色，以及上面有什么装饰等。

（4）请幼儿将纸杯手工陈列到手工作品区，以便观赏。

活动延伸

组织幼儿在音乐活动中伴随音乐节奏进行杯子传递的游戏，并引导幼儿尝试边传递边加入简单动作，如倒扣杯子等，增加游戏的难度及趣味性。

附材料

纸杯手工成品

（1）播放课件，请幼儿欣赏不同花色的毛巾，并引导幼儿留意毛巾上的图案。

（2）出示装饰图案纸，老师示范将装饰图案粘贴到画好的毛巾图案上。

（3）请幼儿挑选装饰图案纸，按照自己喜爱的样式进行搭配、粘贴。

（4）老师请幼儿上前展示自己的作品，比一比谁做的毛巾最漂亮。

活动延伸

午睡起床后，引导幼儿用毛巾仔细洗脸，使用后将毛巾稍作搓洗，并拧干晾挂好，锻炼个人清洁技能。

附材料

手工作品《毛巾》

房”没建好呢！小朋友们来帮帮忙吧。

（1）将幼儿分成小组围坐好，每组分发一份底板画、牙膏盒子及糨糊。

（2）请幼儿参照老师的做法涂抹糨糊，并将牙膏盒粘贴到底板画上。

（3）制作完成后，请幼儿排队到洗手间清洗小手。

5. 作品欣赏与律动

师：小朋友们的小手真灵巧，用牙膏盒建成了一座美丽的家园。

（1）引导幼儿欣赏手工作品，并引导他们夸赞自己。

（2）播放歌曲，请幼儿跟随歌词双手从低到高向上叠，模仿盖房子的场景。

活动延伸

在日常生活中，家长带幼儿到超市或者便利店了解多种日常生活用品，学会挑选所需物品。

附材料

手工作品《牙膏盒房子》

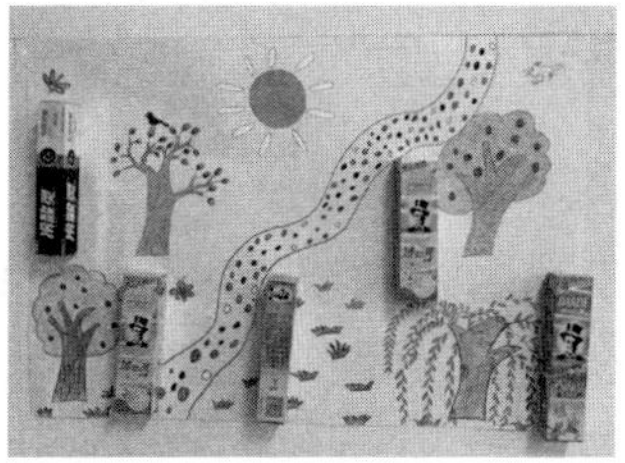

活动领域	健康	周主题四	舒适的寝具	月主题四	生活真方便

高组　我会铺床

侧重领域：※ 生活自理　※ 语言表达

有益经验

1. 能在图片提示下理解“准备”“正在”“已经”等时间副词，并使用时间副词描述铺床情况。
2. 了解铺床的流程。
3. 掌握铺床、整理床上用品的动作技能与方法。
4. 在练习铺床的活动中，萌发自我照顾、照顾他人的良好情绪意识。

活动准备

◎小熊玩偶1个。
◎绘本:《睡觉》(“小熊宝宝绘本”系列)。
◎场景布置：儿童家居生活馆(备好床铺及床上用品，或用地垫替代床铺)。
◎图片：准备铺床、正在铺床、已经铺好床的图片。
◎乐曲:《摇篮曲》。

活动过程

1. 听绘本故事
师：今天小熊来和大家一起玩，我们来听听，小熊有什么话要说呢?

中组　叠被子

侧重领域：※ 生活自理　※ 语言表达

有益经验

1. 能理解图片内容，并能看图说出由动词、名词组成的双词短语，如：叠被子。
2. 能将薄、小的被子较为整齐地对半折叠。
3. 能简单地整理自己床铺的枕头、被子。
4. 在练习叠被子的过程中养成个人物品整理的习惯。

活动准备

◎手指谣:《小木床》。
◎闹钟1个。
◎图片：叠被子的过程的图片。
◎视频:《整理床铺》。
◎厚地垫若干张。
◎儿童被子、枕头等床上用品每人1套。

活动过程

1. 趣味手指游戏
师：小朋友们的小手在哪里? 今天我们来玩一个有趣的游戏，叫作“小木床”。

低组　洗枕套

侧重领域：※ 生活自理　※ 语言理解

有益经验

1. 能辨认干净、脏的枕头，并尝试说出“干净”“脏”，或指认出来。
2. 能在辅助下将枕套脱下，并将枕套放进洗衣机。
3. 在了解“干净”和“脏”的概念的基础上，逐步养成讲卫生、爱清洁的习惯。

活动准备

◎干净、脏的枕头各1个(款式相同)。
◎歌曲:《小枕头》《洗衣歌》。
◎儿童枕头(信封式枕套，便于取出)每人1个。
◎水盆或篮子每人1个。
◎洗衣机(实物，或用自制的洗衣机模型)1台。
◎晾衣架1个，衣架每人1个。

活动过程

1. 认识小枕头
师：老师给小朋友们带来了好听的歌曲，叫作《小枕头》，一起来听一听。

（1）出示小熊玩偶，引导幼儿向玩偶打招呼。
（2）向幼儿讲读绘本《睡觉》，帮助幼儿理解“小熊想睡觉了”的故事情节。
（3）根据故事情节，请幼儿轮流怀抱小熊玩偶并轻轻摇晃，安抚小熊“入睡”。

2. 凌乱的床铺

师：哎呀，床铺还没整理呢！小熊可睡不了乱糟糟的床铺，该怎么办呢？
（1）老师带领幼儿进入房间，引导幼儿观察凌乱的床铺，并请幼儿说一说解决的办法（将床铺整理好）。
（2）出示图片，帮助幼儿理解图片内容，引导幼儿说出铺床情况：准备铺床，正在铺床，已经铺好了。

3. 帮小熊铺床

师：小朋友们说得真好，我们快来帮小熊铺好床吧！
（1）老师示范铺床的动作和步骤：将床上的杂物移除，放到合适的地方；将床单铺好并整理平整；将枕头放置到合适的位置；准备好被子。
（2）请幼儿两人一组，轮流上前学习铺床。
（3）工作完成后，引导幼儿说一说铺床的过程，如铺床的动作和方法等。

4. 小熊睡觉了

师：小熊有个舒适的床铺，可以睡觉了，我们让它在床上好好睡一觉吧！
（1）请幼儿把小熊放在床上，给小熊盖好被

（1）老师念唱手指谣并演示手指游戏。
（2）请幼儿跟随老师做手指游戏。

2. 感受起床情境

师：咦，小朋友们听听，这是什么声音?
（1）设置闹钟发出声音，吸引幼儿注意。
（2）出示闹钟，告知幼儿闹钟响了，起床时间到了。
（3）老师向幼儿询问：“起床后该做什么？”请幼儿回答（叠被子），必要时可出示图片进行提示。

3. 学习折叠被子

师：小朋友们真聪明，接着我们来看看被子该怎么叠?
（1）播放视频，请幼儿观看并了解叠被子的过程。
（2）老师示范叠被子：先把被子展开平铺在垫子上，再抓住被子一端的两个角，将被子进行对半折叠，最后把枕头放在床头的位置。

4. 练习折叠被子

师：小朋友们刚才看得很认真，你们学会了吗？我们一起来试试看吧！
（1）老师请幼儿回忆并说一说或用动作模拟对折被子的方法（视情况给予图片提示）。
（2）请幼儿帮忙将垫子铺设好，并分发被子、枕头。
（3）引导幼儿跟随老师的操作步骤完成叠被子、放置好枕头的活动，鼓励幼儿进行多次的重复练习。

（1）出示枕头，请幼儿用摸一摸、抓一抓的方式感知枕头，并说出枕头的名称，了解枕头的用途。
（2）播放歌曲《小枕头》，请幼儿跟随音乐节奏模仿老师做双手高举、环抱枕头的动作。

2. 比比谁干净

师：小朋友们比一比看，这两个枕头有什么不同?
（1）将枕头放在桌面上，请幼儿进行观察和比较。
（2）引导幼儿指认或说出干净的枕头、脏的枕头。

3. 学脱枕头套

师：脏的枕套需要脱下来清洗，要怎么做呢?
（1）老师一边讲解一边示范取出枕套：先找到枕套的开口，左手抓住枕芯、右手将枕套往下拉，直至将枕套脱下，再把枕套放进篮子里。
（2）给幼儿分发枕头。
（3）引导幼儿脱下枕套，老师给予必要的协助，帮助幼儿完成，可请幼儿反复练习。

4. 学洗枕头套

师：小朋友们很能干，请你们把枕套放进洗衣机给它“洗洗澡”吧。
（1）请幼儿有秩序地把枕套放进洗衣机，并告知幼儿需要等待片刻才能洗好。
（2）播放歌曲《洗衣歌》，请幼儿跟随老师做

子。
（2）播放乐曲，营造睡眠的氛围。
（3）老师带领幼儿做轻柔的放松动作，结束活动。

活动延伸

在日常生活中，老师及家长引导幼儿在睡前整理床铺，或协助大人整理床铺，提高自我照顾的意识与技能。

附材料

绘本《睡觉》

（4）老师检查幼儿的完成情况，并表扬及肯定幼儿的行为。

活动延伸

在早上及中午起床后，大人引导幼儿将被子简单叠好，并整理好枕头，养成良好的生活习惯。

附材料

手指谣《小木床》
小木床，长又长（双手指尖相触再逐步分离），
干干净净让我躺（右手拍打左手的手背，再两手叠放在脸的侧面做睡觉的动作）。
清晨起床叠好被（右手叠放在左手手背上），
夜晚甜甜进梦乡（把脸靠在手背上做睡觉的动作）。

即兴的音乐律动。
（3）取出洗干净的枕套，引导幼儿将枕套晾晒好。

活动延伸

在日常生活中，家长请幼儿协助把换洗的衣物放进洗衣机，增强个人清洁与卫生意识。

附材料

洗衣机模型

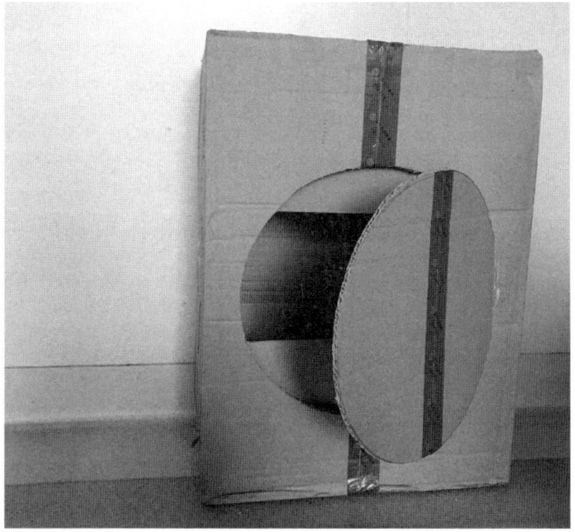

活动领域 语言	周主题四 舒适的寝具	月主题四 生活真方便

高组	香香的被子	侧重领域	※ 语言表达 ※ 认知

有益经验

1. 能理解绘本故事情节及角色之间的对话。
2. 认识绘本中出现的各种形状（图形），并能准确说出形状的名称。
3. 能依据故事情节，对“为什么要晒被子”一类因果关系的问题进行回应，并组织语言做出简单回答。
4. 能在图片提示下认真回忆，逐步形成主动思考的意识和习惯。

活动准备

◎童谣：《晒被子》。
◎绘本：《香香的被子》。
◎连线图（不同小动物与对应的被子进行连线）每人1张。
◎铅笔、橡皮擦每人1份。

活动过程

1. 念唱童谣
师：今天天气真好，是个晒被子的好天气，请大家跟着老师来做一做吧！

中组	小枕头和花被子	侧重领域	※ 语言理解 ※ 精细动作

有益经验

1. 用触摸的方式感知枕头、被子，并说出寝具的名称。
2. 能用简单的形容词（“软软的”等）表达自己的感受。
3. 能跟随念唱童谣的片段，并做相应的手部动作。
4. 欣赏优美的音乐旋律，体验手指游戏的乐趣。

活动准备

◎装有小枕头、小花被的神秘袋（不透明）1个。
◎图谱（童谣内容的图案组合）。
◎童谣：《小枕头和花被子》。
◎歌曲：《小枕头》。
◎儿童枕头每人1个。

活动过程

1. 认识寝具
师：今天老师带来了我们睡觉时要用到的好朋友，猜猜它们是谁？

低组	好玩的枕头	侧重领域	※ 语言理解 ※ 认知

有益经验

1. 认识枕头，知道它的名称和用途。
2. 感知不同颜色的枕头，认识两种颜色：红色、黄色。
3. 了解枕头的多种使用方法，理解“靠”“抱”“枕”等动词的意思，并做出相应动作。
4. 在理解动词意义的基础上，参与语言反应游戏并感受游戏的快乐。

活动准备

◎视频：《枕头》。
◎红色、黄色的枕头每人1个。
◎课件：枕头的使用方法（枕、靠、抱）的图片。
◎乐曲：《晚安曲》。

活动过程

1. 观看视频
师：小朋友们，我们一起来看个有趣的视频吧！

（1）老师示范一边念唱童谣一边做动作，请幼儿观看。
（2）请幼儿尝试跟随老师进行童谣念唱并模仿做出动作。
2. 绘本故事
师：大家来看看，还有谁也要晒被子呢？
（1）出示绘本，老师向幼儿介绍绘本的名称、主要角色等。
（2）老师逐页讲读绘本，引导幼儿注意观察每一只小动物晒的被子是什么形状的。
（3）讲述完毕后，请幼儿想想小动物的被子都有什么形状的，并说出来：方形的被子、圆形的被子等。
（4）老师向幼儿询问“为什么要晒被子”。（盖起来更暖和、更松软）
3. 看图连线
师：小动物们晒的被子漂亮又有趣，老师来考考你们，还记得小动物们分别晒的是什么样的被子吗？
（1）出示连线图，老师做出其中一个连线示范。
（2）请幼儿领取连线图、橡皮擦和铅笔，再回位置上坐好。
（3）引导幼儿回忆故事内容，将每一只小动物所晒的被子用线连起来。
（4）老师巡回检查幼儿完成情况，给予必要的提示和辅助。
4. 说说结果
师：大家找得可真快，你们的答案是什么呢？

（1）出示神秘袋，请幼儿摸一摸、捏一捏，并说出自己的触觉感受（软软的）。
（2）请幼儿说出答案（枕头、被子）；老师出示寝具，引导幼儿说一说或用动作表示出寝具的使用方法。
2. 图谱唱读
师：枕头和被子是我们睡觉时的好朋友，它们还会陪我们说话和玩游戏呢，请大家看看吧。
（1）出示图谱，请幼儿认认图谱上的图案（枕头、花被、睡觉）。
（2）老师每指向图谱中的一个图案，便念一句词，帮助幼儿理解童谣的内容。
（3）在图谱的提示下，请幼儿跟随老师进行唱读。
3. 手指游戏
师：小朋友们念得真棒！加上你们灵巧的小手，一起来玩游戏吧！
（1）老师示范边念唱童谣边做手指游戏。
（2）请幼儿跟随老师模仿做手部动作，可重复数次帮助幼儿熟悉动作。
（3）请一名幼儿上前当小老师指图谱，老师则带领其余幼儿边念唱童谣边做手指游戏。
（4）请幼儿轮流上前当小老师，重复游戏。
4. 音乐律动
师：玩了这么久，大家都累了，让小枕头陪着你们休息吧！
（1）播放歌曲，老师示范做音乐律动，重点帮助幼儿理解“抱抱你”的歌词，并做出相

（1）播放视频，请幼儿观看。
（2）请幼儿指认视频中的枕头，并说出名称。
2. 感知枕头
师：今天老师把漂亮的小枕头给带来了，请你们来和它们玩一玩吧！
（1）出示枕头，请幼儿看一看、抱一抱枕头，感知枕头的颜色及质地。
（2）把两个枕头放在一起，引导幼儿认知两个枕头的颜色：红色和黄色。
（3）请幼儿说一说或根据指令指认枕头的颜色。
3. 使用枕头
师：枕头有许多用法呢，我们来了解一下吧！
（1）播放课件，请幼儿观看图片。
（2）老师向幼儿介绍枕头的用法：枕、靠、抱。
（3）分发枕头给幼儿，老师播放图片：每播放一张图片，请幼儿模仿做出图片上的动作，老师给予适当提示。
4. 我说你做
师：小朋友们做得真棒，接着我们要来玩一个好玩的游戏！
（1）请幼儿围成一圈盘腿坐到垫子上。
（2）老师边向幼儿说明游戏规则边进行示范：老师说“靠一靠”时，把枕头放到腰后；说到“枕一枕”时，把枕头放下并将头枕到枕头上；说到“抱一抱”时，把枕头抱在怀里。
（3）老师说指令，幼儿听指令做相应动作，

请大家来说一说吧！

（1）请幼儿站起来向大家展示，并说一说自己的连线结果，如“小胖猪晒的是方形的被子”。幼儿连线有错误的地方，老师则打开绘本，引导大家一起进行回忆。

（2）老师向幼儿做总结，表扬幼儿认真思考的精神，结束活动。

活动延伸

在区角活动中，鼓励幼儿对娃娃家的各种仿真玩具做清洗、晾晒的工作，提高家居生活技能。

附材料

童谣《晒被子》

大太阳，晒被子（双手交叉向上打开，再左右摆动），被子晒得喷喷香（双手手掌放在面前做出闻一闻的动作）。

喷喷香，盖身上（双手交叉放在胸前），暖暖和和真舒畅（双手手掌叠放并在侧脸做出睡觉的动作）。

应的动作。

（2）请幼儿领取枕头，老师带领幼儿跟随歌词做律动，曲毕则结束活动。

活动延伸

在早上及午睡起床时，大人引导幼儿尝试自行收拾自己的床上用品，养成个人物品的整理意识。

附材料

1. 童谣《小枕头和花被子》

枕头放平平（双手叠放在后脑勺），

花被盖盖好（双手在胸前交叉的同时拍拍肩），

小枕头小花被（双手叠放在后脑勺再转换为交叉放在胸前），

跟我一起睡觉啦（双手手掌叠放在侧脸做出睡觉的动作）！

2. 图谱《小枕头和花被子》

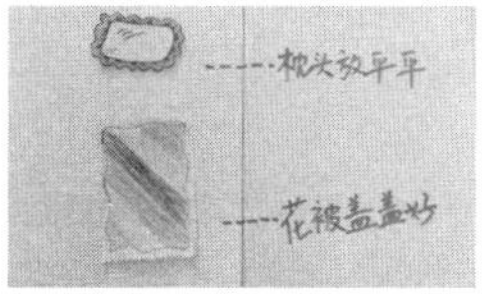

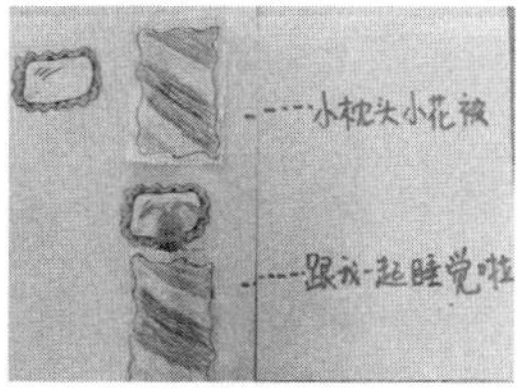

并可视情况扩展到更多的动词，如“拍”“抛”等。

（4）重复多轮游戏后，播放乐曲，请幼儿躺下并枕着枕头休息片刻，结束活动。

活动延伸

请家长在睡前以枕头作为道具，与幼儿做“你说我做”的亲子互动，语言表达能力稍好的幼儿可做发指令的角色，增强幼儿对动词的理解。

附材料

枕头用法图

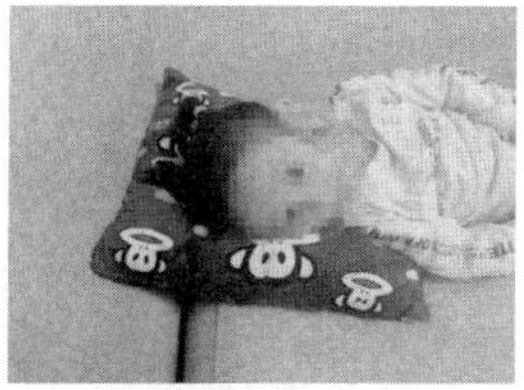

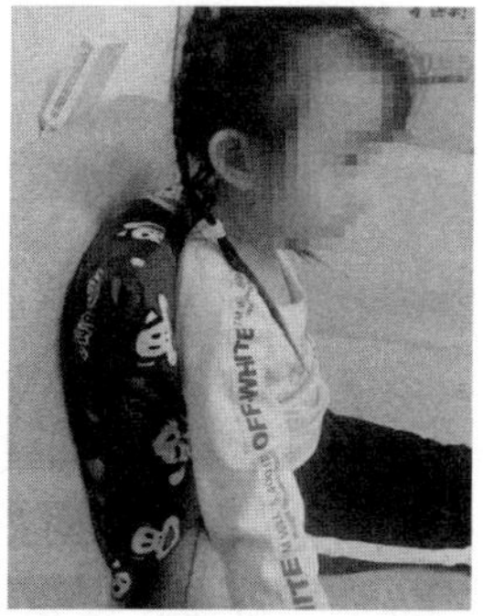

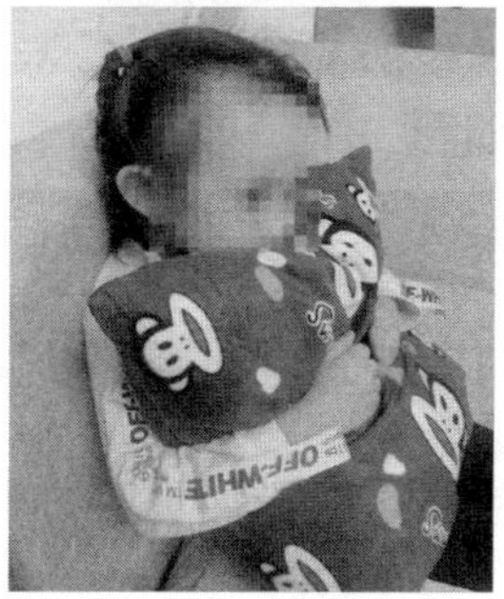

活动领域	社会	周主题四	舒适的寝具	月主题四	生活真方便

高组	睡吧，小宝贝	侧重领域	※ 社交技能 ※ 生活自理

有益经验

1. 认识常见的寝具，并能说出被子、枕头、床单等寝具的名称及它们的用途。
2. 理解自己扮演的角色（爸爸或宝宝），能与同伴进行“爸爸照顾宝宝睡觉”的角色扮演游戏。
3. 尝试做睡前铺床及起床后整理床铺的工作。
4. 了解亲子情感，在角色扮演游戏中体验照顾与被照顾的温馨感受。

活动准备

◎视频：《睡吧宝贝，睡吧爸爸》。
◎课件：爸爸铺床单、整理枕头、帮宝宝盖被子、安抚宝宝入睡的图片。
◎假八字胡须若干副（可用黑色海绵纸自制）。
◎歌曲：《咕咕宝贝》《摇篮曲》。
◎垫子若干张。
◎被子、枕头、床单等寝具若干套。

中组	渔夫捕鱼	侧重领域	※ 社交技能 ※ 语言表达

有益经验

1. 认识蚊帐，能说出蚊帐的名称，了解蚊帐的用途。
2. 理解游戏规则，并能在游戏中扮演小鱼，灵活、快速地躲避“渔夫”的追逐。
3. 能根据游戏场景寻求别人的帮助，说出“帮帮我”的请求。
4. 感受追逐游戏的紧张感，体验游戏的快乐。

活动准备

◎课件：蚊帐、蚊帐与渔网对比的图片。
◎儿童蚊帐1顶。
◎视频：《渔夫网鱼》。
◎渔夫帽2顶。
◎小鱼头饰每人1份。
◎歌曲：《许多小鱼游来了》。
◎地垫1张。

低组	花样玩床单	侧重领域	※ 社交技能 ※ 粗大动作

有益经验

1. 认识床单，说出床单的名称或用动作表示床单的用途。
2. 能参与由大人带领的群体游戏，抓住床单的边缘协调地举高或抖动。
3. 跟其他同伴一起活动时，观察并模仿同伴的玩法。
4. 在花样玩床单的游戏中，体验与同伴友好合作游戏的乐趣。

活动准备

◎歌曲：《春天天气真好》《飞呀飞》。
◎课件：床单及床单使用的图片。
◎床单1张。
◎视频：《浪花》。
◎乐曲：《浪》。

活动过程

1. 看视频，认寝具

师：小朋友们，我们一起来看一个有趣的视频吧！

（1）请幼儿观看视频，老师用简洁的解说引导幼儿理解视频内容。

（2）帮助幼儿了解睡觉时需要用到被子、床单、枕头等寝具，并请幼儿说说各种寝具的名称及用途。

2. 认角色，说一说

师：请大家想一想，视频中的爸爸是怎么照顾宝宝睡觉的？

（1）请幼儿回忆视频的内容，说一说睡觉时大人如何照顾宝宝入睡（铺好床单、放好枕头、盖好被子、安抚宝宝入睡等）。

（2）播放课件，引导幼儿辨认图片里的角色（爸爸和宝宝），理解图片中爸爸照顾宝宝睡觉的场景。

（3）请幼儿说说自己想扮演的角色，给想扮演爸爸的幼儿粘上假胡子，并找到一位好朋友扮演宝宝。

（4）播放歌曲《咕咕宝贝》，请“爸爸”和“宝宝”两人一起跳双人舞。

3. 铺好床，哄宝宝

师：“宝宝”跳舞跳得太累需要睡觉啦，“爸爸”快快来照顾“宝宝”睡觉吧！

（1）将寝具分发给每组幼儿。

（2）请“爸爸”和“宝宝”一起做好铺床单、

活动过程

1. 认识蚊帐

师：今天老师带来了一件神奇的床上用品，大家想看看吗？

（1）播放课件，引导幼儿认识并说出蚊帐的名称。

（2）帮助幼儿了解蚊帐的用途：防止蚊虫叮咬。

（3）出示蚊帐，请幼儿观察蚊帐的网眼，触摸蚊帐，感受材质。

2. 了解捕鱼

师：小朋友们，蚊帐和渔夫的渔网非常相似，我们来了解一下吧！

（1）播放视频，老师简单讲解视频内容，帮助幼儿了解捕鱼的工作。

（2）播放课件，引导幼儿了解渔网与蚊帐的相同之处——都是网状的。

3. 捕鱼游戏

师：渔夫捕鱼真有意思，我们也来玩捕鱼的游戏吧！

（1）出示蚊帐，请幼儿再次感知蚊帐的网状特点，并告知幼儿，我们要用蚊帐来充当渔网，用于“捕鱼”。

（2）老师邀请一名幼儿与自己一起戴上渔夫帽子扮演渔夫，两人合作拉开“渔网”；其余幼儿戴上小鱼的头饰扮演小鱼。

（3）播放歌曲，请“小鱼”们做出划拨双手的动作随意游动；当歌曲唱到“把它抓住”

活动过程

1. 热身活动

师：今天天气真不错，我们一起来做做运动吧！

（1）老师边喊口令边请幼儿模仿做热身动作。

（2）播放歌曲《春天天气真好》，请幼儿伴随音乐节奏做热身动作。

2. 认识床单

师：老师把床单带来了，它能用来做什么有趣的运动呢？

（1）播放课件，引导幼儿认识床单，说出床单的名称，了解床单的用途。

（2）出示床单，引导幼儿用“抓”“抖”“抱”等动作探索床单的玩法。

3. 乘“降落伞”

师：我们可以用床单来做降落伞，它会带着我们去“海边”玩。

（1）将床单展开，请四名幼儿分别抓住床单四个角，并举起双手作“降落伞”。

（2）其他幼儿到床单下面站好，准备乘坐“降落伞”。

（3）播放歌曲《飞呀飞》，引导幼儿往统一方向行走（在场地来回走），期间可更换幼儿拉举床单，最后到达“海边”。

4. 大浪小浪

师：我们到了“海边”，快看！“浪花”跑过来和大家玩啦。

（1）请幼儿原地坐下休息，播放视频，请幼

放枕头、抖开被子等工作。
（3）播放《摇篮曲》，引导“爸爸”和“宝宝”上床“睡觉”，然后“爸爸”帮“宝宝”盖好被子，并轻拍“宝宝”的背。
（4）曲毕，引导幼儿互换角色，重复游戏。
4. 起床了，叠被子
师：丁零，起床时间到了！请“爸爸”和“宝宝”一起来把床铺整理好吧！
（1）请幼儿合作将被子折叠好。
（2）肯定及表扬幼儿的行为。

活动延伸

在区角活动中投放娃娃玩偶及“过家家”玩具，引导幼儿体验照顾宝宝吃饭、睡觉、玩耍等场景的角色扮演游戏。

时，“渔夫”要用“渔网”网住一条“小鱼”，被抓到的“小鱼”要安静坐在地垫上等待解救；被抓的“小鱼”说“帮帮我”，其他“小鱼”则拍一下他／她，被抓的“小鱼”即可重新参与游戏。
（4）邀请幼儿轮流扮演渔夫，其他幼儿扮演小鱼，重复游戏。
4. 收拾“渔网”
师：抓了这么多“鱼”，可把“渔夫”累坏了。“渔夫”要收网回家啦！
（1）引导幼儿一起把“渔网”叠好。
（2）请“小鱼”们互相道别，将头饰交还给老师，结束活动。

活动延伸

在晨间谈话活动中，通过图片提示、实物观摩等方式，引导幼儿了解更多防治蚊虫叮咬的方法。

儿观看，帮助幼儿了解“浪花”。
（2）请幼儿抓住床单边缘，听老师的指令，与老师一起用床单交替甩起“大浪花”“小浪花”。
（3）播放乐曲，请幼儿跟随节奏轻柔地抖动床单，片刻后老师告知幼儿，听到音乐声变大就甩起“大浪花”，音乐声变小就甩起“小浪花”。
（4）老师调控音量的大小，引导幼儿根据音乐声的大小甩动床单。
（5）音量逐渐变小，请幼儿将床单轻轻放到地上，结束活动。

活动延伸

活动结束后，老师示范折叠床单，引导幼儿了解床单的折叠方法，并鼓励幼儿上前体验如何折叠床单。

活动领域 | 科学	周主题四 | 舒适的寝具	月主题四 | 生活真方便

高组	神奇的棉被	侧重领域	※ 认知 ※ 语言表达

有益经验

1. 知道棉被的名称和使用方法，了解被子的保温作用。
2. 能用恰当的形容词把自己的触觉感受描述出来，如热热的、软软的、冰冰的、硬硬的。
3. 感受操作小实验的乐趣，在认知事物和现象的过程中形成乐于探索、善于观察的意识。

活动准备

◎视频:《棉被》。
◎课件：棉被用途的图片。
◎儿童厚棉被 2 床。
◎冰糕（带外包装）每人 1 支。
◎热水袋2—3个。
◎动画短片:《宝宝们的被子》。

活动过程

1. 认识棉被
师：天气变冷的时候，我们需要用到厚厚的棉被，一起来认识一下吧！
（1）播放视频，请幼儿观看。
（2）引导幼儿了解棉被的作用：保持温度。

中组	厚和薄	侧重领域	※ 认知 ※ 语言表达

有益经验

1. 在比较中理解“厚”和“薄”的概念，并能在厚薄程度不同的三张被子中辨认出最薄的、最厚的。
2. 了解冬天、夏天的天气特征，知道不同的季节要选用厚薄不同的被子。
3. 在比较的过程中，养成仔细观察的习惯。

活动准备

◎课件一：幼儿睡觉盖被子、不盖被子的图片。
◎3张厚薄不同的被子（颜色、式样相近）。
◎厚垫子若干张。
◎课件二：冬天、夏天气候特征明显的图片，冬天盖厚棉被、夏天盖薄被的图片。

活动过程

1. 被子的用途
师：聪明的小朋友们，请你们想一想，睡觉的时候我们需要盖什么?
（1）播放课件一，引导幼儿说出睡觉时需要盖被子。

低组	大和小	侧重领域	※ 认知 ※ 语言理解

有益经验

1. 能比较并辨别大小不同的物品，形成“大”“小”的认知概念。
2. 能按大小进行寝具的分类。
3. 体验趣味比较游戏的乐趣。

活动准备

◎大球、小球各1个（颜色、材质相同或相近）。
◎大小不同的枕头、枕巾1批（用于比较的寝具颜色、款式相同或相近）。
◎大、小收纳袋各2个。

活动过程

1. 认识大小
师：小朋友们，今天老师带来了两个球，他们的名字分别叫作“大大”和“小小”。
（1）出示大球和小球，告知幼儿大球是“大大”，小球是“小小”。

2. 感受棉被

师：厚厚的棉被本领大，小朋友们知道棉被是怎么使用的吗?

（1）播放课件，帮助幼儿了解棉被的使用。

（2）出示棉被，请幼儿摸一摸，试着裹一裹身体。

（3）老师引导幼儿说一说棉被裹住身体后的感受（暖暖的），进而引导幼儿认知被子的用途（保温）。

3. 做小实验

师：小朋友们，我们来做个小实验，看看被子有什么神奇的作用吧！

（1）出示冰糕，请幼儿通过外包装摸摸冰糕，并说说自己的触觉感受（如冰冰的、硬硬的）。

（2）请幼儿把冰糕藏于一床棉被中，并合力把被子捂严实。

（3）出示热水袋，请幼儿感知热水袋的温度，并说说自己的触觉感受（如热热的、软软的）。

（4）请幼儿将热水袋藏于另一床被子中，并合力把被子捂严实。

4. 观看动画片

师：我们要稍等片刻才能看到棉被的神奇作用，先来看个动画片吧！

（1）播放动画短片，请幼儿观看。

（2）请幼儿依据动画的内容，说一说小动物们的被子分别是什么。

5. 看实验结果

师：时间到啦，一起来看看被子里的秘密

（2）先后出示冬被、夏凉被，请幼儿用手感知柔软的被子。

（3）请幼儿上前体验，躺到垫子上盖一盖厚薄不同的被子。

2. 比较厚和薄

师：小朋友们，你们发现这几张被子有什么不一样吗?

（1）将厚薄差异较大的两张被子平铺展示，请幼儿想一想。

（2）引导幼儿用厚、薄形容不同的被子：这是厚的，这是薄的。

（3）请幼儿辨认厚的被子、薄的被子。

（4）将三张被子同时展示，引导幼儿通过观察、触摸等方式进行比较，并辨认出最厚的、最薄的被子。

3. 选择厚和薄

师：小朋友们知道被子有厚的、有薄的，那什么时候要盖厚被子，什么时候要盖薄被子呢?

（1）播放课件二，请幼儿观看冬天、夏天的图片，引导幼儿分别说说冬天和夏天的季节特征（冬天很冷、夏天很热）。

（2）请幼儿观看盖被子的图片，帮助幼儿理解不同季节要选用厚度不同的被子。

（3）再次播放冬天、夏天的图片，请幼儿根据图片说一说应该如何选被子。

4. 盖被子“睡觉”

师：小朋友们都学到了有用的小知识，今天

（2）引导幼儿了解“大”和“小”的概念，并请幼儿分辨并指认出大的和小的。

2. 比较大小

师：今天老师还带来许多“大宝宝”和“小宝宝”，你们想看看它们吗?

（1）先后出示枕头、枕巾，向幼儿介绍寝具的名称和用途。

（2）请幼儿围成一圈坐到垫子上，老师将大小不同的两条枕巾平铺展示，让幼儿猜猜谁是“大宝宝”，谁是“小宝宝”。

（3）引导幼儿对枕巾进行比较，分别指认出大的、小的。

（4）逐一出示种类相同、大小不同的寝具，引导幼儿进行比较，说一说（指一指）大的、小的。

3. 大小配对

师：现在我们要来给“大宝宝”和“小宝宝”找找好朋友。

（1）老师将大、小枕巾平铺展示，拿出大枕头，请幼儿想一想并上前挑选合适的枕巾铺到枕头上。

（2）老师拿出小枕头，请幼儿再次进行辨别与挑选。

（3）将所有的枕头和枕巾展示出来，请幼儿一起上前进行辨别和挑选，将所有的枕头和枕巾一一匹配。

4. 大小分类

师：和大家玩了半天，“大宝宝”和“小宝

吧！
(1) 请幼儿先后把手、脚伸进捂有热水袋的棉被里，并说一说自己的感受。
(2) 告知幼儿，棉被具有保持热水袋热度的作用。
(3) 请幼儿拿出冰糕看一看、摸一摸，并说一说冰糕放进被子前后是否有变化。
(4) 告知幼儿，棉被具有保持冰糕低温的作用。
(5) 请大家一起品尝冰糕，吃完后结束活动。

活动延伸

活动结束后，请幼儿一起协作晾晒棉被，体验晒被子的过程，了解晒被子的方法。

天气怎么样呢？大家来选合适的被子盖一盖吧！
(1) 请幼儿根据当天天气挑选厚度合适的被子。
(2) 请幼儿盖上小被子躺下休息片刻，结束活动。

活动延伸

在区角活动中投放形状及颜色相似、厚薄不同的物料（纸张、布料等）供幼儿选用、玩耍，增强幼儿对“厚”“薄”概念的认知。

宝”该回家了，我们一起来帮它们找找家吧。
(1) 引导幼儿将枕头、枕巾按大小分类放进收纳袋。
(2) 肯定及夸赞幼儿的做法。

活动延伸

在日常生活中引导幼儿对常见的生活用品、玩具等物品进行大小的比较，加深幼儿对“大”和“小”的认识。

活动领域	艺术	周主题四	舒适的寝具	月主题四	生活真方便

高组	整齐的小床	侧重领域	※ 精细动作 ※ 语言表达

有益经验

1. 认识常见的寝具，并能说出各种寝具的用途。
2. 能沿着纸上的线条剪出较小、较复杂的图形：床、枕头、被子。
3. 能将剪下的图形进行粘贴、组合，构成一幅完整的图画。
4. 用图形拼搭、组合、粘贴的方式，体验“过家家”游戏的乐趣。

活动准备

◎视频：《宝宝睡觉歌》。
◎图片：寝具正确摆放、未正确摆放的图片各1张。
◎画有小床、枕头、被子等图案的简笔画每人1张。
◎剪刀、胶水、白色卡纸(用做底板)每人1份。

活动过程

1. 寝具的认识
师：小朋友们，宝宝睡觉时要用到哪些床上

中组	彩色的小枕头	侧重领域	※ 精细动作 ※ 语言表达

有益经验

1. 认识5种以上的颜色。
2. 能选用多种颜色的彩色笔在间隔区域内涂色，且涂色时不超出边线。
3. 能将大团的棉花撕开，并把棉花较均匀地塞进信封里，做成一个“枕头”。
4. 感知并欣赏丰富的色彩之美。

活动准备

◎视频：《枕头》(配有童谣《小枕头》)。
◎彩色条纹枕头1个。
◎仿真娃娃1个。
◎信封(在信封上画出较大间隔的横线、封口处贴上双面胶)每人1个。
◎彩色笔每人1盒。
◎棉花适量。

活动过程

1. 看视频
师：小朋友们，有个好朋友每天都陪着我们

低组	好看的花被子	侧重领域	※ 精细动作 ※ 认知

有益经验

1. 认识常见的床上用品——被子，知道被子的名称和用途。
2. 能在“被子”的简笔画上涂色，并粘贴小贴纸进行装饰。
3. 能把固体胶涂在图画的背面，粘贴至指定的位置。
4. 在手工制作过程中体验握笔涂色、玩贴纸的乐趣。

活动准备

◎课件：被子(不同款式、花纹、色彩)的图片。
◎图片：幼儿睡觉未盖被子的场景图片。
◎简笔画：《被子》及《宝宝睡觉》每人1张。
◎贴纸(图案较小)、固体胶、彩色笔等材料每人1份。
◎乐曲：《摇篮曲》。

活动过程

1. 认识被子
师：晚上睡觉的时候，小朋友们用什么盖在

用品呢？一起来看看吧！

（1）播放视频，请幼儿观看。

（2）根据视频内容，逐一请幼儿说说各种寝具的名称和功用。

（3）请幼儿根据自己的生活经验，描述自己睡觉的情景以及需要用到的床上用品。

2. 寝具的使用

师：小朋友们说得真好！那么你们知道这些床上用品是怎么使用的吗?

（1）分别展示两张图片，引导幼儿对比两张图中床上用品的摆放位置。

（2）请幼儿想一想、说一说床上用品正确的使用方法及正确的摆放位置。

3. 沿线剪图案

师：现在我们需要把床上用品剪下来，先来看看老师怎么做的吧。

（1）老师一边向幼儿做说明，一边示范用剪刀沿线条剪出图案。

（2）分发材料，请幼儿沿着线条剪出各种寝具的图案。

4. 粘贴图案

师：床上用品都准备好了，现在我们可以来布置一个舒适的小床啦！

（1）老师示范将各种寝具的图案粘贴到底板上。

（2）分发材料，请幼儿将图案组合、粘贴成一幅完整的画。

5. 说说作品

师：大家都完成了，来比比看，谁的小床布

睡觉，它是谁?

（1）播放视频，老师引导幼儿一边欣赏画面，一边倾听童谣。

（2）出示枕头，请幼儿通过摸一摸、看一看感知枕头，了解枕头是由枕套和枕芯（棉花）组成的。

（3）请幼儿观察枕头上的条纹都有哪些颜色，并指认或说出颜色名称。

2. 涂“枕套”

师：小宝宝要睡觉啦，可是她的枕头找不到了。这可怎么办！

（1）出示仿真娃娃，请幼儿想一想、说一说怎么办。（帮忙做一个小枕头）

（2）出示信封，老师一边示范一边讲解，挑选多种颜色的彩色笔在横线间隔当中涂上颜色。

（3）分发材料，请幼儿挑选自己喜欢的颜色进行涂色；老师巡回指导，必要时提醒幼儿涂色时不可超出边线。

3. 塞棉花

师：“枕套”已经做好了，接下来我们要用棉花来做“枕芯”。

（1）请幼儿感知棉花，并说一说棉花的颜色及质感（白色的、软软的等）。

（2）老师示范把棉花放进“枕套”里：先把信封的开口打开，把大团棉花撕成小团塞进信封直到信封被塞满鼓起来，再撕开信封口的双面胶小心封口。

（3）分发材料，引导幼儿往“枕套”里塞棉

身上保暖呢?

（1）播放课件，引导幼儿说出被子的名称，向幼儿介绍被子的用途。

（2）通过图片的展示，请幼儿欣赏各式各样的被子。

2. 示范制作“被子”

师：小朋友们，这个宝宝睡觉没有盖被子，我们想办法帮帮他吧?

（1）出示宝宝睡觉的图片，引导幼儿观察。

（2）出示简笔画《被子》，向幼儿说明这是给睡觉的宝宝准备的“被子”。

（3）老师示范用彩色笔在简笔画上涂色，并把贴纸粘贴到涂好颜色的“被子”上做装饰。

（4）老师示范在“被子”的背面涂上固体胶，将“被子”贴到简笔画《宝宝睡觉》上。

3. 学习制作“被子”

师：这里还有很多需要帮助的小宝宝，小朋友们一起来动手做一做吧！

（1）出示手工材料，老师再次向幼儿介绍涂色、装饰和粘贴的工序。

（2）分发手工材料，播放乐曲，请幼儿完成涂色、装饰、粘贴等手工制作步骤。

4. 展示作品

师：小朋友们的小手真灵巧，请把做好的花被子拿上来给大家看看吧！

（1）请幼儿上前展示自己的作品。

（2）引导幼儿表扬自己、表扬他人。

置得最整齐呢?
(1)请幼儿上前展示作品，并说说自己是怎么做的。
(2)老师逐一对幼儿的作品做出评价，并给予表扬。

活动延伸

在区角活动中投放相关材料，引导幼儿做照顾娃娃“睡觉”的游戏，如帮助娃娃铺床等，加深幼儿对常见床上用品使用方式的认识。

附材料

手工作品《整齐的小床》

花并封好口。
4. 用“枕头”
师：小朋友们做出来的枕头胖乎乎的，用起来肯定很舒服，快请小宝宝来试用一下吧!
(1)出示仿真娃娃，逐个用一用做好的“枕头”。
(2)向幼儿表示感谢，结束活动。

活动延伸

在日常生活中，利用废旧物品完成有关生活用品的美术活动，不但让幼儿提高动手操作能力，同时加深对生活用品的认识。

附材料

1. 手工作品《小枕头》

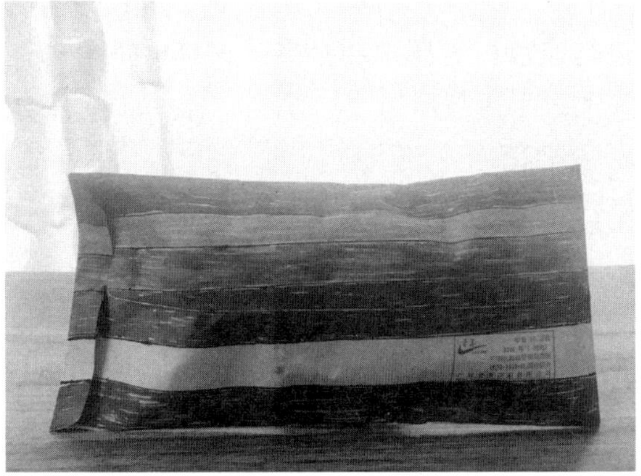

活动延伸

睡觉前大人请幼儿帮忙展开被子、练习自己盖被子等，帮助幼儿了解被子的用途及使用方法。

附材料

1. 简笔画《宝宝睡觉》

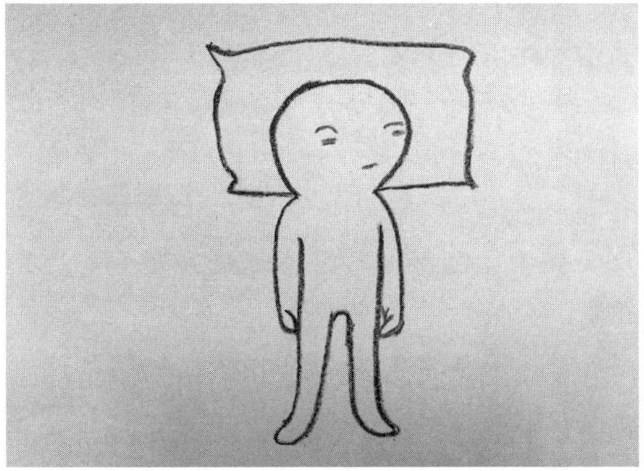

2. 童谣《小枕头》

小枕头，对我笑，
天天陪我睡觉觉。
小枕头，我抱抱，
好像妈妈抱宝宝。

2. 手工作品《宝宝睡觉》

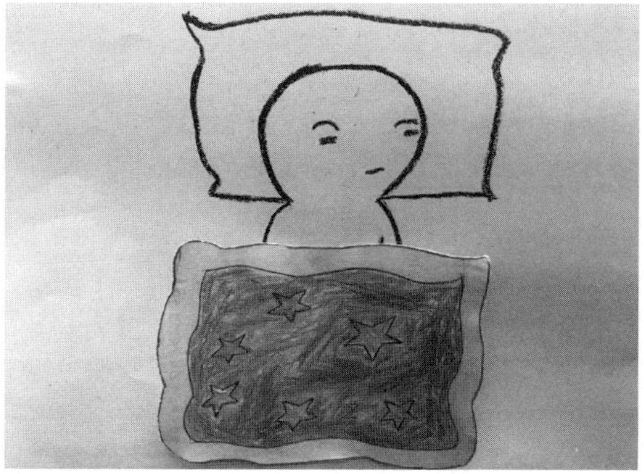